OEUVRES

DE

BOILEAU DESPRÉAUX.

J.-M. EBERHART, Imprimeur du Collége Royal
de France, rue du Foin St.-Jacques, n. 12.

ŒUVRES

DE

BOILEAU DESPRÉAUX;

NOUVELLE ÉDITION,

Augmentée de sa Vie et de Notes explicatives.

A PARIS,
Librairie Classique d'AUMONT, Vᵉ NYON Jᵉ,
Quai Conti, Nº 13.

1818.

ABRÉGÉ

DE

LA VIE DE BOILEAU.

Nicolas Boileau, sieur Despréaux, naquit à Paris le premier jour de novembre 1656 (1), et fut le onzieme des enfans de Gilles Boileau, Greffier de la Grand'Chambre, homme célebre par sa probité et par son expérience dans les affaires. Il fut élevé jusqu'à l'âge de sept à huit

---

(1) C'est en 1636 que naquit M. Despréaux, et non en 1637 comme il l'insinue lui-même dans une de ses préfaces. Voici, dit M. Brossette, son ami et son commentateur, ce qui avoit engagé notre Auteur à reculer d'une année sa naissance : le Roi lui ayant demandé un jour en quel tems il étoit né, M. Despréaux lui répondit que le tems de sa naissance étoit la circonstance la plus heureuse de sa vie : *Je suis venu au monde*, dit-il, *une année avant votre majesté, pour annoncer les merveilles de son regne.* Le Roi fut touché de cette réponse, et les courtisans ne manquerent pas d'y applaudir. M. Despréaux qui ne fit peut-être pas alors réflexion sur l'année de sa naissance, s'est cru depuis engagé d'honneur à soutenir un mot qu'il avoit dit en présence de toute la Cour, et qui avoit si bien réussi. C'est ce qui l'a obligé, toutes les fois qu'il a eu occasion de parler de sa naissance, de la mettre en 1637.

ans dans la maison de son pere, qui, parcourant quelquefois les différens caracteres de ses enfans, et surpris de l'extrême douceur, de la simplicité même qu'il croyoit remarquer en celui-ci, disoit ordinairement de lui, par une espece d'opposition aux autres, que *c'étoit un bon garçon qui ne diroit jamais mal de personne.*

Il fit ses premieres études au collége d'Harcourt, où il achevoit sa quatrieme, lorsqu'il fut attaqué de la pierre: il fallut le tailler, et l'opération, quoique faite en apparence avec beaucoup de succès, lui laissa cependant pour tout le reste de sa vie une très-grande incommodité. Dès qu'il fut en état de reprendre ses exercices, il alla en troisieme au collége de Beauvais, sous M. Sevin, qui enseignoit cette classe depuis près de cinquante ans, et qui passoit pour l'homme du monde qui jugeoit le mieux de l'esprit des jeunes gens. Il fut le premier qui reconnut dans son nouveau disciple un talent extraordinaire pour les vers, et qui crut pouvoir assurer, sans restriction, qu'il se feroit par là un nom fameux, persuadé que, quand on est né poëte, il faut absolument l'être.

Ce qui décélait le génie et le goût de M. Despréaux pour la poësie, c'étoient moins les vers qui lui échappoient de tems à autre, qu'une lecture assidue de tous les poëtes qu'il pouvoit déterrer. On le surprenoit quelquefois au milieu de la nuit sur ces livres favoris; et, ce qui arrive encore moins dans les colléges, on étoit souvent obligé de l'avertir aux heures des repas, quoique la cloche destinée à cet usage, fut précisément attachée à la fenêtre de sa chambre.

Quand M. Despréaux eut fini son cours de philosophie, il étudia en Droit, et se fit recevoir Avocat. Rien ne paroissoit lui mieux convenir; il joignoit à beaucoup de vivacité et de pénétration, un jugement sûr, une élocution facile, et une mémoire des plus heureuses. Il y avoit d'ailleurs près de trois siecles que sa famille faisoit honneur à cette profession, et il tenoit encore au Palais par mille autres endroits :

Fils, Frere, Oncle, Cousin, Beau-Frere de Greffier (1).

Mais l'inclination (2), c'est-à-dire le premier de tous les talens lui manquoit. Ainsi se trouvant chargé d'une premiere cause, loin de s'en instruire, il ne songea qu'aux moyens de s'en défaire honnêtement, et il y réussit, de maniere que le Procureur retirant ses sacs, le soupçonna d'y avoir découvert une procédure peu réguliere, et dit en sortant que ce jeune avocat iroit loin.

---

(1) Epître V.

(2) Dongeois, son beau-frere, Greffier du Parlement, l'avoit pris chez lui pour le former au style de la Procédure. Un jour que le Greffier avoit un arrêt à dresser dans une affaire importante, il le composoit avec enthousiasme en le dictant à Despréaux. Quand il eut fini, il dit à son scribe de lui en faire la lecture; et comme le scribe ne répondoit pas, Dongeois s'aperçut qu'il étoit endormi, et avoit à peine écrit quelques mots de ce chef-d'œuvre. Outré d'indignation, il renvoya Despréaux à son pere, en plaignant ce pere d'avoir un fils imbécille, et en l'assurant que ce jeune homme ne seroit jamais qu'un sot!

M. Despréaux, qui, de son côté, croyoit avoir échappé à un grand péril, résolut de ne s'y plus exposer, et regardant la Sorbonne comme l'antipode du Palais, il ne lui en fallut pas davantage pour le déterminer à y faire un cours de théologie; mais il ne put soutenir long-tems les leçons d'une scholastique épineuse et subtile; il s'imagina que, pour le suivre plus adroitement, la Chicane n'avoit fait que changer d'habit; et, devenu maître absolu de son sort par la mort de son pere, il se livra tout entier à son génie poëtique.

C'est dans le sein de cette nouvelle liberté qu'il composa la plupart de ses Satires. Il se contentoit au commencement de les lire à ses amis particuliers, et quelque applaudissement qu'il en reçût, on ne pouvoit l'obliger à les rendre publiques; il souffrit même assez long-tems avec une patience qui a quelque chose d'héroïque dans un auteur, les mauvaises copies que l'on en répandoit dans le monde : mais sa constance l'abandonna à la vue d'une édition pleine de fautes, et où, pour surcroît de chagrin, on avoit encore mis sous son nom une ou deux pieces supposées. Des enfans si défigurés réveillerent la tendresse de leur pere, et l'obligerent à faire de bonne grace ce que l'on faisoit déjà malgré lui. Ses Satires furent donc imprimées de son aveu, d'abord séparément, et ensuite dans un recueil qui en comprenoit huit.

Jamais livre n'excita un plus grand tumulte sur le Parnasse : la nation des Poëtes, qui prend feu aisément, et qui n'entend pas raillerie sur ses ouvrages, fondit de toutes parts sur le nouvel auteur, avec des critiques et des libelles sans nombre. M. Despréaux se défendit tranquillement par l'exemple de Lucilius, par celui d'Horace, de Perse, de Juvénal, de Virgile même, le sage, le discret Virgile; et, pour rassurer en quelque sorte, ceux qui ne le blâmoient que parce qu'ils croyoient en général que toute Satire est blamable, il composa la neuvieme; où, sous l'ingénieuse apparence d'une réprimande sévere à son esprit, il prouve de cent maniéres que, sans blesser l'Etat ni sa conscience, on peut trouver de méchans vers méchans, et s'ennuyer de plein droit à la lecture de certains livres.

Après cela, il n'opposa plus à ses adversaires qu'une vanité d'un genre fort singulier : il s'avisa de se faire une espece de trophée des écrits que l'on publioit contre lui, de les ramasser avec plus de soin que d'autres ne recueillent les louanges qu'on leur donne, et de les envoyer à ses amis, qui à la fin, fatigués du nombre et de l'extravagance de la plupart de ces ouvrages, l'accusoient presque d'en avoir lui-même fait une partie pour rendre l'autre plus méprisable, à l'exemple de quelques-uns de ces écrivains, qui croyoient avoir trouvé le secret de décrier entierement les satires de M. Despréaux, en lui en attribuant de fort mauvaises, qui étoient de leur façon.

La réputation naissante de M. Despréaux ne

fut pas la seule chose qui le dédommagea de la haine de quelques auteurs : ces Satires même, sources de tant de plaintes, lui firent des amis, et des amis illustres, entre lesquels il eut le bonheur de compter le Premier Président de Lamoignon. Ce sage et savant magistrat, dont l'amitié étoit la meilleure de toutes les apologies, loin d'être effrayé du nom de Satire que portoient les ouvrages de M. Despréaux, et où, en effet, il n'y avoit guere que des vers et des livres attaqués, fut charmé d'y trouver ce sel, ce goût précieux des anciens ; plus charmé encore de voir comment il avoit soumis aux loix d'une pudeur scrupuleuse un genre de poësie dont la licence avoit jusqu'alors fait le principal caractere. Mais s'il admira sa retenue dans les matieres les plus délicates, il n'estima pas moins son attention à distinguer toujours dans la même personne l'honnête homme d'avec le poëte insipide, et le bon citoyen d'avec le mauvais auteur.

Bayle, dans sa *République des Lettres*, et Spanheim, dans sa Préface sur la *Satire des Césars de l'Empereur Julien*, ont donné mille éloges à cette circonspection de M. Despréaux, et n'ont pas hésité de dire que par lui la France l'emporte pour la Satire sur toutes les nations, et qu'elle en dispute même la gloire à l'ancienne Rome.

Nous croyons qu'il est inutile de vouloir ici donner au Public une idée plus particuliere des Satires de M. Despréaux : qu'ajouterions-nous à l'idée qu'il en a déjà ? Devenu l'appui ou la ressource de la plupart des conversations, combien de maximes, de proverbes ou de bons mots ont-elles fait naître dans notre langue, et de la nôtre combien en ont-elles fait passer dans celles des étrangers? Il y a peu de livres qui aient plus agréablement exercé la mémoire des hommes, et il n'y en a certainement point qu'il fût aujourd'hui plus aisé de restituer, si toutes les copies et toutes les éditions en étoient perdues.

L'Art Poëtique succéda aux neuf Satires; et il étoit juste qu'après avoir fait sentir le ridicule ou le faux de tant d'ouvrages, M. Despréaux donnât des regles pour éviter l'un et l'autre, et pour porter la poësie à ce point de perfection qui la fait appeler le langage des Dieux. Il ne suffisoit pas pour cela de renouveller les préceptes qu'Horace donna de son tems sur la même matiere: notre poësie, beaucoup plus variée que celle des Latins, a pris différentes formes qui leur étoient inconnues: ainsi la sagesse antique ne fournissoit que des conseils généraux, le caprice moderne demandoit des leçons qui lui fussent propres, et cette union étoit le chef-d'œuvre de l'art.

Tout le monde sait comment M. Despréaux y a réussi: son Art Poëtique, amas prodigieux de regles et d'exemples, est lui-même un poëme excellent, un poëme agréable, et si intéressant, que, quoiqu'il renferme une infinité de choses qui sont particulieres à la langue, à la nation et à la poësie françoise, il a trouvé en Portugal un traducteur du premier ordre dans la personne de M. le Comte d'Ericeyra.

M. le Premier Président de Lamoignon engagea bientôt M. Despréaux dans un travail d'une autre espece. Un pupitre, placé et déplacé, avoit extrêmement brouillé le Chantre et le Trésorier d'une des premieres églises de Paris, et commençoit à devenir entre eux la matiere d'un procès fort sérieux, quand M. de Lamoignon trouva un sage tempérament pour les accorder.

Ce Magistrat, faisant un jour le récit de l'affaire dans une compagnie où étoit M. Despréaux, lui dit que les poëtes se vantoient souvent de pouvoir faire un grand et bel ouvrage sur la pointe d'une aiguille, ou sur le pied d'une mouche; qu'un Lutrin étoit un sujet bien plus magnifique, et que jamais les Muses n'auroient une si belle occasion de montrer leur adresse. M. Despréaux, sur qui tous les yeux étoient ouverts, crut que, pour l'honneur de la poësie, il falloit soutenir la these, et de parole en parole le défi se forma. Cependant il comptoit en être quitte pour un simple plan, qui feroit assez juger du succès avec lequel la matiere pouvoit être traitée; il y ajouta même un début de trente à quarante vers, comme un gage plus certain de l'exécution; mais il lui eût été plus facile de manquer absolument de parole, que de ne la tenir qu'à moitié. M. de Lamoignon fut frappé de ce qu'il ne faisoit qu'entrevoir; et pour convaincre tout le monde, il feignit de n'être pas convaincu; de sorte que c'est à son ingénieuse obstination que le Public est redevable des six chants qui composent le Poëme intitulé le *Lutrin*. On ne s'étonnera pas si nous ne disons rien de plus de cet ouvrage, et si nous passons de même fort légerement sur tous ceux de M. Despréaux; nous ne serions engagés à en parler aujourd'hui que pour les faire connoître, et il n'y a rien de plus connu.

Celui qui l'est peut-être le moins, parce que la matiere n'en est pas également à la portée de tout le monde, c'est sa traduction du *Sublime de Longin*; mais le nombre des Lecteurs se trouve merveilleusement réparé par la qualité des suffrages, car les plus habiles critiques sont convenus que cette traduction doit être regardée comme un parfait modele; et qu'en conservant à l'ancien Rhéteur toute la simplicité de son style didactique, il a si heureusement fait valoir les grandes figures dont il traite, qu'il semble avoir moins songé à les traduire qu'à donner aux écrivains de sa nation un traité du *Sublime*, qui pût leur être utile. Et le moyen d'en douter, quand on voit qu'il s'est fait depuis un plaisir de joindre à ses remarques sur Longin, celles de M. Dacier et de M. Boivin, quoiqu'il y en ait plusieurs, sur-tout dans celles de M. Dacier, qui sont formellement opposées aux siennes?

Le nom de M. Despréaux ne tarda pas à être porté à la Cour: les Princes et les Seigneurs les plus qualifiés s'empresserent à lui donner des marques de leur estime, et il fut enfin connu du Roi même. M. Despréaux eut l'honneur de lui réciter quelques chants du Lutrin, et d'autres pieces qui n'avoient pas encore paru; et on lui a souvent entendu dire que Sa Majesté lui avoit alors fait répéter plusieurs fois ces vers de sa première Epître :

> Tel fut cet empereur (1) sous qui Rome adorée
> Vit renaître les jours de Saturne et de Rhée ;
> Qui rendit de son joug l'univers amoureux ;
> Qu'on n'alla jamais voir sans revenir heureux ;
> Qui soupiroit le soir, si sa main fortunée
> N'avoit par ses bienfaits signalé la journée.

M. Despréaux ne pouvoit rien trouver de plus propre à surprendre la modestie d'un Prince ennemi des louanges les mieux méritées, que de les donner devant lui à un autre prince si célebre dans l'Histoire par les mêmes vertus.

Le Roi justifia dans le moment, et sans y penser, l'heureuse application des vers de M. Despréaux : Sa Majesté lui donna une pension considérable, et lui fit en même tems expédier un privilege en commandement pour l'impression de toutes ses pieces, avec cette clause à jamais remarquable, *qu'elle vouloit procurer au public, par la lecture de ses Ouvrages, la même satisfaction qu'elle en avoit reçue.* Mais ce qui, selon le cœur de M. Despréaux, mit le comble aux bienfaits du Prince, ce fut la glorieuse commission d'écrire son histoire.

L'Académie Françoise ne crut pas qu'un homme destiné à parler de si grandes choses, dût être formé dans une autre école : elle se hâta de lui ouvrir ses portes (2), et M. Despréaux y

---

(1) *Titus.*
(2) Il fut reçu en 1684. Six mois auparavant il avoit con-

signala son entrée par un discours plein de la reconnoissance la plus éloquente. Un petit nombre d'hommes choisis dans cette même Académie, composoit alors celles des Inscriptions, où l'on commençoit à former le projet du livre fameux des *Médailles sur les Principaux Evénemens du Regne de Louis-le-Grand*. M. Despréaux fut bientôt associé à ce travail, et il y contribua avec son zele ordinaire pour tout ce qui regardoit l'intérêt de sa patrie, ou la gloire de son maître.

Le réglement de 1701 qui a donné une forme toute nouvelle à l'Académie des Inscriptions, y conserva à M. Despréaux le rang de Pensionnaire, et il en a fort exactement rempli les devoirs jusqu'au commencement de l'année 1706, qu'une surdité entiere et une santé fort affoiblie, l'obligerent à demander le titre de Vétéran. Le reste de sa vie n'a été, à proprement parler, qu'une retraite, dont la ville et la campagne ont partagé le loisir. Peu répandu dans le grand monde, qu'il n'avoit jamais trop aimé, et content d'un certain nombre d'amis, dont il faisoit toujours les délices, il a tranquillement attendu la mort que

---

couru pour la même place avec *La Fontaine*, et celui-ci l'avoit emporté. Mais le Roi suspendit l'élection, ou du moins il ne s'expliqua que lorsqu'on eut nommé M. Despréaux à une autre place qui vint à vaquer. Alors un député de l'Académie lui en ayant rendu compte, il répondit que le choix qu'on avoit fait de M. Despréaux lui étoit *très-agréable, et seroit généralement approuvé. Vous pouvez*, ajouta-t-il, *recevoir incessamment La Fontaine, il a promis d'être sage.*

lui annonçoient chaque jour des douleurs aiguës, des évanouissemens et une fievre presque habituelle; elle l'emporta enfin le treizieme de mars de l'année 1711, âgé de soixante et quatorze ans et quelques mois.

Tout ce qui caractérise la mort des justes, a accompagné celle de M. Despréaux; une piété sincere, une foi vive, et une charité si grande, qu'elle ne lui a presque fait reconnoître d'autres héritiers que les pauvres; mais nous sommes heureux de ne pas trouver ici de quoi faire valoir en lui ces circonstances autant qu'elles vaudroient peut-être, dans un sujet où la différence des tems fourniroit de ces traits du siecle que l'on ne sauroit effacer avec trop de soin. Une fin exemplaire a été dans M. Despréaux, la suite naturelle d'une vie toujours sage et toujours chrétienne.

Jamais homme ne fut plus pénétré que lui de cette crainte salutaire que l'on ne connoît presque plus que sous le nom de délicatesse de conscience; en voici une preuve qu'il y auroit de l'injustice à supprimer. Dans le tems que l'aversion du Palais tourna M. Despréaux du côté de la Sorbonne, on lui conféra un bénéfice, et il en jouit pendant huit ou neuf ans. Au bout de ce tems-là, comme il se sentoit tous les jours moins de dispositions à l'état ecclésiastique, il quitta le bénéfice, qui étoit un prieuré simple; et, poussant le scrupule du désintéressement au point de ne pas même vouloir s'en faire un ami dans le monde, il le remit entre les mains du collateur, qui étoit un saint prélat : il fit plus, il supputa à quoi se montoit tout ce qu'il en avoit reçu, et l'employa en différentes œuvres de piété, dont la principale fut le soulagement des pauvres du lieu. Le récit d'une action si édifiante, tiendroit bien sa place dans la vie d'un solitaire, ou d'un illustre pénitent.

A l'égard de son respect pour la religion, ce qui n'est pas à oublier dans l'éloge d'un poëte, M. Despréaux ne s'est pas contenté de le marquer d'une maniere éclatante dans son Epître *sur l'Amour de Dieu ;* il a porté ce respect jusque dans ses Satires, saisissant toujours avidement l'occasion d'attaquer le badinage des impies, les jeux de l'athéisme, et le langage des libertins, lors même qu'il sembloit n'avoir à faire qu'à ses ennemis ordinaires, c'est-à-dire, au galimatias, à l'enflure, ou à la bassesse du style poëtique.

Les qualités particulieres du cœur et de l'esprit qui rendent un homme souhaitable dans la société, achevoient de former le caractere de M. Despréaux. Il employoit plus volontiers pour autrui que pour lui-même le crédit que son mérite lui avoit acquis. Il ne pardonnoit pas seulement les injures qu'il avoit reçues, il se réconcilioit encore de bonne grace, pour peu qu'on le recherchât, comme on sait qu'il a fait avec M. Perrault, après toute la vivacité de leur dispute sur *la préférence des Anciens et des Modernes.*

Sans l'avoir vu, on devenoit son ami par l'estime publique, ou par de bons ouvrages, et il y avoit même autant de fonds à faire sur cette amitié que sur celle que d'autres liaisons pouvoient avoir formée ; il en faut rapporter un exemple singulier.

Le célebre M. Patru se trouvoit, à la honte de son siecle, réduit à vendre ses livres, la plus agréable et presque la seule chose qui lui restoit. M. Despréaux apprit qu'il étoit sur le point de les donner pour une somme assez modique, et il alla aussitôt lui offrir près d'un tiers davantage ; mais l'argent compté, il mit dans son marché une nouvelle condition qui étonna fort M. Patru : ce fut qu'il garderoit ses livres comme auparavant, et que sa bibliotheque ne seroit qu'en survivance à M. Despréaux. Il ne fut pas moins généreux envers M. Cassandre, auteur d'une excellente traduction de *la Rhétorique d'Aristote* ; et sa bourse fut encore ouverte à beaucoup d'autres ; (1) car

---

(1) Boursault rapporte, dans une de ses lettres, que Boileau, ayant appris à Fontainebleau, que l'on venoit de retrancher la pension du grand Corneille, courut avec précipitation à Madame de Montespan, et lui dit que le Roi, tout équitable qu'il étoit, ne pouvoit, sans quelque apparence d'injustice, donner pension à un homme comme lui, qui ne commençoit qu'à monter sur le Parnasse, et l'ôter à M. Corneille, qui depuis si long-tems étoit arrivé au sommet ; qu'il la supplioit, pour la gloire de Sa Majesté, de lui faire plutôt retrancher la sienne qu'à un homme qui la méritoit incomparablement mieux que lui, et qu'il se consoleroit plus facilement de n'en avoir point, que de voir un homme tel que Corneille cesser de l'avoir. Il lui parla ensuite si avantageusement de celui pour qui il sollicitoit, et Madame de Montespan trouva sa générosité si grande et si peu commune, et sa maniere d'agir si honnête, qu'elle lui promit de faire

la vue d'un homme de lettre qui étoit dans le besoin, lui faisoit tant de peine, qu'il ne pouvoit s'empêcher de prêter de l'argent même à Liniere, qui souvent alloit du même pas au premier endroit du voisinage faire une chanson contre son créancier.

Nous ne finirions pas, si nous voulions ainsi nous arrêter sur tout ce qui marquoit dans M. Despréaux l'homme de bien inséparable de l'homme d'esprit, et le sage toujours uni avec le Poëte : il faut cependant dire encore un mot de tout ce qui caractérise son esprit; ses ouvrages en sont un portrait fidele. Il n'avoit pas cette fougue d'imagination que l'on remarque dans d'autres poëtes. Il paroît au contraire un peu sec, et il lui est arrivé quelquefois de répéter la même pensée. Mais ce qu'il perdoit du côté de l'imagination, il le regagnoit avec usure par l'ordre et la justesse des pensées, par la pureté du style, par la beauté du tour, et par la netteté de l'expression : qualités bien plus estimables que la premiere, et qui ne l'accompagnent que rarement. On voit néanmoins par le poëme du *Lutrin*, et par plusieurs autres de ses pieces, qu'il avoit l'imagination belle, vive et féconde. Cela paroît encore de ce qu'il composoit presque toujours de mémoire, et ne mettoit souvent

---

rétablir la pension de M. Corneille, et lui tint parole. Quoique rien, ajoute M. Boursault, ne soit si beau que les poésies de M. Despréaux, je trouve cette action encore plus belle.

ses productions sur le papier que lorsqu'il les vouloit donner au Public.

Il travailloit beaucoup ses ouvrages, comme il l'a souvent insinué lui-même, et comme il ne faisoit pas difficulté de l'avouer à ses amis. Quelque facilité que l'on remarque dans ses vers, on ne laisse pas de sentir qu'ils lui ont coûté beaucoup, et que ce n'est qu'à force de les retoucher qu'il leur a donné cet air libre et naturel qui fait une partie des grandes beautés que l'on y trouve, et qui sont de plus d'une sorte. Les pieces qu'il a publiées depuis *l'Ode sur Namur*, ne sont ni si vives, ni même si exactes que celles dont il avoit fait présent au Public avant ce tems là. Cependant on trouvera dans tout ce qui est sorti de sa plume, un goût exquis, un sens droit, et une politesse infinie. Lorsqu'il a emprunté quelque chose des Anciens, il s'en est servi en maître, et se l'est rendu propre par le nouveau tour qu'il y a donné. Ceux qui ont prétendu que son Art Poétique n'étoit qu'une traduction d'Horace, à laquelle il avoit ajouté quelques réflexions tirées de Jérôme Vida, qui a écrit sur le même sujet, se sont assurément trompés. Dans l'ouvrage de M. Despréaux, qui est de onze cents vers, il y en a au plus cinquante ou soixante qui soient imités d'Horace. Pour Vida, il ne l'avoit jamais lu; il l'a assuré plus d'une fois, et on doit d'autant plus l'en croire, que ceux qui compareront l'ouvrage du poëte italien avec celui de M. Despréaux, ne trouveront rien dans le dernier qui soit seulement imité du premier. Mais une critique fausse n'y regarde pas de si près ; et dans l'envie de décrier ceux que l'on n'aime pas, ou dont la réputation fait ombrage, on trouve que tout est bon, pourvu qu'on satisfasse la démangeaison de calomnier. On en impose toujours à quelques lecteurs superficiels qui n'approfondissent rien, et l'on se fait un mérite de ce qui est un vrai sujet de honte. M. de la Bruyere, critique judicieux, en jugeoit bien autrement. M. Despréaux, dit-il dans son discours à Messieurs de l'Académie Françoise, passe Juvénal, atteint Horace, semble créer les pensées d'autrui, et se rend propre tout ce qu'il manie. Il a, dans ce qu'il emprunte des autres, toutes les grâces de la nouveauté et tout le mérite de l'invention. Ses vers forts et harmonieux, faits de génie, quoique travaillés avec art, pleins de traits et de poësie, seront lus encore quand la langue aura vieilli, et en seront les derniers débris. On y remarque une critique sûre, judicieuse et innocente, s'il est permis du moins de dire de ce qui est mauvais, qu'il est mauvais.

Pour ce qui est de l'histoire de Louis XIV, à laquelle il a travaillé pendant quelque tems, elle méritoit d'être confiée à la sincérité et à la candeur de M. Despréaux. Mais cet ouvrage, auquel plusieurs auteurs ont mis la main, n'a jamais été achevé, et il n'y a pas d'apparence que ce qui en est fait, s'il existe encore, voie jamais le jour.

ORDRE CHRONOLOGIQUE

DES OUVRAGES DE M. DESPRÉAUX,

Donné par M. DE SAINT-MARC.

Age de l'Auteur.	Année de la Composition.	PIECES.
17	1653	Épigramme XXXI. *Enigme.* Chanson à boire : *Philosophes rêveurs*, etc.
18	1654	Sonnet sur la mort d'une Parente. Chanson à boire *Soupirez nuit et jour*, etc.
20	1656	Ode sur les Anglois.
24	1660	Satires I et VI.
26	1662	Dissertation sur Joconde.
27	1663	Satire VII. Stances à Moliere.
28	1664	Satire II et IV. Épigramme V.
28 29	1664 1665	Les Héros de Roman, Dialogue.
29	1665	Discours au Roi. Satires III et V.
30 32	1666 1668	Préface I.

CHRONOLOGIQUE.

31	1667	Satires VIII et IX.
32	1668	Discours sur la Satire.
33	1669	Épîtres I et II.
33 38	1669 1674	} L'Art Poëtique.
34	1670	{ Avertissement sur l'Épître I. Épigramme VII.
36	1672	{ Épître IV. Chanson à boire : *Que Bâville me semble aimable !*
36 38	1672 1674	} Chants I, II, III et IV du Lutrin.
38	1674	{ Préface II. Épître V. Épigrammes II et VII. Traduction de Longin.
39	1675	{ Préface III. Epîtres VIII et IX. I Lettre à M. le duc de Vivonne.
40	1676	II Lettre à M. le duc de Vivonne.
41	1677	Epître VI et VII.
45 47	1681 1683	} Chants V et VI du Lutrin.
47	1683	{ Préface IV. Remerciement à l'Académie Françoise.
49	1785	Epigrammes VI et XXXVIII.
50	1686	Epigramme XIV.
51	1687	Epigrammes III, X, XI, XII, XIII, et XV.
54	1690	Epigramme IX.

57	1693	Satire X. Ode sur Namur. Epigrammes XLIII et XLIV. Les neuf premieres Réflexions critiques sur Longin.
58	1694	Préface V. Epitaphe de M. Arnauld. Lettre de Remerciement à M. Arnauld.
59	1695	Epître X, XI et XII. Lettre à M. de Maucroix.
59 65	1695 1701	Préface pour les trois dernieres Epîtres.
61	1697	Lettre à M. le comte d'Ericeyra. Lettre à M. Racine.
62	1698	Satire XI.
63	1699	Epigrammes XLV et XLIX. Epitaphe de M. Racine.
64	1700	Lettre à M. Perrault.
65	1701	Préface VI.
66	1702	Epigramme XXV.
67	1703	Epigrammes XXVI, XLVII et XLVIII. Lettre à M. le Verrier.
68	1704	Epigrammes XXXIX et XL.
71	1707	Epigrammes XXXVII.
74	1710	Discours sur le Dialogue des Héros de Roman. Les trois dernieres Réflexions critiques sur Longin.

DISCOURS AU ROI.

Quoique cette Pièce soit placée avant toutes les autres, elle n'a pourtant pas été faite la première. L'Auteur la composa au commencement de l'année 1665, et il avoit déjà fait cinq Satires. La même année ce Discours fut inséré dans un Recueil de Poésies, avant que l'Auteur eût eu le temps de le corriger. Il le fit imprimer lui-même l'année suivante 1666, avec les sept premières Satires. — Le Roi est loué ici avec d'autant plus d'art, que le ton général est celui de la *Satire*, et que les traits lancés contre quelques Poètes, sont autant de louanges pour le Prince.

Jeune et vaillant Héros, dont la haute sagesse
N'est point le fruit tardif d'une lente vieillesse,
Et qui seul, sans Ministre, à l'exemple des Dieux,
Soutiens tout par toi-même, et vois tout par tes yeux[1],
Grand Roi, si jusqu'ici, par un trait de prudence,
J'ai demeuré pour Toi dans un humble silence,
Ce n'est pas que mon cœur, vainement suspendu,
Balance pour t'offrir un encens qui t'est dû.
Mais je sais peu louer, et ma muse tremblante
Fuit d'un si grand fardeau la charge trop pesante,
Et dans ce haut éclat où Tu te viens offrir,
Touchant à tes lauriers, craindroit de les flétrir.
   Ainsi, sans m'aveugler d'une vaine manie,
Je mesure mon vol à mon foible génie :
Plus sage en mon respect, que ces hardis mortels
Qui d'un indigne encens profanent tes autels;
Qui, dans ce champ d'honneur, où le gain les amène,
Osent chanter ton nom, sans force et sans haleine,
Et qui vont tous les jours, d'une importune voix,
T'ennuyer du récit de tes propres exploits.
   L'un en style pompeux habillant une Eglogue,
De ses rares vertus te fait un long prologue,

Et mêle, en se vantant soi-même à tout propos,
Les louanges d'un Fat à celles d'un Héros[2].
  L'autre, en vain se lassant à polir une rime,
Et reprenant vingt fois le rabot et la lime,
Grand et nouvel effort d'un esprit sans pareil !
Dans la fin d'un sonnet Te compare au soleil[3].
  Sur le haut Hélicon leur veine méprisée,
Fut toujours des neuf Sœurs la fable et la risée.
Calliope jamais ne daigna leur parler,
Et Pégase pour eux refuse de voler.
Cependant à les voir enflés de tant d'audace,
Te promettre en leur nom les faveurs du Parnasse,
On diroit qu'ils ont seuls l'oreille d'Apollon,
Qu'ils disposent de tout dans le sacré Vallon.
C'est à leurs doctes mains, si l'on veut les en croire,
Que Phébus a commis tout le soin de ta gloire ;
Et ton nom, du Midi jusqu'à l'Ourse vanté,
Ne devra qu'à leurs vers son immortalité.
Mais plutôt sans ce nom, dont la vive lumière
Donne un lustre éclatant à leur veine grossière,
Ils verroient leurs écrits, honte de l'univers,
Pourrir dans la poussière à la merci des vers.
A l'ombre de ton nom ils trouvent leur asyle ;
Comme on voit dans les champs un arbrisseau débile,
Qui, sans l'heureux appui qui le tient attaché,
Languiroit tristement sur la terre couché.
  Ce n'est pas que ma plume injuste et téméraire
Veuille blâmer en eux le dessein de Te plaire :
Et parmi tant d'Auteurs, je veux bien l'avouer,
Apollon en connoît qui te peuvent louer.
Oui, je sais qu'entre ceux qui t'adressent leurs veilles,
Parmi les Pelletiers[4] on compte des Corneilles :
Mais je ne puis souffrir qu'un Esprit de travers,
Qui pour rimer des mots pense faire des vers,
Se donne en Te louant une gêne inutile.
Pour chanter un Auguste, il faut être un Virgile.

Et j'approuve les soins du Monarque guerrier,
Qui ne pouvoit souffrir qu'un Artisan grossier
Entreprît de tracer d'une main criminelle,
Un portrait réservé pour le pinceau d'Apelle.
  Moi donc, qui connois peu Phébus et ses douceurs,
Qui suis nouveau sevré sur le mont des neuf Sœurs ;
Attendant que pour Toi l'âge ait mûri ma Muse,
Sur de moindres sujets je l'exerce et l'amuse :
Et tandis que ton bras, des peuples redouté,
Va, la foudre à la main, rétablir l'Équité,
Et retient les méchans par la peur des supplices,
Moi, la plume à la main, je gourmande les vices;
Et gardant pour moi-même une juste rigueur,
Je confie au papier les secrets de mon cœur.
Ainsi, dès qu'une fois ma verve se réveille,
Comme on voit au printems la diligente abeille,
Qui du butin des fleurs va composer son miel,
Des sottises du tems je compose mon fiel.
Je vais de toutes parts où me guide ma veine,
Sans tenir en marchant une route certaine,
Et, sans gêner ma plume en ce libre métier,
Je la laisse au hasard courir sur le papier.
  Le mal est qu'en rimant, ma Muse un peu légère
Nomme tout par son nom[6], et ne sauroit rien taire.
C'est là ce qui fait peur aux Esprits de ce tems,
Qui tout blancs au-dehors, sont tout noirs au-dedans.
Ils tremblent qu'un censeur, que sa verve encourage,
Ne vienne en ses écrits démasquer leur visage,
Et fouillant dans leurs mœurs en toute liberté,
N'aille du fond du puits tirer la Vérité [7].
Tous ces gens, éperdus au seul nom de Satire,
Font d'abord le procès à quiconque ose rire.
Ce sont eux que l'on voit, d'un discours insensé,
Publier dans Paris que tout est renversé,
Au moindre bruit qui court qu'un Auteur[8] les menace
De jouer des Bigots la trompeuse grimace.

Pour eux un tel ouvrage est un monstre odieux;
C'est offenser les Loix, c'est s'attaquer aux Cieux.
Mais, bien que d'un faux zèle ils masquent leur foi-
Chacun voit qu'en effet la vérité les blesse.   (blesse,
En vain d'un lâche orgueil leur esprit revêtu
Se couvre du manteau d'une austère vertu :
Leur cœur, qui se connoît et qui fuit la lumière,
S'il se moque de Dieu, craint Tartuffe et Molière.
 Mais pourquoi sur ce point sans raison m'écarter ?
Grand Roi, c'est mon défaut, je ne saurois flatter.
Je ne sais point au Ciel placer un Ridicule,
D'un Nain faire un Atlas, ou d'un lâche un Hercule,
Et sans cesse en esclave à la suite des Grands,
A des Dieux sans vertu prodiguer mon encens.
On ne me verra point d'une veine forcée,
Même pour Te louer, déguiser ma pensée :
Et quelque grand que soit ton pouvoir souverain,
Si mon cœur en ces vers ne parloit par ma main,
Il n'est espoir de biens, ni raison, ni maxime,
Qui pût en ta faveur m'arracher une rime.
 Mais lorsque je te vois, d'une si noble ardeur,
T'appliquer sans relâche au soin de ta grandeur,
Faire honte à ces Rois que le travail étonne,
Et qui sont accablés du faix de leur couronne :
Quand je vois ta sagesse, en ses justes projets,
D'une heureuse abondance enrichir tes Sujets;
Fouler aux pieds l'orgueil et du Tage et du Tibre[9];
Nous faire de la Mer une campagne libre[10];
Et tes braves Guerriers secondant ton grand cœur,
Rendre à l'Aigle[11] éperdu sa première vigueur,
La France sous tes loix maîtriser la Fortune;
Et nos vaisseaux domptant l'un et l'autre Neptune,
Nous aller chercher l'or, malgré l'onde et le vent,
Aux Lieux où le Soleil le forme en se levant,
Alors, sans consulter si Phébus l'en avoue,
Ma Muse toute en feu me prévient et Te loue.

Mais bientôt la Raison, arrivant au secours,
Vient d'un si beau projet interrompre le cours,
Et me fait concevoir, quelque ardeur qui m'emporte,
Que je n'ai ni le ton, ni la voix assez forte.
Aussi-tôt je m'effraye, et mon esprit troublé
Laisse là le fardeau dont il est accablé :
Et sans passer plus loin, finissant mon ouvrage,
Comme un pilote en mer, qu'épouvante l'orage,
Dès que le bord paroît, sans songer où je suis,
Je me sauve à la nage, et j'aborde où je puis.

---

1 A la mort de Mazarin, le roi âgé de vingt-deux ans et demi ne voulut plus de premier Ministre, et gouverna par lui-même.

2 L'*Eclogue Royale* de Fr. Charpentier, composé ridicule des louanges du Roi et de celles de l'Auteur.

3 Sonnet de Chapelain.

4 Misérable rimeur composant des Sonnets à la louange de toutes sortes de personnes. Dès qu'il savoit qu'on imprimoit un Livre, il ne manquoit pas d'aller porter un sonnet à l'Auteur, pour avoir un exemplaire de l'ouvrage.

5 Alexandre n'avoit permis qu'à Apelle de le peindre, à Lysippe de faire son image en bronze, et à Pyrgotèle de le graver sur les pierres précieuses.

6 Allusion à cet endroit de la Satire première :
   Je ne puis rien nommer si ce n'est par son nom.

7 Démocrite disoit que la Vérité étoit au fond d'un puits, d'où personne encore ne l'avoit pu tirer.

8 Le *Tartuffe* de Molière, composé l'année précédente.

9 Le Roi exigea satisfaction de deux insultes faites à ses Ambassadeurs : à Londres, par l'Ambassadeur d'Espagne, en 1661, et à Rome, par des Corses de la garde du Pape, en 1662.

10 La mer fut purgée de pirates par la victoire remportée en 1665, sur les Corsaires de Tunis et d'Alger, aux côtes d'Afrique.

11 En 1664, les troupes que le Roi envoya au secours de l'Empereur, défirent les Turcs sur les bords du Raab.

SATIRES.

SATIRE I.

Cette Satire, commencée en 1660, est une imitation de la troisième Satire de Juvénal, dans laquelle est aussi décrite la retraite d'un Philosophe qui abandonne le séjour de Rome, à cause des vices affreux qui y régnoient. Juvénal y décrit encore les embarras de la même Ville; et, à son exemple, M. Despréaux, dans cette première Satire, avoit fait la description des embarras de Paris; mais il s'aperçut que cette description étoit comme hors d'œuvre, et qu'elle faisoit un double sujet. C'est ce qui l'obligea de l'en détacher, et il en fit une Satire particulière, qui est la sixième.

Damon[1], ce grand Auteur dont la Muse fertile
Amusa si long-tems et la cour et la Ville :
Mais qui, n'étant vêtu que de simple bureau,
Passe l'été sans linge et l'hiver sans manteau,
Et de qui, le corps sec, et la mine affamée,
N'en sont pas mieux refaits pour tant de renommée :
Las de perdre en rimant et sa peine et son bien,
D'emprunter en tous lieux, et de ne gagner rien,
Sans habits, sans argent, ne sachant plus que faire,
Vient de s'enfuir chargé de sa seule misère;
Et bien loin des Sergents, des Clercs, et du Palais,
Va chercher un repos qu'il ne trouva jamais :
Sans attendre qu'ici la Justice ennemie
L'enferme en un cachot le reste de sa vie;
Ou que d'un bonnet verd[2] le salutaire affront
Flétrisse les lauriers qui lui couvrent le front.

Mais le jour qu'il partit, plus défait et plus blême,
Que n'est un Pénitent sur la fin d'un Carême;
La colère dans l'âme, et le feu dans les yeux,
Il distilla sa rage en ces tristes adieux :

SATIRE I.

Puisqu'en ce lieu, jadis aux Muses si commode,
Le mérite et l'esprit ne sont plus à la mode,
Qu'un Poëte, dit-il, s'y voit maudit de Dieu,
Et qu'ici la Vertu n'a plus ni feu ni lieu;
Allons du moins chercher quelque antre ou quelque (roche,
D'où jamais ni l'Huissier, ni le Sergent n'approche;
Et sans lasser le Ciel par des vœux impuissans,
Mettons-nous à l'abri des injures du tems;
Tandis que, libre encor, malgré les destinées,
Mon corps n'est point courbé sous le faix des années;
Qu'on ne voit point mes pas sous l'âge chanceler,
Et qu'il reste à la Parque encor de quoi filer.
C'est-là dans mon malheur le seul conseil à suivre.
Que George vive ici, puisque George y sait vivre,
Qu'un million comptant, par ses fourbes acquis,
De Clerc, jadis Laquais, a fait Comte et Marquis.
Que Jacquin vive ici, dont l'adresse funeste
A plus causé de maux que la guerre et la peste,
Qui de ses revenus écrits par alphabet,
Peut fournir aisément un Calepin complet.
Qu'il regne dans ces lieux; il a droit de s'y plaire.
Mais moi, vivre à Paris! Eh, qu'y voudrois-je faire?
Je ne sais ni tromper, ni feindre, ni mentir;
Et quand je le pourrois, je n'y puis consentir.
Je ne sais point en lâche essuyer les outrages
D'un Faquin orgueilleux qui vous tient à ses gages,
De mes sonnets flatteurs lasser tout l'univers,
Et vendre au plus offrant mon encens et mes vers.
Pour un si bas emploi ma Muse est trop altiere,
Je suis rustique et fier, et j'ai l'ame grossiere.
Je ne puis rien nommer si ce n'est par son nom.
J'appelle un chat un chat, et Rolet[3] un fripon.
De servir un Amant, je n'en ai pas l'adresse;
J'ignore ce grand art qui gagne une Maîtresse,
Et je suis à Paris, triste, pauvre et reclus,
Ainsi qu'un corps sans ame, ou devenu perclus.

Mais, pourquoi, dira-t-on, cette vertu sauvage,
Qui court à l'hôpital et n'est plus en usage?
La richesse permet une juste fierté ;
Mais il faut être souple avec la pauvreté.
C'est par-là qu'un Auteur que presse l'indigence,
Peut des astres malins corriger l'influence.
Et que le sort burlesque, en ce siecle de fer,
D'un Pédant, quand il veut, sait faire un Duc et Pair 4.
Ainsi de la vertu, la Fortune se joue.
Tel aujourd'hui triomphe au plus haut de sa roue,
Qu'on verroit, de couleur bizarrement orné,
Conduire le carrosse où l'on le voit traîné,
Si dans les droits du Roi sa funeste science
Par deux ou trois avis n'eût ravagé la France.
Je sais qu'un juste effroi, l'éloignant de ces lieux,
L'a fait pour quelques mois disparoître à nos yeux :
Mais en vain pour un tems une taxe l'exile :
On le verra bientôt pompeux en cette ville,
Marcher encor chargé des dépouilles d'autrui,
Et jouir du Ciel même irrité contre lui :
Tandis que Colletet 5, crotté jusqu'à l'échine,
S'en va chercher son pain de cuisine en cuisine :
Savant en ce métier, si cher aux beaux esprits,
Dont Montmaur 6 autrefois fit leçon dans Paris.
Il est vrai que du Roi 7 la bonté secourable
Jette enfin sur la Muse un regard favorable,
Et, réparant du Sort l'aveuglement fatal,
Va tirer désormais Phébus de l'hôpital.
On doit tout espérer d'un Monarque si juste.
Mais sans un Mécénas, à quoi sert un Auguste ?
Et fait comme je suis, au siecle d'aujourd'hui,
Qui voudra s'abaisser à me servir d'appui ?
Et puis comment percer cette foule effroyable
De Rimeurs affamés dont le nombre l'accable,
Qui, dès que sa main s'ouvre, y courent les premiers,
Et ravissent un bien qu'on devoit aux derniers,

SATIRE I.

Comme on voit les Frêlons, troupe lâche et stérile,
Aller piller le miel que l'Abeille distille?
Cessons donc d'aspirer à ce prix tant vanté,
Que donne la faveur à l'importunité.
Saint-Amand[8] n'eut du Ciel que sa veine en partage :
L'habit qu'il eut sur lui fut son seul héritage :
Un lit et deux placets composoient tout son bien ;
Ou, pour en mieux parler, Saint-Amand n'avoit rien.
Mais quoi, las de traîner une vie importune,
Il engagea ce rien pour chercher la Fortune,
Et tout chargé de vers[9] qu'il devoit mettre au jour,
Conduit d'un vain espoir, il parut à la Cour.
Qu'arriva-t-il enfin de sa Muse abusée ?
Il en revint couvert de honte et de risée ;
Et la fièvre au retour terminant son destin,
Fit par avance en lui ce qu'auroit fait la faim.
Un Poëte à la Cour fut jadis à la mode :
Mais des Fous aujourd'hui c'est le plus incommode :
Et l'esprit le plus beau, l'Auteur le plus poli,
N'y parviendra jamais au sort de l'Angeli[10].

Faut-il donc désormais jouer un nouveau rôle ?
Dois-je, las d'Apollon, recourir à Barthole[11],
Et feuilletant Louet[12] allongé par Brodeau,
D'une robe à longs plis balayer le Barreau ?
Mais à ce seul penser, je sens que je m'égare.
Moi ? que j'aille crier dans ce pays barbare,
Où l'on voit tous les jours l'innocence aux abois
Errer dans les détours d'un Dédale de Loix,
Et dans l'amas confus de chicanes énormes,
Ce qui fut blanc au fond rendu noir par les formes,
Où Patru[13] gagne moins qu'Huot et le Mazier[14],
Et dont les Cicérons se font chez Pé-Fournier[15] ?
Avant qu'un tel dessein m'entre dans la pensée,
On pourra voir la Seine à la Saint-Jean glacée,
Arnauld[16] à Charenton devenir Huguenot,
Saint-Sorlin[17] Janséniste, et Saint-Pavin[18] bigot.

Quittons donc, pour jamais une ville importune,
Où l'honneur a toujours guerre avec la Fortune :
Où le vice orgueilleux s'érige en souverain,
Et va la mitre en tête et la crosse à la main :
Où la science triste, affreuse, délaissée,
Est partout des bons lieux comme infâme chassée ;
Où le seul art en vogue est l'art de bien voler :
Où tout me choque : enfin, où ... Je n'ose parler.
Et quel homme si froid ne seroit plein de bile,
A l'aspect odieux des murs de cette ville?
Qui pourroit les souffrir? et qui, pour les blâmer,
Malgré Muse et Phébus, n'apprendroit à rimer?
Non, non ; sur ce sujet pour écrire avec grace,
Il ne faut point monter au sommet du Parnasse,
Et sans aller rêver dans le double Vallon,
La colère suffit, et vaut un Apollon.
Tout beau, dira quelqu'un, vous entrez en furie;
A quoi bon ces grands mots? Doucement, je vous prie:
Ou bien montez en Chaire, et là, comme un Docteur,
Allez de vos sermons endormir l'Auditeur.
C'est là que bien ou mal on a droit de tout dire.

Ainsi parle un esprit qu'irrite la Satire,
Qui contre ses défauts croit être en sûreté,
En raillant d'un Censeur la triste austérité :
Qui fait l'homme intrépide, et tremblant de foiblesse,
Attend pour croire en Dieu que la fièvre le presse[19];
Et toujours dans l'orage au Ciel levant les mains,
Dès que l'air est calmé, rit des foibles humains.
Car de penser alors qu'un Dieu tourne le Monde,
Et règle les ressorts de la machine ronde,
Ou qu'il est une vie au-delà du trépas,
C'est là, tout haut du moins, ce qu'il n'avoûra pas.

Pour moi, qu'en santé même un autre Monde étonne,
Qui crois l'ame immortelle, et que c'est Dieu qui tonne,
Il vaut mieux pour jamais me bannir de ce lieu.
Je me retire donc. Adieu, Paris, adieu.

SATIRE I.

1 L'Auteur avoit en vue Fr. Cassandre, misanthrope morose, qui a traduit la Rhétorique d'Aristote.

2 Un débiteur insolvable pouvoit alors sortir de prison, en faisant *cession*, c'est-à-dire en souffrant qu'on lui mî en pleine rue un bonnet vert sur la tête.

3 Procureur très-décrié.

4 L'Abbé de la Rivière, d'abord régent d'un collége, devint évêque de Langres.

5 Poëte fort gueux.

6 Parasite expert, dont Ménage a écrit la vie.

7 Le Roi, alors, donna plusieurs pensions aux gens de lettres.

8 Auteur fort pauvre qui ne manquoit pas de génie; il ne savoit pas le latin.

9 Le *Poême de la Lune*, il y louoit le Roi, surtout de savoir bien nager.

10 Fou qui sut amasser environ vingt mille écus à la cour.

11 Célèbre Jurisconsulte d'Italie, qui a fait d'amples commentaires sur le droit.

12 Louet, Conseiller au Parlement de Paris, a fait un recueil d'Arrêts, auquel Brodeau, Avocat au même Parlement, a ajouté un savant commentaire.

13 Avocat au Parlement, plein d'esprit et d'éloquence.

14 Deux Avocats d'un mérite très-médiocre; mais qui se chargeoient des causes bonnes ou mauvaises, et les défendoient avec beaucoup de bruit.

15 Célèbre procureur, qui signoit P. Fournier.

16 Savant docteur de Sorbonne, qui a écrit contre les calvinistes.

17 Il écrivit contre les religieuses de Port-Royal, accusées de Jansénisme.

18 Fameux libertin.

19 Le fameux Desbarreaux ne croyoit en Dieu que quand il était malade; il se convertit cependant avant de mourir.

SATIRE II.

A M. DE MOLIÈRE.

Le sujet de cette Satire faite en 1664 est, *la difficulté de trouver la Rime, et de la faire accorder avec la raison.* Mais l'auteur s'est appliqué à les concilier toutes deux, en n'employant dans cette pièce que des Rimes extrêmement exactes.

RARE et fameux Esprit, dont la fertile veine
Ignore en écrivant le travail et la peine;
Pour qui tient Apollon tous ses trésors ouverts,
Et qui sais à quel coin se marquent les bons vers;
Dans les combats d'esprit savant Maître d'escrime,
Enseigne-moi, Moliere, où tu trouves la Rime.
On diroit, quand tu veux, qu'elle te vient chercher.
Jamais au bout du vers on ne te voit broncher;
Et sans qu'un long détour t'arrête, ou t'embarrasse,
A peine as-tu parlé, qu'elle-même s'y place.
Mais moi, qu'un vain caprice, une bizarre humeur,
Pour mes péchés, je crois, fit devenir Rimeur:
Dans ce rude métier, où mon esprit se tue,
En vain, pour la trouver, je travaille et je sue.
Souvent j'ai beau rêver du matin jusqu'au soir:
Quand je veux dire *blanc,* la quinteuse dit *noir.*
Si je veux d'un Galant dépeindre la figure,
Ma plume pour rimer trouve l'abbé de Pure [1];
Si je pense exprimer un Auteur sans défaut,
La Raison dit Virgile, et la Rime Quinaut [2].
Enfin quoi que je fasse, ou que je veuille faire,
La bizarre toujours vient m'offrir le contraire.
De rage quelquefois, ne pouvant la trouver,
Triste, las et confus, je cesse d'y rêver:
Et maudissant vingt fois le Démon qui m'inspire,
Je fais mille sermens de ne jamais écrire.

Mais quand j'ai bien maudit et Muses et Phébus,
Je la vois qui paroît, quand je n'y pense plus.
Aussi tôt, malgré moi, tout mon feu se rallume :
Je reprends sur le champ le papier et la plume,
Et de mes vains sermens perdant le souvenir,
J'attends de vers en vers qu'elle daigne venir.
Encor si pour rimer, dans sa verve indiscrete,
Ma Muse au moins souffroit une froide épithete :
Je ferois comme un autre, et sans chercher si loin,
J'aurois toujours des mots pour les coudre au besoin.
Si je louois Philis, *En miracle féconde*,
Je trouverois bientôt, *A nulle autre seconde*.
Si je voulois vanter un objet *Nompareil*;
Je mettrois à l'instant, *Plus beau que le Soleil*.
Enfin parlant toujours d'*Astres* et de *Merveilles*,
De *chefs-d'œuvre des Cieux*, de *Beautés sans pareilles*[3] ;
Avec tous ces beaux mots souvent mis au hazard,
Je pourrois aisément, sans génie et sans art,
Et transposant cent fois et le nom et le verbe,
Dans mes vers recousus mettre en pieces Malherbe.
Mais mon esprit, tremblant sur le choix de ses mots,
N'en dira jamais un, s'il ne tombe à propos,
Et ne sauroit souffrir, qu'une phrase insipide
Vienne à la fin d'un vers remplir la place vide.
Ainsi recommençant un ouvrage vingt fois,
Si j'écris quatre mots, j'en effacerai trois.

Maudit soit le premier, dont la verve insensée
Dans les bornes d'un vers renferma sa pensée,
Et donnant à ses mots une étroite prison,
Voulut avec la Rime enchaîner la Raison !
Sans ce métier, fatal au repos de ma vie,
Mes jours pleins de loisir couleroient sans envie,
Je n'aurois qu'à chanter, rire, boire d'autant;
Et comme un gras Chanoine, à mon aise, et content,
Passer tranquillement, sans souci, sans affaire,
La nuit à bien dormir, et le jour à rien faire.

SATIRE II.

Mon cœur exempt de soins, libre de passion,
Sait donner une borne à son ambition ;
Et fuyant des grandeurs la présence importune,
Je ne vais point au Louvre adorer la Fortune.
Et je serois heureux, si, pour me consumer,
Un destin envieux ne m'avoit fait rimer.
 Mais depuis le moment que cette frénésie
De ses noires vapeurs troubla ma fantaisie,
Et qu'un Démon, jaloux de mon contentement,
M'inspira le dessein d'écrire poliment :
Tous les jours, malgré moi, cloué sur un ouvrage,
Retouchant un endroit, effaçant une page,
Enfin passant ma vie en ce triste métier,
J'envie en écrivant le sort de Pelletier [4].
 Bienheureux Scudéri [5], dont la fertile plume
Peut tous les mois sans peine enfanter un volume!
Tes écrits, il est vrai, sans art et languissans,
Semblent être formés en dépit du bon sens :
Mais ils trouvent pourtant, quoi qu'on en puisse dire,
Un Marchand pour les vendre, et des sots pour les lire.
Et quand la Rime enfin se trouve au bout des vers,
Qu'importe que le reste y soit mis de travers?
Malheureux mille fois celui dont la manie
Veut aux regles de l'art asservir son génie!
Un sot en écrivant fait tout avec plaisir :
Il n'a point en ses vers l'embarras de choisir,
Et toujours amoureux de ce qu'il vient d'écrire,
Ravi d'étonnement en soi-même il s'admire.
Mais un esprit sublime en vain veut s'élever
A ce degré parfait qu'il tâche de trouver :
Et toujours mécontent de ce qu'il vient de faire,
Il plaît à tout le monde, et ne sauroit se plaire;
Et tel, dont en tous lieux chacun vante l'esprit,
Voudroit pour son repos n'avoir jamais écrit.
 Toi donc, qui vois les maux où ma Muse s'abîme,
De grace, enseigne-moi l'art de trouver la Rime :

Ou, puisqu'enfin tes soins y seroient superflus,
Moliere, enseigne-moi l'art de ne rimer plus.

---

1 Cet abbé affectoit un air propre et galant, quoiqu'il ne fût ni l'un ni l'autre.
2 Auteur de plusieurs tragédies absolument tombées dans l'oubli.
3 Style reproché à l'abbé Ménage, poëte froid et stérile.
4 Pelletier, dont nous avons déjà parlé, prit ce vers pour une louange, et fit imprimer cette satire avec quelques-unes de ses nombreuses productions.
5 Auteur de beaucoup de romans, et frère de la fameuse Mademoiselle de Scudéri.

SATIRE III.

Cette Satire faite en 1667, contient le récit d'un Festin donné par un homme d'un goût faux et extravagant, qui se piquoit néanmoins de rafiner sur la bonne chère. Horace, dans la Satire VIII du Livre II, fait pareillement le récit d'un repas ridicule : et Régnier, dans sa dixième Satire, l'a aussi imité.

A. Quel sujet inconnu vous trouble et vous altere ?
D'où vous vient aujourd'hui cet air sombre et sévere,
Et ce visage enfin plus pâle qu'un rentier,
A l'aspect d'un arrêt qui retranche un quartier ?
Qu'est devenu ce teint, dont la couleur fleurie
Sembloit d'ortolans seuls, et de bisques nourrie ;
Où la joie en son lustre attiroit les regards,
Et le vin en rubis brilloit de toutes parts ?
Qui vous a pu plonger dans cette humeur chagrine ?
A-t-on par quelque Édit réformé la cuisine ?
Ou quelque longue pluie, innondant vos vallons,
A-t-elle fait couler vos vins et vos melons ?
Répondez donc enfin, ou bien je me retire.
P. Ah ! de grace, un moment, souffrez que je res-(pire.

SATIRE III.

Je sors de chez un Fat, qui, pour m'empoisonner,
Je pense, exprès chez lui m'a forcé de diner.
Je l'avois bien prévu. Depuis près d'une année,
J'éludois tous les jours sa poursuite obstinée.
Mais hier il m'aborde, et me serrant la main:
Ah! Monsieur, m'a-t-il dit, je vous attends demain.
N'y manquez pas au moins : j'ai quatorze bouteilles
D'un vin vieux... Boucingo[3] n'en a point de pareilles:
Et je gagerois bien que chez le Commandeur[4],
Villandri priseroit sa sève et sa verdeur.
Molière[5] avec Tartuffe y doit jouer son rôle:
Et Lambert[6], qui plus est, m'a donné sa parole.
C'est tout dire en un mot, et vous le connaissez.
Quoi! Lambert? — Oui, Lambert. A demain. — C'est
Ce matin donc, séduit par sa vaine promesse, (assez.
J'y cours, midi sonnant, au sortir de la Messe.
A peine étois-je entré, que, ravi de me voir,
Mon homme, en m'embrassant, m'est venu recevoir;
Et montrant à mes yeux une allégresse entière,
Nous n'avons, m'a-t-il dit, ni Lambert ni Molière :
Mais, puisque je vous vois, je me tiens trop content:
Vous êtes un brave homme : entrez; on vous attend.
A ces mots, mais trop tard, reconnaissant ma faute,
Je le suis en tremblant dans une chambre haute,
Où, malgré les volets, le soleil irrité
Formoit un poêle ardent au milieu de l'été.
Le couvert étoit mis dans ce lieu de plaisance;
Où j'ai trouvé d'abord pour toute connoissance,
Deux nobles Campagnards, grands lecteurs de Romans,
Qui m'ont dit tout Cyrus[7] dans leurs longs complimens.
J'enrageois. Cependant on apporte un potage.
Un coq y paroissoit en pompeux équipage,
Qui, changeant sur ce plat et d'état et de nom,
Par tous les Conviés s'est appelé chapon.
Deux assiettes suivoient, dont l'une étoit ornée
D'une langue en ragoût de persil couronnée :

L'autre d'un godiveau tout brûlé par-dehors,
Dont un beurre gluant inondoit tous les bords.
On s'assied : mais d'abord, notre troupe serrée
Tenoit à peine autour d'une table quarrée,
Où chacun, malgré soi, l'un sur l'autre porté,
Faisoit un tour à gauche, et mangeoit de côté.
Jugez en cet état, si je pouvois me plaire,
Moi qui ne compte rien, ni le vin, ni la chere,
Si l'on n'est plus au large assis en un festin,
Qu'aux sermons de Cassaigne ou de l'Abbé Cotin.
 Notre Hôte, cependant, s'adressant à la troupe :
Que vous semble, a-t-il dit, du goût de cette soupe ?
Sentez-vous le citron, dont on a mis le jus,
Avec des jaunes d'œufs mêlés dans du verjus ?
Ma foi, vive Mignot[8], et tout ce qu'il apprête !
Les cheveux cependant me dressoient à la tête :
Car Mignot, c'est tout dire, et dans le monde entier,
Jamais empoisonneur ne sut mieux son métier.
J'approuvois tout pourtant de la mine et du geste,
Pensant qu'au moins le vin dût réparer le reste.
Pour m'en éclaircir donc, j'en demande. Et d'abord,
Un Laquais effronté m'apporte un rouge bord
D'un auvernat fumeux, qui, mêlé de lignage[9],
Se vendoit chez Crenet[10], pour vin de l'Hermitage,
Et qui rouge et vermeil, mais fade et doucereux,
N'avoit rien qu'un goût plat, et qu'un déboire affreux.
A peine ai-je senti cette liqueur traîtresse,
Que de ces vins mêlés j'ai reconnu l'adresse.
Toutefois avec l'eau que j'y mets à foison,
J'espérois adoucir la force du poison.
Mais qui l'auroit pensé ? pour comble de disgrace,
Par le chaud qu'il faisoit, nous n'avions point de glace.
Point de glace, bon Dieu ! dans le fort de l'été !
Au mois de Juin ! Pour moi, j'étois si transporté,
Que, donnant de fureur tout le festin au Diable,
Je me suis vu vingt fois prêt à quitter la table ;

SATIRE III.

Et dût-on m'appeller et fantasque et bourru,
J'allois sortir enfin, quand le rôt a paru.
  Sur un lièvre flanqué de six poulets étiques,
S'élevoient trois lapins, animaux domestiques,
Qui, dès leur tendre enfance élevés dans Paris,
Sentoient encor le chou dont ils furent nourris.
Autour de cet amas de viandes entassées,
Regnoit un long cordon d'alouettes pressées,
Et sur les bords du plat, six pigeons étalés
Présentoient pour renfort leurs squelettes brûlés.
A côté de ce plat paroissoient deux salades,
L'une de pourpier jaune, et l'autre d'herbes fades,
Dont l'huile de fort loin saisissoit l'odorat,
Et nageoit dans des flots de vinaigre rosat.
Tous mes Sots à l'instant changeant de contenance,
Ont loué du festin la superbe ordonnance :
Tandis que mon Faquin, qui se voyoit priser,
Avec un ris moqueur les prioit d'excuser.
Sur-tout certain hableur, à la gueule affamée,
Qui vint à ce Festin, conduit par la fumée,
Et qui s'est dit profès dans l'ordre des Côteaux[1],
A fait en bien mangeant, l'éloge des morceaux.
Je riois de le voir, avec sa mine étique,
Son rabat jadis blanc, et sa perruque antique,
En lapins de garenne ériger nos clapiers,
Et nos pigeons cauchois en superbes ramiers ;
Et pour flatter notre Hôte, observant son visage,
Composer sur ses yeux son geste et son langage :
Quand notre Hôte charmé, m'avisant sur ce point,
Qu'avez-vous donc, dit-il, que vous ne mangez point?
Je vous trouve aujourd'hui l'ame toute inquiete,
Et les morceaux entiers restent sur votre assiete.
Aimez-vous la muscade ? on en a mis par-tout.
Ah ! Monsieur, ces poulets sont d'un merveilleux goût.
Ces pigeons sont dodus, mangez sur ma parole.
J'aime avoir aux lapins cette chair blanche et molle.

Ma foi, tout est passable, il le faut confesser,
Et Mignot aujourd'hui s'est voulu surpasser.
Quand on parle de sauce, il faut qu'on y rafine.
Pour moi, j'aime sur-tout que le poivre y domine.
J'en suis fourni, Dieu sait ! et j'ai tout Pelletier
Roulé dans mon office en cornets de papier.
A tous ces beaux discours, j'étois comme une pierre,
Ou comme la Statue est au festin de Pierre ;
Et sans dire un seul mot, j'avalois au hasard
Quelque aile de poulet dont j'arrachois le lard.

 Cependant mon Hableur, avec une voix haute,
Porte à mes Campagnards la santé de notre Hôte ;
Qui tous deux pleins de joie, en jettant un grand cri,
Avec un rouge bord acceptent son défi.
Un si galant exploit réveillant tout le monde,
On a porté par-tout des verres à la ronde,
Où les doigts des Laquais, dans la crasse tracés,
Témoignoient par écrit qu'on les avoit rincés.
Quand un des conviés d'un ton mélancolique,
Lamentant tristement une chanson bachique,
Tous mes sots à-la-fois, ravis de l'écouter,
Détonnant de concert, se mettent à chanter.
La musique sans doute étoit rare et charmante :
L'un traîne en longs fredons une voix glapissante ;
Et l'autre l'appuyant de son aigre fausset,
Semble un violon faux qui jure sous l'archet.

 Sur ce point un jambon, d'assez maigre apparence,
Arrive sous le nom de jambon de Mayence.
Un valet le portoit, marchant à pas comptés,
Comme un Recteur suivi des quatre Facultés.
Deux Marmitons crasseux, revêtus de serviettes,
Lui servoient de Massiers, et portoient deux assiettes,
L'une de champignons, avec des ris de veau,
Et l'autre de poids verds, qui se noyoient dans l'eau.
Un spectacle si beau surprenant l'assemblée,
Chez tous les Conviés la joie est redoublée :

Et la troupe à l'instant cessant de fredonner,
D'un ton gravement fou s'est mise à raisonner.
Le vin du plus muet fournissant des paroles,
Chacun a débité ses maximes frivoles :
Réglé les intérêts de chaque Potentat,
Corrigé la Police, et réformé l'État;
Puis de là s'embarquant dans la nouvelle guerre,
A vaincu la Hollande ou battu l'Angleterre[12].
Enfin, laissant en paix tous ces peuples divers,
De propos en propos on a parlé de Vers.
Là tous mes Sots, enflés d'une nouvelle audace,
Ont jugé des Auteurs en maîtres du Parnasse.
Mais notre Hôte sur-tout pour la justesse et l'art,
Élevoit jusqu'au Ciel Théophile et Ronsard ;
Quand un des Campagnards, relevant sa moustache,
Et son feutre à grands poils ombragé d'un panache,
Impose à tous silence, et d'un ton de Docteur,
Morbleu! dit-il, la Serre[13] est un charmant auteur !
Ses vers sont d'un beau style, et sa prose est coulante.
La Pucelle est encore une œuvre bien galante,
Et je ne sais pourquoi je baille en la lisant[14].
Le Païs[15], sans mentir, est un bouffon plaisant ;
Mais je ne trouve rien de beau dans ce Voiture.
Ma foi, le jugement sert bien dans la lecture.
A mon gré, le Corneille est joli quelquefois.
En vérité, pour moi, j'aime le beau françois.
Je ne sais pas pourquoi l'on vante l'Alexandre :
Ce n'est qu'un glorieux qui ne dit rien de tendre.
Les Héros chez Quinaut parlent bien autrement,
Et jusqu'à *Je vous hais*, tout s'y dit tendrement.
On dit qu'on l'a drapé dans certaine Satire,
Qu'un jeune homme... Ah ! je sais ce que vous voulez dire,
A répondu notre Hôte, *Un Auteur sans défaut,
La Raison dit Virgile, et la Rime Quinaut.*
Justement. A mon gré, la piéce est assez plate.
Et puis blâmer Quinaut... Avez-vous vu l'Astrate ?

C'est-là ce qu'on appelle un ouvrage achévé.
Sur-tout l'*Anneau Royal*, me semble bien trouvé.
Son sujet est conduit d'une belle manière,
Et chaque acte en sa pièce est une pièce entiere.
Je ne puis plus souffrir ce que les autres font.
　Il est vrai que Quinaut est un esprit profond,
A repris certain Fat, qu'à sa mine discrete,
Et son maintien jaloux j'ai reconnu Poëte :
Mais il en est pourtant qui le pourroient valoir.
Ma foi, ce n'est pas vous qui nous le ferez voir,
A dit mon Campagnard avec une voix claire,
Et déjà tout bouillant de vin et de colere.
Peut-être, a dit l'Auteur, pâlissant de courroux :
Mais vous, pour en parler, vous y connoissez-vous ?
Mieux que vous mille fois, dit le Noble en furie.
Vous ? mon Dieu, mêlez-vous de boire, je vous prie,
A l'Auteur sur le champ aigrement reparti.
Je suis donc un Sot, moi ? Vous en avez menti,
Reprend le Campagnard, et sans plus de langage,
Lui jette, pour défi, son assiette au visage.
L'autre esquive le coup, et l'assiette volant
S'en va frapper le mur, et revient en roulant.
A cet affront, l'Auteur se levant de la table,
Lance à mon Campagnard un regard effroyable :
Et chacun vainement se ruant entre deux,
Nos braves s'accrochant, se prennent aux cheveux.
Aussi-tôt sous leurs pieds les tables renversées
Font voir un long débris de bouteilles cassées :
En vain à lever tout, les Valets sont fort prompts,
Et les ruisseaux de vin coulent aux environs.
　Enfin, pour arrêter cette lutte barbare,
De nouveau l'on s'efforce, on crie, on les sépare;
Et leur premiere ardeur passant en un moment,
On a parlé de paix et d'accommodement.
Mais, tandis qu'à l'envi tout le monde y conspire,
J'ai gagné doucement la porte sans rien dire,

Avec un bon serment, que, si pour l'avenir,
En pareille cohue on me peut retenir,
Je consens, de bon cœur, pour punir ma folie,
Que tous les vins pour moi deviennent vins de Brie,
Qu'à Paris le gibier manque tous les hivers,
Et qu'à peine au mois d'Août l'on mange des pois verds.

---

1 La lettre A, qui est au commencement du premier vers, signifie l'Auditeur, ou celui qui interroge; et la lettre P, qui est devant le quatorzième vers, dénote le Poète. L'auteur avoit dessein d'y mettre un B, pour désigner Du Broussin, homme d'une délicatesse outrée en fait de bonne chère; mais il craignit que son intention ne fût trop marquée.

2 En 1664, le Roi supprima un quartier des rentes.

3 Fameux marchand de vin.

4 Jacques de Souvré, commandeur de Saint-Jean de Latran, et ensuite Grand-Prieur de France, aimoit la bonne chère, et tenoit ordinairement une table somptueuse, à laquelle assistoient souvent MM. Du Broussin et de Villandri, hommes de qualité.

5 Tout le monde vouloit avoir Molière pour lui entendre réciter *le Tartuffe*, qui alors avoit été défendu.

6 Fameux musicien; c'étoit un fort bon homme qui promettoit à tout le monde, et ne venoit jamais.

7 Roman de Mademoiselle de Scudéri, en dix volumes, rempli de fades compliments, qui passoient en province pour le style de la Cour, et pour un modèle de politesse.

8 Pâtissier-traiteur.

9 Vins des environs d'Orléans.

10 Marchand de vin, à la Pomme de Pin.

11 Ce nom fut donné à trois grands seigneurs, tenant table, qui étoient partagés sur l'estime qu'on devoit faire des côteaux qui sont aux environs de Rheims. Ils avoient chacun leurs partisans.

12 L'Angleterre et la Hollande étoient alors en guerre, et le Roi se déclara en faveur des Hollandois.

13 Écrivain qui se glorifioit de son galimatias.

14 Perrault, tout en voulant défendre Chapelain, avouoit lui-même que c'étoit un poète très-peu divertissant, et si

dur dans ses expressions, qu'il n'est pas possible de le lire. C'est ainsi qu'en assurant avoir vu à l'abbé Cotin un nombreux auditoire, le même Perrault ajoutoit, à la louange du prédicateur : que sans ce sermon, où heureusement quelques-uns de ses juges se trouvèrent; la Justice, sur la requête de ses parents, lui alloit donner un curateur comme à un imbécile.

15 Auteur qui singeoit Voiture.

SATIRE IV.
A M. L'ABBÉ LE VAYER.

La Satire IV a été faite en l'année 1664, immédiatement après la seconde Satire, et avant le Discours au Roi. M. Despréaux en conçut l'idée dans une conversation qu'il eut avec l'Abbé le Vayer et Molière, dans laquelle on prouva par divers exemples que *tous les hommes sont fous, et que chacun croit néanmoins être sage tout seul.* Cette proposition fait le sujet de cette Satire.

D'où vient, cher LE VAYER, que l'Homme le moins sage
Croit toujours seul avoir la sagesse en partage;
Et qu'il n'est point de Fou, qui par belles raisons
Ne loge son voisin aux Petites-Maisons ?
Un pédant enivré de sa vaine science,
Tout hérissé de Grec, tout bouffi d'arrogance,
Et qui de mille Auteurs retenus mot pour mot,
Dans sa tête entassés, n'a souvent fait qu'un Sot,
Croit qu'un Livre fait tout, et que sans Aristote
La Raison ne voit goutte, et le bon sens radote.

D'autre part, un Galant, de qui tout le métier
Est de courir le jour de quartier en quartier,
Et d'aller, à l'abri d'une perruque blonde,
De ses froides douceurs fatiguer tout le monde,
Condamne la science, et blâmant tout écrit,
Croit qu'en lui l'ignorance est un titre d'esprit,

SATIRE IV.

Que c'est des gens de Cour le plus beau privilége;
Et renvoie un savant dans le fond d'un Collége.
  Un Bigot orgueilleux, qui dans sa vanité
Croit duper jusqu'à Dieu par son zèle affecté,
Couvrant tous ses défauts d'une sainte apparence,
Damne tous les humains de sa pleine puissance.
  Un Libertin d'ailleurs, qui, sans ame et sans foi,
Se fait de son plaisir une suprême loi,
Tient que ces vieux propos de Démons et de flammes,
Sont bons pour étonner des enfans et des femmes;
Que c'est s'embarrasser de soucis superflus,
Et qu'enfin tout Dévot a le cerveau perclus.
  En un mot, qui voudroit épuiser ces matieres,
Peignant de tant d'esprits les diverses manieres,
Il compteroit plutôt combien, dans un printems,
Guénaud[1] et l'antimoine ont fait mourir de gens,
Et combien la Neveu[2], devant son mariage,
A de fois au public vendu son p***.
Mais, sans errer en vain dans ces vagues propos,
Et pour rimer ici ma pensée en deux mots;
N'en déplaise à ces Fous nommés Sages de Grece;
En ce monde il n'est point de parfaite sagesse :
Tous les hommes sont fous, et malgré tous leurs soins,
Ne different entr'eux que du plus ou du moins :
Comme on voit qu'en un bois, que cent routes séparent,
Les voyageurs sans guide assez souvent s'égarent,
L'un à droit, l'autre à gauche, et courant vainement,
La même erreur les fait errer diversement :
Chacun suit dans le monde une route incertaine,
Selon que son erreur le joue et le promene;
Et tel y fait l'habile, et nous traite de fous,
Qui sous le nom de sage est le plus fou de tous.
Mais quoi que sur ce point la Satire publie,
Chacun veut en sagesse ériger sa folie,
Et se laissant régler à son esprit tortu,
De ses propres défauts se fait une vertu.

Ainsi, cela soit dit pour qui veut se connoître,
Le plus sage est celui qui ne pense point l'être;
Qui toujours pour un autre enclin vers la douceur,
Se regarde soi-même en sévere Censeur,
Rend à tous ses défauts une exacte justice,
Et fait, sans se flatter, le procès à son vice.
Mais chacun pour soi-même est toujours indulgent.
   Un avare, idolâtre et fou de son argent,
Rencontrant la disette au sein de l'abondance,
Appelle sa folie une rare prudence,
Et met toute sa gloire et son souverain bien,
A grossir un trésor qui ne lui sert de rien.
Plus il le voit accrû, moins il en sait l'usage.
Sans mentir, l'avarice est une étrange rage,
Dira cet autre Fou, non moins privé de sens,
Qui jette, furieux, son bien à tous venans,
Et dont l'ame inquiete, à soi-même importune,
Se fait un embarras de sa bonne fortune.
Qui des deux en effet est le plus aveuglé?
   L'un et l'autre à mon sens ont le cerveau troublé,
Répondra chez Fredoc[3], ce Marquis sage et prude,
Et qui sans cesse au jeu, dont il fait son étude,
Attendant son destin d'un quatorze ou d'un sept,
Voit sa vie ou sa mort sortir de son cornet.
Que si d'un sort fâcheux la maligne inconstance
Vient par un coup fatal faire tourner la chance,
Vous le verrez bientôt, les cheveux hérissés
Et les yeux vers le Ciel de fureur élancés,
Ainsi qu'un Possédé que le Prêtre exorcise,
Fêter dans ses sermens tous les Saints de l'Eglise.
Qu'on le lie, ou je crains, à son air furieux,
Que ce nouveau Titan n'escalade les Cieux.
   Mais laissons-le plutôt en proie à son caprice;
Sa folie, aussi-bien, lui tient lieu de supplice.
Il est d'autres erreurs dont l'aimable poison
D'un charme bien plus doux enivre la raison:

2

SATIRE IV.

L'esprit dans ce nectar heureusement s'oublie.
 Chapelain [4] veut rimer, et c'est-là sa folie.
Mais, bien que ses durs vers, d'épithetes enflés,
Soient des moindres Grimauds [5] chez Ménage sifflés,
Lui-même il s'applaudit, et d'un esprit tranquille,
Prend le pas au Parnasse au-dessus de Virgile.
Que feroit-il, hélas ! si quelque audacieux
Alloit, pour son malheur, lui déciller les yeux,
Lui faisant voir ses vers et sans force et sans graces,
Montés sur deux grands mots comme sur deux échasses;
Ses termes sans raison l'un de l'autre écartés,
Et ses froids ornemens à la ligne plantés ?
Qu'il maudiroit le jour, où son ame insensée
Perdit l'heureuse erreur qui charmoit sa pensée !
 Jadis certain Bigot, d'ailleurs homme sensé,
D'un mal assez bizarre eut le cerveau blessé :
S'imaginant sans cesse, en sa douce manie,
Des esprits bienheureux entendre l'harmonie :
Enfin un Médecin, fort expert en son art,
Le guérit par adresse, ou plutôt par hasard.
Mais voulant de ses soins exiger le salaire :
Moi ? vous payer ? lui dit le Bigot en colere,
Vous, dont l'art infernal, par des secrets maudits,
En me tirant d'erreur, m'ôte du Paradis ?
 J'approuve son courroux. Car, puisqu'il faut le dire,
Souvent de tous nos maux la raison est le pire.
C'est elle qui, farouche au milieu des plaisirs,
D'un remords importun vient brider nos desirs.
La Fâcheuse a pour nous des rigueurs sans pareilles;
C'est un Pédant qu'on a sans cesse à ses oreilles,
Qui toujours nous gourmande, et loin de nous toucher,
Souvent, comme Joli [6], perd son temps à prêcher.
En vain certains Rêveurs nous l'habillent en Reine,
Veulent sur tous nos sens la rendre souveraine,
Et s'en formant en terre une Divinité,
Pensent aller par elle à la Félicité.

C'est elle, disent-ils, qui nous montre à bien vivre.
Ces discours, il est vrai, sont fort beaux dans un livre;
Je les estime fort : mais je trouve en effet,
Que le plus fou souvent, est le plus satisfait.

---

1 La dispute des Médecins au sujet de *l'antimoine* étoit alors dans sa plus vive chaleur. *Guénaud*, Médecin de la Reine, en approuvoit l'usage ; et le célèbre *Gui Patin* étoit un des plus grands ennemis de ce minéral.

2 Courtisane extrêmement décriée.

3 Fredoc tenoit une Académie de jeu très-fréquentée.

4 Avant que son Poëme de la *Pucelle* fût imprimé, il passoit pour le premier poète du siècle. L'impression gâta tout.

5 Chaque mercredi, l'Abbé Ménage tenoit chez lui une assemblée où alloient beaucoup de petits esprits.

6 Grand Prédicateur, extrêmement touchant et pathétique, alors Curé de Saint-Nicolas-des-Champs, ensuite Évêque de Saint-Pol-de-Léon en Bretagne, et peu de temps après Évêque d'Agen.

SATIRE V.
A M. LE MARQUIS DE DANGEAU.

Cette Satire a été faite en l'année 1665. L'Auteur fait voir que la véritable Noblesse consiste dans la Vertu, indépendamment de la Naissance. Juvénal a traité la même matière dans sa Satire VIII.

La Noblesse. Dangeau, n'est pas une chimere,
Quand sous l'étroite loi d'une vertu sévere,
Un homme issu d'un sang fécond en demi-Dieux,
Suit, comme toi, la trace où marchoient ses aïeux.
Mais je ne puis souffrir qu'un Fat dont la mollesse
N'a rien pour s'appuyer qu'une vaine Noblesse,
Se pare insolemment du mérite d'autrui,
Et me vante un honneur qui ne vient pas de lui.

Je veux que la valeur de ses aïeux antiques,
Ait fourni de matiere aux plus vieilles chroniques,
Et que l'un des Capets, pour honorer leur nom,
Ait de trois fleurs de lys doté leur écusson.
Que sert ce vain amas d'une inutile gloire?
Si de tant de Héros célèbres dans l'Histoire,
Il ne peut rien offrir aux yeux de l'Univers,
Que de vieux parchemins, qu'ont épargnés les vers :
Si tout sorti qu'il est d'une source divine,
Son cœur dément en lui sa superbe origine,
Et n'ayant rien de grand qu'une sotte fierté,
S'endort dans une lâche et molle oisiveté?
Cependant, à le voir, avec tant d'arrogance,
Vanter le faux éclat de sa haute naissance;
On diroit que le Ciel est soumis à sa loi,
Et que Dieu l'a pétri d'autre limon que moi.
Enivré de lui-même, il croit, dans sa folie,
Qu'il faut que devant lui d'abord tout s'humilie.
Aujourd'hui toutefois, sans trop le ménager,
Sur ce ton un peu haut je vais l'interroger :

Dites-moi, grand Héros, Esprit rare et sublime,
Entre tant d'animaux, qui sont ceux qu'on estime?
On fait cas d'un Coursier qui, fier et plein de cœur,
Fait paroître en courant sa bouillante vigueur;
Qui jamais ne se lasse, et qui, dans la carriere,
S'est couvert mille fois d'une noble poussiere :
Mais la postérité d'Alfane[1] et de Bayard[2],
Quand ce n'est qu'une rosse, est vendue au hasard,
Sans respect des aïeux dont elle est descendue,
Et va porter la malle, ou tirer la charrue.
Pourquoi donc voulez-vous que, par un sot abus,
Chacun respecte en vous un honneur qui n'est plus?
On ne m'éblouit point d'une apparence vaine.
La vertu, d'un cœur noble est la marque certaine.
Si vous êtes sorti de ces Héros fameux,
Montrez-nous cette ardeur qu'on vit briller en eux,

SATIRE V.

Ce zèle pour l'honneur, cette horreur pour le vice?
Respectez-vous les loix ? Fuyez-vous l'injustice?
Savez-vous pour la gloire oublier le repos,
Et dormir en plein champ le harnois sur le dos ?
Je vous connois pour Noble à ces illustres marques :
Alors soyez issu des plus fameux Monarques ;
Venez de mille aïeux ; et, si ce n'est assez,
Feuilletez à loisir tous les siecles passés,
Voyez de quel Guerrier il vous plaît de descendre;
Choisissez de César, d'Achille ou d'Alexandre.
En vain un faux Censeur voudroit vous démentir,
Et si vous n'en sortez, vous en devez sortir.
Mais, fussiez-vous issu d'Hercule en droite ligne,
Si vous ne faites voir qu'une bassesse indigne,
Ce long amas d'aïeux que vous diffamez tous,
Sont autant de témoins qui parlent contre vous ;
Et tout ce grand éclat de leur gloire ternie
Ne sert plus que de jour à votre ignominie.
En vain tout fier d'un sang que vous déshonorez,
Vous dormez à l'abri de ces noms révérés.
En vain vous vous couvrez des vertus de vos Peres :
Ce ne sont à mes yeux que de vaines chimeres.
Je ne vois rien en vous qu'un lâche, un imposteur,
Un traître, un scélérat, un perfide, un menteur,
Un Fou dont les accès vont jusqu'à la furie,
Et d'un tronc fort illustre une branche pourrie.

Je m'emporte peut-être, et ma Muse en fureur
Verse dans ses discours trop de fiel et d'aigreur.
Il faut avec les Grands un peu de retenue.
Hé bien, je m'adoucis. Votre race est connue.
Depuis quand ? répondez. Depuis mille ans entiers ;
Et vous pouvez fournir deux fois seize quartiers.
C'est beaucoup : mais enfin les preuves en sont claires;
Tous les livres sont pleins des titres de vos Peres :
Leurs noms sont échappés du naufrage des tems.
Mais qui m'assurera, qu'en ce long cercle d'ans,

A leurs fameux Epoux vos aïeules fideles,
Aux douceurs des Galans furent toujours rebelles ?
Et comment savez-vous, si quelque audacieux
N'a point interrompu le cours de vos aïeux ;
Et si leur sang tout pur, ainsi que leur noblesse,
Est passé jusqu'à vous de Lucrece en Lucrece ?
  Que maudit soit le jour où cette vanité
Vint ici de nos mœurs souiller la pureté !
Dans les tems bienheureux du monde en son enfance,
Chacun mettoit sa gloire en sa seule innocence.
Chacun vivoit content, et sous d'égales loix,
Le mérite y faisoit la Noblesse et les Rois ;
Et, sans chercher l'appui d'une naissance illustre,
Un Héros de soi-même empruntoit tout son lustre.
Mais enfin par le tems le mérite avili
Vit l'Honneur en roture et le vice ennobli :
Et l'Orgueil, d'un faux titre appuyant sa foiblesse,
Maîtrisa les Humains sous le nom de Noblesse.
Delà vinrent en foule et Marquis et Barons.
Chacun pour ses vertus n'offrit plus que des noms.
Aussi-tôt maint Esprit, fécond en rêveries,
Inventa le Blason avec les Armoiries ;
De ses termes obscurs fit un langage à part,
Composa tous ces mots de *Cimier* et d'*Ecart*,
De *Pal*, de *Contrepal*, de *Lambel* et de *Face*,
Et tout ce que Segoing[3] dans son Mercure entasse.
Une vaine folie enivrant la raison,
L'Honneur triste et honteux ne fut plus de saison.
Alors, pour soutenir son rang et sa naissance,
Il fallut étaler le luxe et la dépense ;
Il fallut habiter un superbe palais,
Faire par les couleurs distinguer ses valets :
Et traînant en tous lieux de pompeux équipages,
Le Duc et le Marquis se reconnut aux pages[4].
  Bientôt, pour subsister, la Noblesse sans bien,
Trouva l'art d'emprunter et de ne rendre rien ;

Et, bravant des sergens la timide cohorte,
Laissa le créancier se morfondre à sa porte.
Mais pour comble, à la fin, le Marquis en prison,
Sous le faix des procès vit tomber sa maison.
Alors le noble altier, pressé de l'indigence,
Humblement du Faquin rechercha l'alliance ;
Avec lui trafiquant d'un nom si précieux,
Par un lâche contrat vendit tous ses aïeux,
Et, corrigeant ainsi la fortune ennemie,
Rétablit son honneur à force d'infamie.
   Car si l'éclat de l'or ne relève le sang,
En vain l'on fait briller la splendeur de son rang;
L'amour de vos aïeux passe en vous pour manie,
Et chacun pour parent vous fuit et vous renie.
Mais quand un homme est riche, il vaut toujours son (prix :
Et, l'eût-on vu porter la mandille à Paris 5,
N'eût-il de son vrai nom ni titre ni mémoire,
D'Hozier [6] lui trouvera cent aïeux dans l'Histoire.
   Toi donc, qui de mérite et d'honneur revêtu,
Des écueils de la Cour as sauvé ta vertu,
DANGEAU, qui dans le rang où notre Roi t'appelle,
Le vois toujours orné d'une gloire nouvelle,
Et plus brillant par soi que par l'éclat des lys,
Dédaigner tous ces rois dans la pourpre amollis ;
Fuir d'un honteux loisir la douceur importune;
A ses sages conseils asservir la fortune;
Et de tout son bonheur ne devant rien qu'à soi,
Montrer à l'univers ce que c'est qu'être roi.
Si tu veux te couvrir d'un éclat légitime,
Va par mille beaux faits mériter son estime.
Sers un si noble maître; et fais voir qu'aujourd'hui
Ton Prince a des sujets qui sont dignes de lui.

---

1 Cheval du géant Gradasse. Arioste, ch. II.
2 Cheval des quatre fils Aymon.
3 Auteur du *Mercure armorial*.

4 Tous les gentilshommes considérables avoient alors des pages.

5 Espèce de casaque que les laquais portoient autrefois.

6 Généalogiste de la maison du roi, juge général des Armes et Blasons de France.

SATIRE VI.

Cette Satire contient la description des embarras de Paris. Elle a été composée dans le même temps que la première Satire, dont elle faisoit partie. C'est une imitation de la Satire III de Juvénal.

Qui frappe l'air, bon Dieu! de ces lugubres cris?
Est-ce donc pour veiller qu'on se couche à Paris?
Et quel fâcheux démon, durant les nuits entières,
Rassemble ici les chats de toutes les gouttieres?
J'ai beau sauter du lit plein de trouble et d'effroi,
Je pense qu'avec eux tout l'enfer est chez moi.
L'un miaule en grondant comme un tigre en furie :
L'autre roule sa voix comme un enfant qui crie.
Ce n'est pas tout encor. Les souris et les rats
Semblent, pour m'éveiller, s'entendre avec les chats,
Plus importuns pour moi durant la nuit obscure,
Que jamais, en plein jour, ne fut l'abbé de Pure.
 Tout conspire à-la-fois à troubler mon repos;
Et je me plains ici du moindre de mes maux.
Car à peine les coqs, commençant leur ramage,
Auront de cris aigus frappé le voisinage;
Qu'un affreux serrurier, laborieux Vulcain,
Qu'éveillera bientôt l'ardente soif du gain,
Avec un fer maudit, qu'à grand bruit il apprête,
De cent coups de marteau me va fendre la tête.
J'entends déjà partout les charrettes courir,
Les maçons travailler, les boutiques s'ouvrir :
Tandis que dans les airs mille cloches émues,
D'un funèbre concert font retentir les nues,

Et se mêlant au bruit de la grêle et des vents,
Pour honorer les morts, font mourir les vivants.
   Encor je bénirais la bonté souveraine,
Si le ciel à ces maux avoit borné ma peine.
Mais si seul en mon lit je peste avec raison,
C'est encor pis vingt fois en quittant la maison.
En quelqu'endroit que j'aille, il faut fendre la presse
D'un peuple d'importuns qui fourmillent sans cesse.
L'un me heurte d'un ais, dont je suis tout froissé :
Je vois d'un autre coup mon chapeau renversé.
Là d'un enterrement la funebre ordonnance,
D'un pas lugubre et lent vers l'église s'avance :
Et plus loin des laquais, l'un l'autre s'agaçants,
Font aboyer les chiens, et jurer les passants.
Des paveurs en ce lieu me bouchent le passage.
Là je trouve une croix de funeste présage [1],
Et des couvreurs, grimpés au toît d'une maison,
En font pleuvoir l'ardoise et la tuile à foison.
Là sur une charrette une poutre branlante,
Vient menaçant de loin la foule qu'elle augmente :
Six chevaux, attelés à ce fardeau pesant,
Ont peine à l'émouvoir sur le pavé glissant.
D'un carrosse en tournant il accroche une roue ;
Et du choc le renverse en un grand tas de boue :
Quand un autre à l'instant, s'efforçant de passer,
Dans le même embarras se vient embarrasser.
Vingt carrosses bientôt arrivant à la file,
Y sont en moins de rien suivis de plus de mille :
Et, pour surcroît de maux, un sort malencontreux
Conduit en cet endroit un grand troupeau de bœufs.
Chacun prétend passer : l'un mugit, l'autre jure :
Des mulets en sonnant augmentent le murmure.
Aussitôt cent chevaux dans la foule appellés,
De l'embarras qui croît ferment les défilés,
Et partout des passans enchaînant les brigades,
Au milieu de la paix font voir les barricades [2].

On n'entend que des cris poussés confusément,
Dieu, pour s'y faire ouïr, tonneroit vainement.
Moi donc, qui dois souvent en certain lieu me rendre,
Le jour déjà baissant; et qui suis las d'attendre,
Ne sachant plus tantôt à quel Saint me vouer,
Je me mets au hasard de me faire rouer.
Je saute vingt ruisseaux, j'esquive, je me pousse :
Guénaud sur son cheval en passant m'éclabousse,
Et, n'osant plus paroître en l'état où je suis,
Sans songer où je vais, je me sauve où je puis.
Tandis que dans un coin, en grondant je m'essuie,
Souvent pour m'achever, il survient une pluie.
On diroit que le ciel qui se fond tout en eau,
Veuille inonder ces lieux d'un déluge nouveau.
Pour traverser la rue au milieu de l'orage,
Un ais sur deux pavés forme un étroit passage.
Le plus hardi laquais n'y marche qu'en tremblant.
Il faut pourtant passer sur ce pont chancelant,
Et les nombreux torrens qui tombent des gouttieres,
Grossissant les ruisseaux, en ont fait des rivieres.
J'y passe en trébuchant; mais, malgré l'embarras,
La frayeur de la nuit précipite mes pas.

 Car si-tôt que du soir les ombres pacifiques
D'un double cadenas font fermer les boutiques,
Que, retiré chez lui, le paisible marchand
Va revoir ses billets, et compter son argent;
Que dans le marché neuf tout est calme et tranquille,
Les voleurs à l'instant s'emparent de la ville[3].
Le bois le plus funeste et le moins fréquenté,
Est, au prix de Paris, un lieu de sûreté.
Malheur donc à celui qu'une affaire imprévue
Engage un peu trop tard au détour d'une rue.
Bientôt quatre bandits lui serrant les côtés,
La bourse : il faut se rendre; ou bien non, résistez,
Afin que votre mort, de tragique mémoire,
Des massacres fameux aille grossir l'histoire.

Pour moi, fermant ma porte, et cédant au sommeil,
Tous les jours je me couche avecque le soleil.
Mais en ma chambre à peine ai-je éteint la lumiere
Qu'il ne m'est plus permis de fermer la paupiere.
Des filoux effrontés, d'un coup de pistolet,
Ebranlent ma fenêtre, et percent mon volet.
J'entends crier partout : au meurtre, on m'assassine;
Ou, le feu vient de prendre à la maison voisine.
Tremblant et demi-mort, je me lève à ce bruit,
Et souvent sans pourpoint je cours toute la nuit.
Car le feu, dont la flamme en ondes se déploie,
Fait de notre quartier une seconde Troie;
Où maint Grec affamé, maint avide Argien,
Au travers des charbons va piller le Troyen.
Enfin sous mille crocs la maison abîmée,
Entraine aussi le feu qui se perd en fumée.
 Je me retire donc encor pâle d'effroi :
Mais le jour est venu quand je rentre chez moi.
Je fais pour reposer un effort inutile;
Ce n'est qu'à prix d'argent qu'on dort en cette ville.
Il faudroit dans l'enclos d'un vaste logement,
Avoir loin de la rue un autre appartement.

Paris est pour un riche un pays de Cocagne :
Sans sortir de la ville, il trouve la campagne.
Il peut dans son jardin, tout peuplé d'arbres verds,
Recéler le printems au milieu des hivers,
Et foulant le parfum de ses plantes fleuries,
Aller entretenir ses douces rêveries.
Mais moi, grace au destin, qui n'ai ni feu ni lieu,
Je me loge où je puis, et comme il plaît à Dieu.

---

1 Quand les couvreurs sont sur une maison, ils laissent pendre une croix de lattes pour avertir les passans de s'éloigner.

2 Celles qui se firent à Paris au mois d'Août 1648, pendant la guerre de la Fronde.

3 Il y avoit alors peu de sureté pour la bourse et la vie des passans dans les rues de Paris.

SATIRE VII.

Cette Satire a été faite immédiatement après la Satire première et la sixième, à la fin de l'année 1663. L'auteur délibère avec sa Muse s'il doit continuer à composer des Satires ; mais comme son génie l'entraîne de ce côté-là, il se détermine enfin à suivre son inclination. Horace lui a fourni cette idée dans la Satire I du Livre II.

Muse, changeons de style, et quittons la Satire,
C'est un méchant métier que celui de médire.
A l'auteur qui l'embrasse il est toujours fatal:
Le mal qu'on dit d'autrui ne produit que du mal.
Maint Poëte, aveuglé d'une telle manie,
En courant à l'honneur, trouve l'ignominie;
Et tel mot, pour avoir réjoui le lecteur,
A couté bien souvent des larmes à l'auteur.
Un éloge ennuyeux, un froid panégyrique,
Peut pourrir à son aise au fond d'une boutique,
Ne craint point du public les jugemens divers,
Et n'a pour ennemis que la poudre et les vers.
Mais un auteur malin, qui rit, et qui fait rire,
Qu'on blâme en le lisant, et pourtant qu'on veut lire,
Dans ses plaisans accès qui se croit tout permis,
De ses propres rieurs se fait des ennemis.
Un discours trop sincere aisément nous outrage:
Chacun dans ce miroir pense voir son visage;
Et tel, en vous lisant, admire chaque trait,
Qui dans le fond de l'ame et vous craint et vous hait.
Muse, c'est donc en vain que la main vous démange;
S'il faut rimer ici, rimons quelque louange,
Et cherchons un héros, parmi cet univers,
Digne de notre encens, et digne de nos vers.

SATIRE VII.

Mais à ce grand effort en vain je vous anime:
Je ne puis pour louer rencontrer une rime.
Dès que j'y veux rêver, ma veine est aux abois.
J'ai beau frotter mon front, j'ai beau mordre mes doigts,
Je ne puis arracher du creux de ma cervelle
Que des vers plus forcés que ceux de la Pucelle.
Je pense être à la gêne, et pour un tel dessein,
La plume et le papier résistent à ma main.
Mais quand il faut railler, j'ai ce que je souhaite.
Alors, certes alors je me connois poëte:
Phébus, dès que je parle, est prêt à m'éxaucer:
Mes mots viennent sans peine, et courent se placer.
Faut-il peindre un fripon fameux dans cette ville?
Ma main, sans que j'y rêve, écrira Raumaville.
Faut-il d'un sot parfait montrer l'original?
Ma plume au bout du vers trouve d'abord Sofal[1]:
Je sens que mon esprit travaille de génie.
Faut-il d'un froid rimeur dépeindre la manie?
Mes vers, comme un torrent, coulent sur le papier;
Je rencontre à la fois Perriu et Pelletier,
Bonnecorse, Pradon, Colletet, Titreville[2],
Et pour un que je veux, j'en trouve plus de mille.
Aussi-tôt je triomphe, et ma Muse en secret
S'estime et s'applaudit du beau coup qu'elle a fait.
C'est en vain qu'au milieu de ma fureur extrême,
Je me fais quelquefois des leçons à moi-même:
En vain je veux au moins faire grace à quelqu'un:
Ma plume auroit regret d'en épargner aucun;
Et, si-tôt qu'une fois la verve me domine,
Tout ce qui s'offre à moi passe par l'étamine.
Le mérite pourtant m'est toujours précieux;
Mais un fat me déplaît, et me blesse les yeux:
Je le poursuis par-tout, comme un chien fait sa proie,
Et ne le sens jamais, qu'aussi-tôt je n'aboie.
Enfin, sans perdre tems en de si vains propos,
Je sais coudre une rime au bout de quelques mots.

Souvent j'habille en vers une maligne prose :
C'est par-là que je vaux, si je vaux quelque chose.
Ainsi, soit que bientôt, par une dure loi,
La mort d'un vol affreux vienne fondre sur moi,
Soit que le ciel me garde un cours long et tranquille,
A Rome ou dans Paris, aux champs ou dans la ville,
Dût ma Muse par-là choquer tout l'univers,
Riche, gueux, triste ou gai, je veux faire des vers.
Pauvre esprit, dira-t-on, que je plains ta folie !
Modere ces bouillons de ta mélancolie ;
Et garde qu'un de ceux que tu penses blâmer,
N'éteigne dans ton sang cette ardeur de rimer.
 Hé quoi ! lorsqu'autrefois Horace, après Lucile,
Exhaloit en bons mots les vapeurs de sa bile,
Et, vengeant la vertu par des traits éclatans,
Alloit ôter le masque aux vices de son tems :
Ou bien quand Juvénal, de sa mordante plume,
Faisant couler des flots de fiel et d'amertume,
Gourmandoit en courroux tout le peuple Latin,
L'un ou l'autre fit-il une tragique fin ?
Et que craindre, après tout, d'une fureur si vaine ?
Personne ne connoît ni mon nom ni ma veine.
On ne voit point mes vers, à l'envi de Montreuil[3],
Grossir impunément les feuillets d'un recueil.
A peine quelquefois je me force à les lire,
Pour plaire à quelque ami que charme la satire,
Qui me flatte peut-être, et d'un air imposteur,
Rit tout haut de l'ouvrage, et tout bas de l'Auteur.
Enfin c'est mon plaisir : je veux me satisfaire ;
Je ne puis bien parler, et ne saurois me taire ;
Et dès qu'un mot plaisant vient luire à mon esprit,
Je n'ai point de repos qu'il ne soit en écrit :
Je ne résiste point au torrent qui m'entraîne.
 Mais c'est assez parlé. Prenons un peu d'haleine.
Ma main, pour cette fois, commence à se lasser.
Finissons. Mais demain, Muse, à recommencer.

1 C'est Henri Sauval, auteur d'un ouvrage sur les Antiquités de Paris, et dont le style est chargé d'expressions empoulées, de figures extravagantes.

2 Pauvres Poëtes.

3 Poëte qui ne manquoit pas d'esprit, mais dont la manie étoit de mettre ses vers dans tous les recueils choisis du temps.

SATIRE VIII.

A M. MOREL,

DOCTEUR DE SORBONNE.

Cette Satire, que l'Auteur nommoit la Satire de l'Homme, fut composée en 1667. Elle est tout-à-fait dans le goût de Perse, et marque un philosophe chagrin qui ne peut souffrir les vices des hommes. Elle est adressée à M. Morel, Docteur de Sorbonne, qui étoit de Châlons en Champagne, d'une bonne famille de Robe; il mourut à Paris le 30 Avril 1679, étant Doyen de la Faculté de Théologie, et Chanoine Théologal de Paris.

De tous les animaux qui s'élevent dans l'air,
Qui marchent sur la terre, ou nagent dans la mer,
De Paris au Pérou, du Japon jusqu'à Rome,
Le plus sot animal, à mon avis, c'est l'Homme.
Quoi! dira-t-on d'abord, un ver, une fourmi,
Un insecte rampant qui ne vit qu'à demi,
Un taureau qui rumine, une chevre qui broute, (doute.
Ont l'esprit mieux tourné que n'a l'homme? Oui sans
Ce discours te surprend, Docteur, je l'aperçoi.
L'homme de la nature est le chef et le roi:
Bois, prés, champs, animaux, tout est pour son usage,
Et lui seul a, dis-tu, la raison en partage.
Il est vrai, de tout temps la raison fut son lot;
Mais de-là je conclus que l'homme est le plus sot.

Ces propos, diras-tu, sont bons dans la satire,
Pour égayer d'abord un lecteur qui veut rire :
Mais il faut les prouver. En forme. — J'y consens.
Réponds-moi donc, Docteur, et mets-toi sur les bancs.
    Quest-ce que la sagesse? Une égalité d'ame
Que rien ne peut troubler, qu'aucun desir n'enflamme,
Qui marche en ses conseils, à pas plus mesurés,
Qu'un Doyen au Palais ne monte les degrés.
Or cette égalité, dont se forme le sage,
Qui jamais moins que l'homme en a connu l'usage?
La fourmi, tous les ans traversant les guérets,
Grossit ses magasins des trésors de Cérès;
Et dès que l'Aquilon, ramenant la froidure,
Vient de ses noirs frimats attrister la nature,
Cet animal, tapi dans son obscurité,
Jouit l'hiver des biens conquis durant l'été.
Mais on ne la voit point, d'une humeur inconstante,
Paresseuse au printems, en hiver diligente,
Affronter en plein champ les fureurs de Janvier,
Ou demeurer oisive au retour du Bélier [1].
Mais l'homme, sans arrêt dans sa course insensée,
Voltige incessamment de pensée en pensée :
Son cœur, toujours flottant entre mille embarras,
Ne sait ni ce qu'il veut ni ce qu'il ne veut pas.
Ce qu'un jour il abhorre, en l'autre il le souhaite.
Moi! j'irois épouser une femme coquette?
J'irois, par ma constance aux affronts endurci,
Me mettre au rang des saints qu'a célébrés Bussi [2]?
Assez de sots sans moi feront parler la ville,
Disoit, le mois passé, ce marquis indocile,
Qui, depuis quinze jours dans le piége arrêté,
Entre les bons maris pour exemple cité,
Croit que Dieu, tout exprès, d'une côte nouvelle
A tiré pour lui seul une femme fidelle.
Voilà l'homme en effet. Il va du blanc au noir :
Il condamne au matin ses sentimens du soir :

Importun à tout autre, à soi-même incommode,
Il change à tous momens d'esprit comme de mode :
Il tourne au moindre vent, il tombe au moindre choc :
Aujourd'hui dans un casque, et demain dans un froc.
  Cependant à le voir plein de vapeurs légeres,
Soi-même se bercer de ses propres chimeres,
Lui seul de la nature est la base et l'appui,
Et le dixieme ciel ne tourne que pour lui.
De tous les animaux il est, dit-il, le maître.
Qui pourroit le nier? poursuis-tu. Moi, peut-être.
Mais, sans examiner si, vers les antres sourds,
L'ours a peur du passant, ou le passant de l'ours ;
Et si, sur un édit des pâtres de Nubie,
Les lions de Barca vuideroient la Libye ;
Ce maître prétendu, qui leur donne des loix,
Ce roi des animaux, combien a-t-il de rois?
L'ambition, l'amour, l'avarice, la haine,
Tiennent comme un forçat son esprit à la chaîne.
Le sommeil sur ses yeux commence à s'épancher :
Debout, dit l'Avarice, il est tems de marcher.
Hé! laissez-moi. Debout. Un moment. Tu répliques ?
A peine le soleil fait ouvrir les boutiques.
N'importe, leve-toi. Pourquoi faire après tout ?
Pour courir l'Océan de l'un à l'autre bout,
Chercher jusqu'au Japon la porcelaine et l'ambre,
Rapporter de Goa le poivre et le gingembre.
Mais j'ai des biens en foule, et je puis m'en passer.
On n'en peut trop avoir ; et pour en amasser
Il ne faut épargner ni crime ni parjure :
Il faut souffrir la faim, et coucher sur la dure ;
Eût-on plus de trésors que n'en perdit Galet [3],
N'avoir en sa maison ni meubles ni valet :
Parmi les tas de bled, vivre de seigle et d'orge ;
De peur de perdre un liard, souffrir qu'on vous égorge.
Et pourquoi cette épargne enfin? L'ignores-tu?
Afin qu'un héritier, bien nourri, bien vêtu,

Profitant d'un trésor en tes mains inutile,
De son train quelque jour embarrasse la ville.
Que faire ? Il faut partir. Les matelots sont prêts.

Ou, si pour l'entraîner l'argent manque d'attraits,
Bientôt l'Ambition, et toute son escorte,
Dans le sein du repos, vient le prendre à main forte,
L'envoie en furieux au milieu des hasards,
Se faire estropier sur les pas des Césars,
Et cherchant sur la breche une mort indiscrette,
De sa folle valeur embellir la Gazette.

Tout beau, dira quelqu'un, raillez plus à propos ;
Ce vice fut toujours la vertu des héros.
Quoi donc ! à votre avis, fut-ce un fou qu'Alexandre ?
Qui ? cet écervelé, qui mit l'Asie en cendre ?
Ce fougueux l'Angéli⁴, qui, de sang altéré,
Maître du monde entier, s'y trouvoit trop serré ?
L'enragé qu'il étoit, né roi d'une province,
Qu'il pouvoit gouverner en bon et sage prince,
S'en alla follement, et pensant être Dieu,
Courir comme un bandit qui n'a ni feu ni lieu ;
Et, traînant avec soi les horreurs de la guerre,
De sa vaste folie emplir toute la terre.
Heureux ! si de son tems, pour cent bonnes raisons,
La Macédoine eût eu des Petites-Maisons,
Et qu'un sage tuteur l'eût, en cette demeure,
Par avis de parens, enfermé de bonne heure.

Mais, sans nous égarer dans ces digressions,
Traiter, comme Senaut⁵, toutes les passions,
Et, les distribuant par classes et par titres,
Dogmatiser en vers et rimer par chapitres,
Laissons-en discourir la Chambre ou Coeffeteau⁶ ;
Et voyons l'homme enfin par l'endroit le plus beau.

Lui seul vivant, dit-on, dans l'enceinte des villes,
Fait voir d'honnêtes mœurs, des coutumes civiles,
Se fait des gouverneurs, des magistrats, des rois,
Observe une police, obéit à des loix.

Il est vrai. Mais pourtant, sans loix et sans police,
Sans craindre archers, prévôt, ni suppôt de justice,
Voit-on les loups brigands, comme nous inhumains,
Pour détrousser les loups, courir les grands chemins?
Jamais pour s'agrandir vit-on dans sa manie
Un tigre en factions partager l'Hyrcanie?
L'ours a-t-il dans les bois la guerre avec les ours?
Le vautour dans les airs fond-il sur les vautours?
A-t-on vu quelquefois dans les plaines d'Afrique,
Déchirant à l'envi leur propre république,
Lions contre lions, parens contre parens,
Combattre follement pour le choix des tyrans [7]?
L'animal le plus fier qu'enfante la nature,
Dans un autre animal respecte sa figure,
De sa rage avec lui modere les accès,
Vit sans bruit, sans débats, sans noise, sans procès.
Un aigle, sur un champ prétendant droit d'aubaine [8],
Ne fait point appeller un aigle à la huitaine.
Jamais contre un renard chicanant un poulet,
Un renard de son sac n'alla charger Rolet [9].
Jamais la biche en rut n'a, pour fait d'impuissance,
Traîné du fond des bois un cerf à l'audience;
Et jamais Juge, entr'eux ordonnant le congrès [10],
De ce burlesque mot n'a sali ses arrêts.
On ne connoît chez eux ni placets, ni requêtes,
Ni haut ni bas conseil, ni chambre des enquêtes;
Chacun l'un avec l'autre en toute sûreté
Vit sous les pures loix de la simple équité.
L'homme seul, l'homme seul, en sa fureur extrême,
Met un brutal honneur à s'égorger soi-même.
C'étoit peu que sa main, conduite par l'enfer,
Eût pétri le salpètre, eût aiguisé le fer:
Il falloit que sa rage, à l'univers funeste,
Allât encor de loix embrouiller un Digeste;
Cherchât pour l'obscurcir des gloses, des docteurs;
Accablât l'équité sous des monceaux d'auteurs,

SATIRE VIII.

Et pour comble de maux apportât dans la France
Des harangueurs du tems l'ennuyeuse éloquence.
 Doucement, diras-tu: que sert de s'emporter?
L'homme a ses passions, on n'en sauroit douter;
Il a, comme la mer ses flots et ses caprices;
Mais ses moindres vertus balancent tous ses vices.
N'est-ce pas l'homme enfin, dont l'art audacieux,
Dans le tour d'un compas, a mesuré les cieux?
Dont la vaste science, embrassant toutes choses,
A fouillé la nature, en a percé les causes?
Les animaux ont-ils des universités?
Voit-on fleurir chez eux des quatre facultés?
Y voit-on des savans en Droit, en Médecine,
Endosser l'écarlate, et se fourrer d'hermine?
Non sans doute, et jamais chez eux un Médecin
N'empoisonna les bois de son art assassin:
Jamais docteur, armé d'un argument frivole,
Ne s'enroua chez eux sur les bancs d'une école.
Mais, sans chercher au fond si notre esprit déçu
Sait rien de ce qu'il sait, s'il a jamais rien su,
Toi-même réponds-moi: Dans le siecle où nous sommes,
Est-ce au pied du savoir qu'on mesure les hommes?
Veux-tu voir tous les Grands à ta porte courir?
Dit un pere à son fils, dont le poil va fleurir;
Prends-moi le bon parti, laisse-là tous les livres.
Cent francs au denier cinq, combien font-ils? Vingt livres.
C'est bien dit. Vas, tu sais tout ce qu'il faut savoir.
Que de biens, que d'honneurs sur toi s'en vont pleuvoir!
Exerce-toi, mon fils, dans ces hautes sciences;
Prends, au lieu d'un Platon, le Guidon des Finances[1];
Sache quelle province enrichit les traitans:
Combien le sel au roi peut fournir tous les ans.
Endurcis-toi le cœur. Sois arabe, corsaire,
Injuste, violent, sans foi, double, faussaire.
Ne vas point sottement faire le généreux:
Engraisse-toi, mon fils, du suc des malheureux;

SATIRE VIII.

Et, trompant de Colbert la prudence importune,
Va par tes cruautés mériter la fortune.
Aussi-tôt tu verras poëtes, orateurs,
Rhéteurs, grammairiens, astronomes, docteurs,
Dégrader les héros pour te mettre en leurs places,
De tes titres pompeux enfler leurs dédicaces,
Te prouver à toi-même en Grec, Hébreu, Latin,
Que tu sais de leur art et le fort et le fin.
Quiconque est riche est tout : sans sagesse il est sage ;
Il a, sans rien savoir, la science en partage ;
Il a l'esprit, le cœur, le mérite, le rang,
La vertu, la valeur, la dignité, le sang ;
Il est aimé des grands, il est chéri des belles :
Jamais sur-intendant ne trouva de cruelles.
L'or, même à la laideur, donne un teint de beauté :
Mais tout devient affreux avec la pauvreté.
C'est ainsi qu'à son fils un usurier habile
Trace vers la richesse une route facile :
Et souvent tel y vient, qui sait pour tout secret,
Cinq et quatre font neuf, ôtez deux, reste sept.
Après cela, Docteur, va pâlir sur la Bible ;
Va marquer les écueils de cette mer terrible :
Perce la sainte horreur de ce livre divin :
Confonds dans un ouvrage et Luther et Calvin :
Débrouille des vieux tems les querelles célèbres :
Eclaircis des Rabins les savantes ténèbres :
Afin qu'en ta vieillesse, un livre en maroquin
Aille offrir ton travail à quelque heureux faquin,
Qui, pour digne loyer de la Bible éclaircie,
Te paye, en l'acceptant, d'un : *Je vous remercie*.
Ou, si ton cœur aspire à des honneurs plus grands,
Quitte là le bonnet, la Sorbonne et les bancs ;
Et, prenant désormais un emploi salutaire,
Mets-toi chez un banquier, ou bien chez un notaire :
Laisse là saint Thomas s'accorder avec Scot ;
Et conclus avec moi qu'un docteur n'est qu'un sot.

3....

SATIRE VIII

Un docteur! diras-tu. Parlez de vous, poëte:
C'est pousser un peu loin votre Muse indiscrete.
Mais, sans perdre en discours le tems hors de saison,
L'homme, venez au fait, n'a-t-il pas la raison?
N'est-ce pas son flambeau, son pilote fidele?
Oui: mais de quoi lui sert que sa voix le rappelle,
Si sur la foi des vents tout prêt à s'embarquer,
Il ne voit point d'écueil, qu'il ne l'aille choquer?
Et que sert à Cotin la raison qui lui crie:
N'écris plus, guéris-toi d'une vaine furie;
Si tous ces vains conseils, loin de la réprimer,
Ne font qu'accroître en lui la fureur de rimer?
Tous les jours de ses vers, qu'à grand bruit il récite,
Il met chez lui voisins, parens, amis en fuite.
Car lorsque son démon commence à l'agiter,
Tout, jusqu'à sa servante, est prêt à déserter.
Un âne, pour le moins instruit par la nature,
A l'instinct qui le guide obéit sans murmure;
Ne va point follement de sa bizarre voix
Défier aux chansons les oiseaux dans les bois;
Sans avoir la raison, il marche sur sa route.
L'homme seul, qu'elle éclaire, en plein jour ne voit goutte;
Réglé par ses avis, fait tout à contre-tems,
Et dans tout ce qu'il fait, n'a ni raison ni sens.
Tout lui plaît et déplaît, tout le choque et l'oblige;
Sans raison il est gai, sans raison il s'afflige;
Son esprit au hasard aime, évite, poursuit,
Défait, refait, augmente, ôte, éleve, détruit.
Et voit-on, comme lui, les ours ni les pantheres
S'effrayer sottement de leurs propres chimeres?
Plus de douze attroupés craindre le nombre impair?
Ou croire qu'un corbeau les menace dans l'air?
Jamais l'homme, dis-moi, vit-il la bête folle
Sacrifier à l'homme, adorer son idole,
Lui venir, comme au Dieu des saisons et des vents,
Demander à genoux la pluie ou le beau tems?

SATIRE VIII.

Non. Mais cent fois la bête a vu l'homme hypocondre
Adorer le métal que lui-même il fit fondre;
A vu dans un pays les timides mortels
Trembler aux pieds d'un singe assis sur leurs autels;
Et sur les bords du Nil les peuples imbéciles,
L'encensoir à la main, chercher les crocodiles.
    Mais pourquoi, diras-tu, cet exemple odieux?
Que peut servir ici l'Égypte et ses faux dieux?
Quoi! me prouverez-vous par ce discours profane,
Que l'homme, qu'un Docteur est au-dessous d'un âne?
Un âne, le jouet de tous les animaux,
Un stupide animal, sujet à mille maux;
Dont le nom seul en soi comprend une satire?
Oui, d'un âne: et qu'a-t-il qui nous excite à rire?
Nous nous moquons de lui; mais, s'il pouvoit un jour,
Docteur, sur nos défauts s'exprimer à son tour;
Si, pour nous réformer, le ciel prudent et sage
De la parole enfin lui permettoit l'usage;
Qu'il pût dire tout haut ce qu'il se dit tout bas;
Ah! Docteur, entre nous, que ne diroit-il pas?
Et que peut-il penser, lorsque dans une rue
Au milieu de Paris, il promene sa vue;
Qu'il voit de toutes parts les hommes bigarrés,
Les uns gris, les uns noirs, les autres chamarrés?
Que dit-il, quand il voit, avec la mort en trousse,
Courir chez un malade un assassin en housse;
Qu'il trouve de pédans un escadron fourré,
Suivi par un Recteur [12] de bedeaux entouré;
Ou qu'il voit la justice, en grosse compagnie,
Mener tuer un homme avec cérémonie?
Que pense-t-il de nous, lorsque sur le midi
Un hasard au palais le conduit un jeudi [13];
Lorsqu'il entend de loin, d'une gueule infernale,
La Chicane en fureur mugir dans la grand'salle?
Que dit-il quand il voit les juges, les huissiers,
Les clercs, les procureurs, les sergents, les greffiers?

Oh! que si l'âne alors, à bon droit misanthrope,
4 Pouvoit trouver la voix qu'il eut au tems d'Esope,
De tous côtés, Docteur, voyant les hommes fous,
Qu'il diroit de bon cœur, sans en être jaloux,
Content de ses chardons, et secouant la tête :
Ma foi, non plus que nous, l'homme n'est qu'une bête!

---

1 Le printemps commence quand le soleil entre dans le signe du bélier.

2 Il avoit composé un ouvrage où il décrivoit d'une manière très-satirique les galanteries scandaleuses de plusieurs personnes de la Cour.

3 Fameux joueur qui avoit gagné des sommes immenses qu'il reperdit dans la suite.

4 Nom d'un fou de la cour, que Boileau donne à Alexandre. Voy. v. 112 de la Satire I.

5 J. Fr. Senaut, Général de l'Oratoire, a fait un traité de *l'Usage des passions*.

6 De la Chambre, médecin du roi, et Coeffeteau, de l'ordre de Saint-Dominique, ont écrit sur les *Passions*.

7 Parodie de ces vers de Cinna : *Romains contre Romains*, etc.

8 Droit royal, qui consiste à prendre la successsion d'un étranger mort en France.

9 Procureur au Parlement, qui avoit la physionomie et les inclinations d'un Renard.

10 Usage que ces deux vers contribuèrent à faire abolir.

11 Livre que l'habileté de nos financiers a rendu fort inutile.

12 L'université de Paris faisoit ses processions quatre fois l'année. Le Recteur y assistoit avec ses suppôts. Les quatre Facultés de Théologie, de Droit, de Médecine et des Arts, marchoient aussi à leur rang, et avec les habits qui leur étoient propres.

13 C'étoit le jour des grandes audiences.

SATIRE IX.

Cette Satire est entiérement dans le goût d'Horace, M. Despréaux, sous prétexte de censurer ses propres défauts, y tourne adroitement en ridicule une foule d'Auteurs qui s'étoient servis des expressions les plus grossières, en critiquant la liberté qu'il s'étoit donnée de nommer dans ses premières satires des auteurs encore vivans. Il la composa en 1667; mais il ne la fit imprimer que l'année suivante.

C'est à vous, mon esprit, à qui je veux parler:
Vous avez des défauts que je ne puis celer.
Assez et trop long-tems ma lâche complaisance,
De vos jeux criminels a nourri l'insolence.
Mais puisque vous poussez ma patience à bout,
Une fois en ma vie il faut vous dire tout.
   On croiroit à vous voir, dans vos libres caprices,
Discourir en Caton des vertus et des vices,
Décider du mérite et du prix des auteurs,
Et faire impunément la leçon aux docteurs,
Qu'étant seul à couvert des traits de la satire,
Vous avez tout pouvoir de parler et d'écrire.
   Mais moi, qui dans le fond sais bien ce que j'en crois,
Qui compte tous les jours vos défauts par mes doigts,
Je ris quand je vous vois, si foible et si stérile,
Prendre sur vous le soin de réformer la ville,
Dans vos discours chagrins plus aigre et plus mordant,
Qu'une femme en furie, ou Gautier en plaidant [1].
Mais répondez un peu. Quelle verve indiscrete,
Sans l'aveu des neuf Sœurs, vous a rendu poëte?
Sentiez-vous, dites-moi, ces violens transports,
Qui d'un esprit divin font mouvoir les ressorts?
Qui vous a pu souffler une si folle audace?
Phébus a-t-il pour vous aplani le Parnasse?
Et ne savez-vous pas que, sur ce mont sacré,
Qui ne vole au sommet, tombe au plus bas degré:

Et qu'à moins d'être au rang d'Horace ou de Voiture,
On rampe dans la fange avec l'Abbé de Pure?
  Que si tous mes efforts ne peuvent réprimer
Cet ascendant malin qui vous force à rimer;
Sans perdre en vains discours tout le fruit de vos veilles,
Osez chanter du Roi les augustes merveilles;
Là, mettant à profit vos caprices divers,
Vous verriez tous les ans fructifier vos vers;
Et par l'espoir du gain votre muse animée,
Vendroit au poids de l'or une once de fumée.
Mais en vain, direz-vous, je pense vous tenter
Par l'éclat d'un fardeau trop pesant à porter.
Tout chantre ne peut pas, sur le ton d'un Orphée,
Entonner en grands vers, *la Discorde étouffée*;
Peindre Bellonne en feu tonnant de toutes parts,
Et le Belge effrayé fuyant sur ses remparts [2].
Sur un ton si hardi, sans être téméraire,
Racan [3] pourroit chanter au défaut d'un Homere;
Mais pour Cotin et moi, qui rimons au hasard,
Que l'amour de blâmer fit poëtes par art,
Quoi qu'un tas de grimauds vante notre éloquence,
Le plus sûr est pour nous de garder le silence.
Un poëme insipide et sottement flatteur,
Déshonore à-la-fois le héros et l'auteur;
Enfin de tels projets passent notre foiblesse.
  Ainsi parle un esprit languissant de mollesse,
Qui, sous l'humble dehors d'un respect affecté,
Cache le noir venin de sa malignité.
Mais dussiez-vous en l'air voir vos ailes fondues,
Ne valoit-il pas mieux vous perdre dans les nues,
Que d'aller sans raison, d'un style peu chrétien,
Faire insulte en rimant à qui ne vous dit rien,
Et du bruit dangereux d'un livre téméraire,
A vos propres périls enrichir le libraire?
  Vous vous flattez peut-être, en votre vanité,
D'aller comme un Horace à l'immortalité:

SATIRE IX.

Et déjà vous croyez dans vos rimes obscures,
Aux Saumaises 4 futurs préparer des tortures.
Mais combien d'écrivains, d'abord si bien reçus,
Sont de ce fol espoir honteusement déçus!
Combien, pour quelques mois, ont vu fleurir leur livre,
Dont les vers en paquet se vendent à la livre!
Vous pourrez voir un tems vos écrits estimés,
Courir de main en main par la ville semés :
Puis de là tout poudreux, ignorés sur la terre,
Suivre chez l'épicier Neuf-Germain 5 et la Serre :
Ou de trente feuillets réduits peut-être à neuf,
Parer demi-rongés les rebords du Pont-Neuf.
Le bel honneur pour vous, en voyant vos ouvrages,
Occuper le loisir des laquais et des pages,
Et souvent dans un coin renvoyés à l'écart,
Servir de second tome aux airs du Savoyard 6!

  Mais je veux que le sort, par un heureux caprice,
Fasse de vos écrits prospérer la malice,
Et qu'enfin votre livre aille, au gré de vos vœux,
Faire siffler Cotin chez nos derniers neveux :
Que vous sert-il qu'un jour l'avenir vous estime,
Si vos vers aujourd'hui vous tiennent lieu de crime,
Et ne produisent rien pour fruit de leurs bons mots,
Que l'effroi du public, et la haine des sots?
Quel démon vous irrite, et vous porte à médire?
Un livre vous déplaît : qui vous force à le lire?
Laissez mourir un fat dans son obscurité.
Un auteur ne peut-il pourrir en sûreté?
Le Jonas inconnu seche dans la poussiere.
Le David imprimé n'a point vu la lumiere.
Le Moïse 7 commence à moisir par les bords.
Quel mal cela fait-il? Ceux qui sont morts sont morts.
Le tombeau contre vous ne peut-il les défendre?
Et qu'ont fait tant d'auteurs, pour remuer leur cendre?
Que vous ont fait Perrin, Bardin, Pradon, Hainaut,
Colletet, Pelletier, Titreville, Quinaut,

Dont les noms en cent lieux placés comme en leurs niches,
Vont de vos vers malins remplir les hémistiches?
Ce qu'ils font vous ennuie. O le plaisant détour!
Ils ont bien ennuyé le Roi, toute la Cour;
Sans que le moindre édit ait, pour punir leur crime,
Retranché les auteurs, ou supprimé la rime.
Ecrive qui voudra; chacun à ce métier
Peut perdre impunément de l'encre et du papier.
Un Roman, sans blesser les loix ni la coutume,
Peut conduire un héros au dixieme volume.
De là vient que Paris voit chez lui de tout tems
Les auteurs à grands flots déborder tous les ans,
Et n'a point de portail, où jusques aux corniches,
Tous les piliers ne soient enveloppés d'affiches.
Vous seul plus dégoûté, sans pouvoir et sans nom,
Viendrez régler les droits et l'état d'Apollon!
 Mais vous qui rafinez sur les écrits des autres,
De quel œil pensez-vous qu'on regarde les vôtres?
Il n'est rien en ce tems à couvert de vos coups:
Mais savez-vous aussi comme on parle de vous?
 Gardez-vous, dira l'un, de cet esprit critique:
On ne sait bien souvent quelle mouche le pique.
Mais c'est un jeune fou qui se croit tout permis,
Et qui pour un bon mot va perdre vingt amis.
Il ne pardonne pas aux vers de la Pucelle,
Et croit régler le monde au gré de sa cervelle.
Jamais dans le barreau trouva-t-il rien de bon?
Peut-on si bien prêcher qu'il ne dorme au sermon?
Mais lui, qui fait ici le régent du Parnasse,
N'est qu'un gueux revêtu des dépouilles d'Horace.
Avant lui Juvénal avoit dit en Latin
Qu'on est assis à l'aise aux Sermons de Cotin.
L'un et l'autre avant lui s'étoient plaints de la rime,
Et c'est aussi sur eux qu'il rejette son crime:
Il cherche à se couvrir de ces noms glorieux.
J'ai peu lu ces auteurs: mais tout n'iroit que mieux,

Quand de ces médisans l'engeance toute entiere
Iroit la tête en bas rimer dans la riviere.

Voilà comme on vous traite : et le monde effrayé
Vous regarde déjà comme un homme noyé.
En vain quelque rieur, prenant votre défence,
Veut faire au moins de grace adoucir la sentence.
Rien n'appaise un lecteur toujours tremblant d'effroi,
Qui voit peindre en autrui ce qu'il remarque en soi.

Vous ferez-vous toujours des affaires nouvelles?
Et faudra-t-il sans cesse essuyer des querelles?
N'entendrai-je qu'auteurs se plaindre et murmurer?
Jusqu'à quand vos fureurs doivent-elles durer?
Répondez, mon esprit, ce n'est plus raillerie :
Dites.... Mais, direz-vous, pourquoi cette furie?
Quoi? pour un maigre auteur que je glose en passant,
Est-ce un crime, après tout, et si noir et si grand?
Et qui, voyant un fat s'applaudir d'un ouvrage
Où la droite raison trébuche à chaque page,
Ne s'écrie aussi-tôt : *L'impertinent auteur !*
L'ennuyeux écrivain ! le maudit traducteur !
A quoi bon mettre au jour tous ces discours frivoles,
Et ces riens enfermés dans de grandes paroles ?

Est-ce donc là médire, ou parler franchement?
Non, non, la médisance y va plus doucement.
Si l'on vient à chercher pour quel secret mystere
Alidor à ses frais bâtit un monastere :
Alidor, dit un Fourbe, *il est de mes amis :*
Je l'ai connu laquais avant qu'il fût commis.
C'est un homme d'honneur, de piété profonde,
Et qui veut rendre à Dieu ce qu'il a pris au monde.

Voilà jouer d'adresse, et médire avec art;
Et c'est avec respect enfoncer le poignard.
Un esprit né sans fard, sans basse complaisance,
Fuit ce ton radouci que prend la médisance.
Mais de blâmer des vers ou durs ou languissans,
De choquer un auteur qui choque le bon sens,

De railler d'un plaisant qui ne sait pas nous plaire,
C'est ce que tout lecteur eut toujours droit de faire.
　　Tous les jours à la Cour un sot de qualité
Peut juger de travers avec impunité :
A Malherbe, à Racan, préférer Théophile,
Et le clinquant du Tasse à tout l'or de Virgile.
　　Un clerc, pour quinze sous, sans craindre le hola,
Peut aller au parterre attaquer Attila ;
Et, si le Roi des Huns ne lui charme l'oreille,
Traiter de Visigots tous les vers de Corneille.
　　Il n'est valet d'auteur, ni copiste à Paris,
Qui, la balance en main, ne pose les écrits.
Dès que l'impression fait éclore un poëte,
Il est esclave né de quiconque l'achète :
Il se soumet lui-même aux caprices d'autrui,
Et ses écrits tout seuls doivent parler pour lui.
Un auteur à genoux, dans une humble préface,
Au lecteur qu'il ennuie a beau demander grace ;
Il ne gagnera rien sur ce juge irrité,
Qui lui fait son procès de pleine autorité.
　　Et je serai le seul qui ne pourrai rien dire !
On sera ridicule, et je n'oserai rire !
Et qu'ont produit mes vers de si pernicieux,
Pour armer contre moi tant d'auteurs furieux ?
Loin de les décrier, je les ai fait paroître ;
Et souvent, sans ces vers qui les ont fait connoître,
Leur talent dans l'oubli demeureroit caché.
Et qui sauroit sans moi que Cotin a prêché ?
La satire ne sert qu'à rendre un fat illustre.
C'est une ombre au tableau qui lui donne du lustre.
En les blâmant enfin, j'ai dit ce que j'en croi :
Et tel qui m'en reprend en pense autant que moi.
　　Il a tort, dira l'un, *pourquoi faut-il qu'il nomme ?*
Attaquer Chapelain ! ah ! c'est un si bon homme !
Balzac en fait l'éloge en cent endroits divers.
Il est vrai, s'il m'eût cru, qu'il n'eût point fait de vers.

Il se tue à rimer : que n'écrit-il en prose ?
Voilà ce que l'on dit. Et que dis-je autre chose ?
En blâmant ses écrits, ai-je d'un style affreux
Distillé sur sa vie un venin dangereux ?
Ma muse, en l'attaquant, charitable et discrete,
Sait de l'homme d'honneur distinguer le poëte.
Qu'on vante en lui la foi, l'honneur, la probité ;
Qu'on prise sa candeur et sa civilité,
Qu'il soit doux, complaisant, officieux, sincere :
On le veut, j'y souscris, et suis prêt à me taire.
Mais que pour un modele on montre ses écrits,
Qu'il soit le mieux renté de tous les beaux esprits ;
Comme roi des auteurs, qu'on l'éleve à l'empire ;
Ma bile alors s'échauffe, et je brûle d'écrire :
Et s'il ne m'est permis de le dire au papier,
J'irai creuser la terre, et comme ce barbier,
Faire dire aux roseaux par un nouvel organe,
Midas le roi Midas a des oreilles d'âne.
Quel tort lui fais-je enfin ? ai-je par un écrit
Pétrifié sa veine, et glacé son esprit ?
Quand un livre au Palais se vend et se débite,
Que chacun par ses yeux juge de son mérite,
Que Bilaine 9 l'étale au deuxieme pilier,
Le dégoût d'un censeur peut-il le décrier ?
En vain contre le Cid un ministre se ligue,
Tout Paris pour Chimene a les yeux de Rodrigue ;
L'Académie en corps a beau le censurer :
Le public révolté s'obstine à l'admirer.
Mais lorsque Chapelain met une œuvre en lumiere,
Chaque lecteur d'abord lui devient un Liniere [10] :
En vain il a reçu l'encens de mille auteurs ;
Son livre en paroissant dément tous ses flatteurs.
Ainsi, sans m'accuser quand tout Paris le joue,
Qu'il s'en prenne à ses vers que Phébus désavoue,
Qu'il s'en prenne à sa muse Allemande en François.
Mais laissons Chapelain pour la derniere fois.

La satire, dit-on, est un métier funeste,
Qui plaît à quelques gens, et choque tout le reste.
La suite en est à craindre. En ce hardi métier
La peur plus d'une fois fit repentir Regnier.
Quittez ces vains plaisirs, dont l'appât vous abuse;
A de plus doux emplois occupez votre muse :
Et laissez à Feuillet [11] réformer l'univers.
  Et sur quoi donc faut-il que s'exercent mes vers?
Irai-je dans une ode, en phrases de Malherbe,
Troubler dans ses roseaux le Danube superbe :
Délivrer de Sion le peuple gémissant;
Faire trembler Memphis, ou pâlir le Croissant:
Et passant du Jourdain les ondes allarmées,
Cueillir, mal-à-propos, *les palmes Idumées?*
Viendrai-je, en une églogue, entouré de troupeaux,
Au milieu de Paris enfler mes chalumeaux;
Et, dans mon cabinet, assis au pied des hêtres,
Faire dire aux échos des sottises champêtres?
Faudra-t-il de sang-froid, et sans être amoureux,
Pour quelque Iris en l'air faire le langoureux;
Lui prodiguer les noms de Soleil et d'Aurore,
Et toujours bien mangeant mourir par métaphore?
Je laisse aux doucereux ce langage affété,
Où s'endort un esprit de mollesse hébêté.
  La satire, en leçons, en nouveautés fertile,
Sait seule assaisonner le plaisant et l'utile,
Et, d'un vers qu'elle épure aux rayons du bon sens,
Détromper les esprits des erreurs de leur tems.
Elle seule, bravant l'orgueil et l'injustice,
Va jusques sous le dais faire pâlir le vice;
Et souvent sans rien craindre, à l'aide d'un bon mot,
Va venger la raison des attentats d'un sot.
C'est ainsi que Lucile, appuyé de Lélie [12],
Fit justice en son tems des Cotins d'Italie,
Et qu'Horace, jettant le sel à pleines mains,
Se jouoit aux dépens des Pelletiers Romains.

C'est elle qui, m'ouvrant le chemin qu'il faut suivre,
M'inspira dès quinze ans la haine d'un sot livre;
Et, sur ce mont fameux où j'osai la chercher,
Fortifia mes pas, et m'apprit à marcher.
C'est pour elle, en un mot, que j'ai fait vœu d'écrire
    Toutefois, s'il le faut, je veux bien m'en dédire,
Et, pour calmer enfin tous ces flots d'ennemis,
Réparer en mes vers les maux qu'ils ont commis.
Puisque vous le voulez, je vais changer de style.
Je le déclare donc: Quinault est un Virgile.
Pradon comme un soleil en nos ans a paru.
Pelletier écrit mieux qu'Ablancourt ni Patru [13].
Cotin, à ses sermons traînant toute la terre,
Fend les flots d'auditeurs pour aller à sa chaire.
Sofal est le phénix des esprits relevés.
Perrin.... Bon, mon esprit, courage, poursuivez.
Mais ne voyez-vous pas que leur troupe en furie
Va prendre encor ces vers pour une raillerie?
Et Dieu sait, aussi-tôt, que d'auteurs en courroux,
Que de rimeurs blessés s'en vont fondre sur vous!
Vous les verrez bientôt, féconds en impostures,
Amasser contre vous des volumes d'injures,
Traiter en vos écrits chaque vers d'attentat,
Et d'un mot innocent faire un crime d'Etat [14].
Vous aurez beau vanter le Roi dans vos ouvrages,
Et de ce nom sacré sanctifier vos pages;
Qui méprise Cotin, n'estime point son roi,
Et n'a, selon Cotin, ni Dieu, ni foi, ni loi.
Mais quoi! répondrez-vous, Cotin [15] nous peut-il nuire?
Et par ses cris enfin que sauroit-il produire?
Interdire à mes vers, dont peut-être il fait cas,
L'entrée aux pensions, où je ne prétends pas?
Non, pour louer un Roi que tout l'univers loue,
Ma langue n'attend point que l'argent la dénoue;
Et sans espérer rien de mes foibles écrits,
    L'honneur de le louer m'est un trop digne prix.

SATIRE IX.

On me verra toujours, sage dans mes caprices,
De ce même pinceau dont j'ai noirci les vices,
Et peint du nom d'auteur tant de sots revêtus,
Lui marquer mon respect, et tracer ses vertus.
Je vous crois, mais pourtant on crie, on vous menace.
Je crains peu, direz-vous, les braves du Parnasse.
Hé! mon Dieu! craignez tout d'un auteur en courroux,
Qui peut... Quoi? Je m'entends. Mais encor? Taisez-
(vous.

---

1 Surnommé *Gautier-la-Gueule*, avocat plein de feu, et très-mordant.

2 Le roi prit alors Lille et plusieurs autres villes de Flandres.

3 Poëte estimé, mort en 1670.

4 Savant critique.

5 Poëte ridicule, dont les vers finissoient par les syllabes des noms de ceux qu'il vouloit louer.

6 Fameux Chantre du Pont-Neuf.

7 Trois Poëmes héroïques, dont aucun n'a réussi.

8 Reproche que, dans un sonnet, Saint-Pavin adressoit à l'auteur.

9 Libraire dans la grand'salle du Palais.

10 Auteur qui traitoit Chapelain selon son mérite.

11 Prédicateur outré dans ses sermons.

12 Lucilius, Poëte satirique de Rome, étoit chéri de Scipion l'Africain, et du Consul Lélius.

13 Deux illustres écrivains du temps.

14 Cotin, dans ses écrits, accusoit Boileau d'être criminel de lèze-Majesté divine et humaine.

15 Voici la neuvième fois que le nom de Cotin se présente dans cette Satire. Les amis de l'auteur craignirent que le fréquent retour de ce même nom ne parût affecté. *Il faut voir*, dit Boileau; *Je consens d'ôter tout ce qui sera de trop.* On s'assembla, on lut la Satire entière; mais on trouva par-tout le nom de Cotin si bien placé qu'on ne crut pas qu'aucun de ces endroits dût être retranché.

SATIRE X.

L'Auteur entreprend de peindre ici au naturel les défauts que l'on reproche le plus communément aux femmes. La délicatesse du pinceau est aussi remarquable que la variété des portraits. Le Poète conduit son Lecteur de l'un à l'autre par des transitions ménagées avec tout l'art possible; c'est ainsi qu'il caractérise successivement la Coquette, la Joueuse, l'Avare, la Bizarre, la Savante, la Précieuse, la Bourgeoise de qualité, la Fausse Dévote, la Pédante, la Plaideuse. Cette Satire fut achevée en 1693, mais elle ne fut publiée que l'année suivante.

Enfin bornant le cours de tes galanteries,
Alcippe, il est donc vrai, dans peu tu te maries:
Sur l'argent, c'est tout dire, on est déjà d'accord;
Ton beau-pere futur vuide son coffre-fort:
Et déjà le notaire a, d'un style énergique,
Griffonné de ton joug l'instrument authentique.
C'est bien fait. Il est tems de fixer tes desirs.
Ainsi que ses chagrins l'Hymen a ses plaisirs.
Quelle joie en effet, quelle douceur extrême
De se voir caressé d'une épouse qu'on aime !
De s'entendre appeller *petit cœur* ou *mon bon* !
De voir autour de soi croître dans sa maison,
Sous les paisibles loix d'une agréable mere,
De petits citoyens dont on croit être pere !
Quel charme, au moindre mal qui nous vient menacer,
De la voir aussi-tôt accourir, s'empresser,
S'effrayer d'un péril qui n'a point d'apparence,
Et souvent de douleur se pâmer par avance !
Car tu ne seras point de ces jaloux affreux,
Habiles à se rendre inquiets, malheureux,
Qui, tandis qu'une épouse à leurs yeux se désole,
Pensent toujours qu'un autre en secret la console.
  Mais quoi ! je vois déjà que ce discours t'aigrit !
Charmé de Juvénal, et plein de son esprit,

SATIRE X.

Venez-vous, diras-tu, dans une piece outrée,
Comme lui nous chanter que : *Dès le tems de Rhée,
La Chasteté déjà, la rougeur sur le front,
Avoit chez les humains reçu plus d'un affront ;
Qu'on vit avec le fer naître les injustices,
L'impiété, l'orgueil et tous les autres vices:
Mais que la bonne foi dans l'amour conjugal,
N'alla point jusqu'au tems du troisieme métal* [1] ?
Ces mots ont dans sa bouche une emphase admirable.
Mais je vous dirai, moi, sans alléguer la fable,
Que, si sous Adam même, et loin avant Noé,
Le Vice audacieux, des hommes avoué,
A la triste innocence en tous lieux fit la guerre,
Il demeura pourtant de l'honneur sur la terre :
Qu'aux tems les plus féconds en Phrynés, en Laïs [2],
Plus d'une Pénélope honora son pays ;
Et que, même aujourd'hui, sur ce fameux modele,
On peut trouver encor quelque femme fidele.

Sans doute ; et dans Paris, si je sais bien compter,
Il en est jusqu'à trois [3] que je pourrois citer.
Ton épouse dans peu sera la quatrieme :
Je le veux croire ainsi. Mais la Chasteté même,
Sous ce beau nom d'Epouse, entrât-elle chez toi,
De retour d'un voyage, en arrivant, crois-moi ;
Fais toujours du logis avertir la maîtresse.
Tel partit tout baigné des pleurs de sa Lucrèce,
Qui, faute d'avoir pris ce soin judicieux,
Trouva.... Tu sais.... Je sais que d'un conte odieux
Vous avez comme moi sali votre mémoire.
Mais laissons là, dis-tu, Joconde et son histoire.
Du projet d'un hymen déja fort avancé,
Devant vous aujourd'hui criminel dénoncé,
Et mis sur la sellette aux pieds de la Critique,
Je vois bien tout de bon qu'il faut que je m'explique.

Jeune autrefois, par vous dans le monde conduit,
J'ai trop bien profité, pour n'être pas instruit

A quels discours malins le mariage expose.
Je sais que c'est un texte où chacun fait sa glose;
Que de maris trompés tout rit dans l'univers,
Epigrammes, chansons, rondeaux, fables en vers,
Satire, comédie; et, sur cette matiere,
J'ai vu tout ce qu'ont fait La Fontaine et Moliere;
J'ai lu tout ce qu'ont dit Villon et Saint-Gelais,
Arioste, Marot, Bocace, Rabelais,
Et tous ces vieux recueils de satires naïves,
Des malices du sexe immortelles archives.
Mais, tout bien balancé, j'ai pourtant reconnu
Que de ces contes vains le monde entretenu
N'en a pas de l'hymen moins vu fleurir l'usage;
Que sous ce joug moqué tout à la fin s'engage;
Qu'à ce commun filet les railleurs mêmes pris
Ont été très-souvent de commodes maris;
Et que, pour être heureux sous ce joug salutaire,
Tout dépend, en un mot, du bon choix qu'on sait faire.

 Enfin, il faut ici parler de bonne foi,
Je vieillis, et ne puis regarder sans effroi
Ces Neveux affamés dont l'importun visage
De mon bien à mes yeux fait déjà le partage.
Je crois déjà les voir, au moment annoncé
Qu'à la fin sans retour leur cher oncle est passé,
Sur quelques pleurs forcés, qu'ils auront soin qu'on voie,
Se faire consoler du sujet de leur joie.
Je me fais un plaisir, à ne vous rien celer,
De pouvoir, moi vivant, dans peu les désoler,
Et, trompant un espoir pour eux si plein de charmes,
Arracher de leurs yeux de véritables larmes.
Vous dirai-je encor plus? soit foiblesse ou raison,
Je suis las de me voir, le soir en ma maison,
Seul avec des Valets, souvent voleurs et traîtres,
Et toujours, à coup sûr, ennemis de leurs maîtres.
Je ne me couche point qu'aussi-tôt dans mon lit
Un souvenir fâcheux n'apporte à mon esprit

SATIRE X.

Ces histoires de morts lamentables, tragiques [4],
Dont Paris tous les ans peut grossir ses chroniques.
Dépouillons-nous ici d'une vaine fierté.
Nous naissons, nous vivons pour la société :
A nous-mêmes livrés dans une solitude,
Notre bonheur bientôt fait notre inquiétude;
Et, si durant un jour notre premier aïeul,
Plus riche d'une côte, avoit vécu tout seul,
Je doute, en sa demeure alors si fortunée,
S'il n'eût point prié Dieu d'abréger la journée.
N'allons donc point ici réformer l'univers,
Ni, par de vains discours et de frivoles vers
Etalant au public notre misanthropie,
Censurer le lien le plus doux de la vie.
Laissons là, croyez-moi, le monde tel qu'il est.
L'hyménée est un joug, et c'est ce qui m'en plaît.
L'homme, en ses passions toujours errant sans guide,
A besoin qu'on lui mette et le mors et la bride :
Son pouvoir malheureux ne sert qu'à le gêner;
Et, pour le rendre libre, il le faut enchaîner.
C'est ainsi que souvent la main de Dieu l'assiste.

Ha bon ! voilà parler en docte Janséniste,
Alcippe; et, sur ce point si savamment touché,
Desmâres, dans Saint Roch, n'auroit pas mieux prêché.
Mais c'est trop t'insulter; quittons la raillerie;
Parlons sans hyperbole et sans plaisanterie.
Tu viens de mettre ici l'hymen en son beau jour;
Entends donc; et permets que je prêche à mon tour :

L'épouse que tu prends, sans tache en sa conduite,
Aux vertus, m'a-t-on dit, dans Port-Royal instruite,
Aux loix de son devoir regle tous ses desirs.
Mais qui peut t'assurer qu'invincible aux plaisirs,
Chez toi, dans une vie ouverte à la licence,
Elle conservera sa premiere innocence ?
Par toi-même bientôt conduite à l'opéra,
De quel air penses-tu que ta sainte verra

D'un spectacle enchanteur la pompe harmonieuse,
Ces danses, ces héros à voix luxurieuse;
Entendra ces discours sur l'amour seul roulans,
Ces doucereux Renauds, ces insensés Rolands;
Saura d'eux qu'à l'amour, comme au seul Dieu suprême,
On doit immoler tout, jusqu'à la vertu même;
Qu'on ne sauroit trop tôt se laisser enflammer;
Qu'on n'a reçu du Ciel un cœur que pour aimer;
Et tous ces lieux communs de morale lubrique
Que Lulli réchauffa des sons de sa musique?
Mais de quels mouvemens, dans son cœur excités,
Sentira-t-elle alors tous ses sens agités!
Je ne te réponds pas qu'au retour, moins timide,
Digne écoliere enfin d'Angélique et d'Armide [6],
Elle n'aille à l'instant, pleine de ces doux sons,
Avec quelque Médor pratiquer ces leçons.
 Supposons toutefois qu'encor fidele et pure,
Sa vertu de ce choc revienne sans blessure.
Bientôt dans ce grand monde, où tu vas l'entraîner,
Au milieu des écueils qui vont l'environner,
Crois-tu que, toujours ferme au bord du précipice,
Elle pourra marcher sans que le pied lui glisse;
Que, toujours insensible aux discours enchanteurs
D'un idolâtre amas de jeunes séducteurs,
Sa sagesse jamais ne deviendra folie?
D'abord tu la verras, ainsi que dans Clélie,
Recevant ses amans sous le doux nom d'amis,
S'en tenir avec eux aux petits soins permis;
Puis bientôt en grande eau sur le fleuve de Tendre [7]
Naviguer à souhait, tout dire et tout entendre.
Et ne présume pas que Vénus, ou Satan,
Souffre qu'elle en demeure aux termes du roman;
Dans le crime il suffit qu'une fois on débute;
Une chûte toujours attire une autre chûte.
L'honneur est comme une isle escarpée et sans bords:
On n'y peut plus rentrer dès qu'on en est dehors.

4.

SATIRE X.

Peut-être avant deux ans ardente à te déplaire,
Eprise d'un Cadet, ivre d'un Mousquetaire,
Nous la verrons hanter les plus honteux brelans,
Donner chez la Cornu rendez-vous aux galans;
De Phedre dédaignant la pudeur enfantine,
Suivre à front découvert Z.... et Messaline;
Compter pour grands exploits vingt hommes ruinés,
Blessés, battus pour elle, et quatre assassinés:
Trop heureux si, toujours femme désordonnée,
Sans mesure et sans regle au vice abandonnée,
Par cent traits d'impudence aisés à ramasser
Elle t'acquiert au moins un droit pour la chasser.

 Mais que deviendras-tu si, folle en son caprice,
N'aimant que le scandale et l'éclat dans le vice,
Bien moins pour son plaisir que pour t'inquiéter,
Au fond peu vicieuse, elle aime à coqueter?
Entre nous, verras-tu d'un esprit bien tranquille
Chez ta femme aborder et la cour et la ville?
Hormis toi, tout chez toi rencontre un doux accueil:
L'un est payé d'un mot, et l'autre d'un coup d'œil.
Ce n'est que pour toi seul qu'elle est fiere et chagrine;
Aux autres elle est douce, agréable, badine:
C'est pour eux qu'elle étale et l'or et le brocard,
Que chez toi se prodigue et le rouge et le fard,
Et qu'une main savante, avec tant d'artifice,
Bâtit de ses cheveux le galant édifice.
Dans sa chambre, crois-moi, n'entre point tout le jour.
Si tu veux posséder ta Lucrece à ton tour,
Attends, discret mari, que la belle en cornette
Le soir ait étalé son teint sur la toilette,
Et dans quatre mouchoirs, de sa beauté salis,
Envoie au blanchisseur ses roses et ses lis.
Alors tu peux entrer: mais, sage en sa présence,
Ne va pas murmurer de sa folle dépense.
D'abord, l'argent en main, paye et vite et comptant.
Mais non, fais mine un peu d'en être mécontent,

SATIRE X.

Pour la voir aussi-tôt, de douleur oppressée,
Déplorer sa vertu si mal récompensée.
Un mari ne veut pas fournir à ses besoins !
Jamais femme, après tout, a-t-elle coûté moins ?
A cinq cens louis d'or, tout au plus, chaque année,
Sa dépense en habits n'est-elle pas bornée ?
Que répondre ? Je vois qu'à de si justes cris
Toi-même convaincu déjà tu t'attendris,
Tout prêt à la laisser, pourvu qu'elle s'apaise,
Dans ton coffre à pleins sacs puiser tout à son aise.

 A quoi bon en effet t'allarmer de si peu ?
Hé ! que seroit-ce donc si, le démon du jeu
Versant dans son esprit sa ruineuse rage,
Tous les jours, mis par elle à deux doigts du naufrage,
Tu voyois tous tes biens, au sort abandonnés,
Devenir le butin d'un pique 8 ou d'un sonnez 9 !
Le doux charme pour toi de voir, chaque journée,
De nobles champions ta femme environnée,
Sur une table longue et façonnée exprès,
D'un Tournoi de Bassette ordonner les apprêts :
Ou, si par un arrêt la grossière police
D'un jeu si nécessaire interdit l'exercice,
Ouvrir sur cette table un champ au Lansquenet,
Ou promener trois dés chassés de son cornet :
Puis sur une autre table, avec un air plus sombre,
S'en aller méditer une vole au jeu d'Hombre ;
S'écrier sur un as mal-à-propos jeté,
Se plaindre d'un Gano 10 qu'on n'a point écouté !
Ou, querellant tout bas le Ciel qu'elle regarde,
A la Bête gémir d'un roi venu sans garde.
Chez elle, en ces emplois, l'aube du lendemain
Souvent la trouve encor les cartes à la main :
Alors, pour se coucher, les quittant non sans peine,
Elle plaint le malheur de la Nature humaine,
Qui veut qu'en un sommeil, où tout s'ensevelit,
Tant d'heures, sans jouer, se consument au lit.

Toutefois en partant la troupe la console,
Et d'un prochain retour chacun donne parole.
C'est ainsi qu'une femme en doux amusemens
Sait du tems qui s'envole employer les momens;
C'est ainsi que souvent par une forcenée
Une triste famille à l'Hôpital traînée
Voit ses biens en décret sur tous les murs écrits
De sa déroute illustre effrayer tout Paris.

 Mais que plutôt son jeu mille fois te ruine,
Que si, la famélique et honteuse Lésine
Venant mal-à-propos la saisir au collet,
Elle te réduisoit à vivre sans valet,
Comme ce Magistrat[12] de hideuse mémoire
Dont je veux bien ici te crayonner l'histoire.

 Dans la robe on vantoit son illustre maison;
Il étoit plein d'esprit, de sens et de raison;
Seulement pour l'argent un peu trop de foiblesse
De ses vertus en lui ravaloit la noblesse.
Sa table toutefois, sans superfluité,
N'avoit rien que d'honnête en sa frugalité.
Chez lui deux bons chevaux de pareille encolure,
Trouvoient dans l'écurie une pleine pâture;
Et, du foin que leur bouche au ratelier laissoit,
De surcroît une mule encor se nourrissoit.
Mais cette soif de l'or qui le brûloit dans l'ame
Le fit enfin songer à choisir une femme;
Et l'honneur dans ce choix ne fut point regardé.
Vers son triste penchant son naturel guidé
Le fit, dans une avare et sordide famille,
Chercher un monstre affreux sous l'habit d'une fille;
Et, sans trop s'enquérir d'où la laide venoit,
Il sut, ce fut assez, l'argent qu'on lui donnoit.
Rien ne le rebuta, ni sa vue éraillée,
Ni sa masse de chair bizarrement taillée;
Et trois cent mille francs avec elle obtenus
La firent à ses yeux plus belle que Vénus.

Il l'épouse ; et bientôt son hôtesse nouvelle
Le prêchant, lui fit voir qu'il étoit, au prix d'elle,
Un vrai dissipateur, un parfait débauché,
Lui-même le sentit, reconnut son péché,
Se confessa prodigue, et, plein de repentance,
Offrit sur ses avis de régler sa dépense.
Aussi-tôt de chez eux tout rôti disparut.
Le pain bis, renfermé, d'une moitié décrut.
Les deux chevaux, la mule au marché s'envolerent.
Deux grands laquais, à jeun, sur le soir s'en allerent :
De ces coquins déjà l'on se trouvoit lassé,
Et, pour n'en plus revoir, le reste fut chassé :
Deux servantes déjà, largement souffletées,
Avoient à coups de pied descendu les montées ;
Et, se voyant enfin hors de ce triste lieu,
Dans la rue en avoient rendu graces à Dieu.
Un vieux valet restoit, seul chéri de son maître,
Que toujours il servit, et qu'il avoit vu naître,
Et qui de quelque somme amassée au bon tems
Vivoit encor chez eux, partie à ses dépens.
Sa vue embarrassoit : il fallut s'en défaire ;
Il fut de la maison chassé comme un corsaire.
Voilà nos deux époux sans valets, sans enfans,
Tout seuls dans leur logis libres et triomphans.
Alors on ne mit plus de borne à la lésine :
On condamna la cave, on ferma la cuisine.
Pour ne s'en point servir aux plus rigoureux mois,
Dans le fond d'un grenier on séquestra le bois.
L'un et l'autre dès-lors vécut à l'aventure
Des présens qu'à l'abri de la magistrature
Le mari quelquefois des plaideurs extorquoit,
Ou de ce que la femme aux voisins escroquoit [12].

Mais, pour bien mettre ici leur crasse en tout son lustre,
Il faut voir du logis sortir ce couple illustre ;
Il faut voir le mari tout poudreux, tout souillé,
Couvert d'un vieux chapeau de cordon dépouillé,

Et de sa robe, en vain de pieces rajeunie,
A pied dans les ruisseaux traînant l'ignominie.
Mais qui pourroit compter le nombre de haillons,
De pieces, de lambeaux, de sales guenillons,
De chiffons ramassés dans la plus noire ordure,
Dont la femme aux bons jours composoit sa parure ?
Décrirai-je ses bas en trente endroits percés,
Ses souliers grimaçans vingt fois rapetassés,
Ses coiffes d'où pendoit au bout d'une ficelle
Un vieux masque [13] pelé, presque aussi hideux qu'elle.
Peindrai-je son jupon bigarré de latin,
Qu'ensemble composoient trois theses de satin,
Présent qu'en un procès sur certain privilege
Firent à son mari les régens d'un college ;
Et qui sur cette jupe à maint rieur encor
Derriere elle faisoit dire *Argumentabor* ?

   Mais peut-être j'invente une fable frivole :
Démens donc tout Paris, qui, prenant la parole,
Sur ce sujet encor de bons témoins pourvu,
Tout prêt à le prouver, te dira : je l'ai vu ;
Vingt ans j'ai vu ce couple, uni du même vice,
A tous mes habitans montrer que l'avarice
Peut faire dans les biens trouver la pauvreté,
Et nous réduire à pis que la mendicité.
Des voleurs, qui chez eux pleins d'espérance entrerent,
De cette triste vie enfin les délivrerent :
Digne et funeste fruit du nœud le plus affreux
Dont l'hymen ait jamais uni deux malheureux.

   Ce récit passe un peu l'ordinaire mesure :
Mais un exemple enfin si digne de censure
Peut-il dans la satire occuper moins de mots ?
Chacun sait son métier. Suivons notre propos.
Nouveau prédicateur aujourd'hui, je l'avoue,
Ecolier, ou plutôt singe de Bourdaloue [14],
Je me plais à remplir mes sermons de portraits.
En voilà déjà trois, peints d'assez heureux traits :

SATIRE X.

La femme sans honneur, la coquette et l'avare.
Il faut y joindre encor la revêche bizarre,
Qui sans cesse, d'un ton par la colere aigri,
Gronde, choque, dément, contredit un mari.
Il n'est point de repos ni de paix avec elle.
Son mariage n'est qu'une longue querelle.
Laisse-t-elle un moment respirer son époux,
Ses valets sont d'abord l'objet de son courroux ;
Et sur le ton grondeur lorsqu'elle les harangue,
Il faut voir de quels mots elle enrichit la langue :
Ma plume ici, traçant ces mots par alphabet,
Pourroit d'un nouveau tome augmenter Richelet [15].

   Tu crains peu d'essuyer cette étrange furie :
En trop bon lieu, dis-tu, ton épouse nourrie
Jamais de tels discours ne te rendra martyr.
Mais, eût-elle sucé la raison dans Saint-Cyr [16],
Crois-tu que d'une fille humble, honnête, charmante,
L'Hymen n'ait jamais fait de femme extravagante ?
Combien n'a-t-on point vu de belles aux doux yeux,
Avant le mariage anges si gracieux,
Tout-à-coup se changeant en bourgeoises sauvages,
Vrais démons apporter l'enfer dans leurs ménages,
Et, découvrant l'orgueil de leurs rudes esprits,
Sous leur fontange [17] altiere asservir leurs maris !

   Et puis, quelque douceur dont brille ton épouse,
Penses-tu, si jamais elle devient jalouse,
Que son ame livrée à ses tristes soupçons
De la raison encore écoute les leçons ?
Alors, Alcippe, alors tu verras de ses œuvres :
Résous-toi, pauvre époux, à vivre de couleuvres ;
A la voir tous les jours, dans ses fougueux accès,
A ton geste, à ton rire intenter un procès ;
Souvent, de ta maison gardant les avenues,
Les cheveux hérissés, t'attendre au coin des rues ;
Te trouver en des lieux de vingt portes fermés,
Et, par-tout où tu vas, dans ses yeux enflammés

T'offrir non pas d'Isis la tranquille Euménide [18],
Mais la vraie Alecto peinte dans l'Enéïde,
Un tison à la main, chez le roi Latinus,
Soufflant sa rage au sein d'Amate et de Turnus.
 Mais quoi ! je chausse ici le Cothurne tragique.
Reprenons au plutôt le brodequin comique,
Et d'objets moins affreux songeons à te parler.
Dis-moi donc, laissant là cette folle hurler,
T'accommodes-tu mieux de ces douces Ménades
Qui, dans leurs vains chagrins, sans mal toujours ma-
Se font des mois entiers, sur un lit effronté, (lades,
Traiter d'une visible et parfaite santé ;
Et douze fois par jour, dans leur molle indolence,
Aux yeux de leurs maris tombent en défaillance ?
Quel sujet, dira l'un, peut donc si fréquemment
Mettre ainsi cette belle aux bords du monument ?
La Parque, ravissant ou son fils ou sa fille,
A-t-elle moissonné l'espoir de sa famille ?
Non : il est question de réduire un mari
A chasser un valet dans la maison chéri,
Et qui, parce qu'il plaît, a trop su lui déplaire ;
Ou de rompre un voyage utile et nécessaire,
Mais qui la priveroit huit jours de ses plaisirs,
Et qui, loin d'un galant, objet de ses desirs....
Oh ! que, pour la punir de cette comédie,
Ne lui vois-je une vraie et triste maladie !
Mais ne nous fâchons point. Peut-être avant deux jours,
Courtois et Deniau [19], mandés à son secours,
Digne ouvrage de l'art dont Hippocrate traite,
Lui sauront bien ôter cette santé d'Athlete ;
Pour consumer l'humeur qui fait son embonpoint,
Lui donner sagement le mal qu'elle n'a point ;
Et, fuyant de Fagon [20] les maximes énormes,
Au tombeau mérité la mettre dans les formes.
Dieu veuille avoir son ame, et nous délivre d'eux.
Pour moi, grand ennemi de leur art hasardeux,

SATIRE X.

Je ne puis cette fois que je ne les excuse.
Mais à quels vains discours est-ce que je m'amuse ?
Il faut sur des sujets plus grands, plus curieux,
Attacher de ce pas ton esprit et tes yeux.

   Qui s'offrira d'abord ? Bon, c'est cette savante
Qu'estime Roberval, et que Sauveur fréquente [21].
D'où vient qu'elle a l'œil trouble, et le teint si terni ?
C'est que sur le calcul, dit-on, de Cassini [22],
Un astrolabe en main, elle a dans sa gouttiere
A suivre Jupiter passé la nuit entiere.
Gardons de la troubler. Sa science, je croi,
Aura pour s'occuper ce jour plus d'un emploi:
D'un nouveau microscope on doit, en sa présence,
Tantôt chez Dalancé [23] faire l'expérience,
Puis d'une femme morte avec son embryon
Il faut chez Du Verney [24] voir la dissection.
Rien n'échappe aux regards de notre Curieuse.

   Mais qui vient sur ses pas ? C'est une Précieuse,
Reste de ces esprits jadis si renommés
Que d'un coup de son art Moliere a diffamés,
De tous leurs sentimens cette noble héritiere
Maintient encore ici leur secte façonniere.
C'est chez elle toujours que les fades auteurs
S'en vont se consoler du mépris des Lecteurs.
Elle y reçoit leur plainte ; et sa docte demeure
Aux Perrins, aux Coras, est ouverte à toute heure ;
Là du faux bel esprit se tiennent les bureaux :
Là tous les vers sont bons, pourvu qu'ils soient nouveaux.
Au mauvais goût public la belle y fait la guerre ;
Plaint Pradon opprimé des sifflets du parterre ;
Rit des vains amateurs du grec et du latin ;
Dans la balance met Aristote et Cotin ;
Puis, d'une main encor plus fine et plus habile,
Pese sans passion Chapelain et Virgile ;
Remarque en ce dernier beaucoup de pauvretés,
Mais pourtant confessant qu'il a quelques beautés ;

Ne trouve en Chapelain, quoi qu'ait dit la satire,
Autre défaut, si non qu'on ne le sauroit lire;
Et, pour faire goûter son livre à l'univers,
Croit qu'il faudroit en prose y mettre tous les vers.
    A quoi bon m'étaler cette bizarre école
Du mauvais sens, dis-tu, prêché par une folle?
De livres et d'écrits bourgeois admirateur,
Vais-je épouser ici quelque apprentive auteur?
Savez-vous que l'épouse avec qui je me lie
Compte entre ses parens des Princes d'Italie;
Sort d'aïeux dont les noms....? Je t'entends, et je voi
D'où vient que tu t'es fait secrétaire du Roi [25]:
Il falloit de ce titre appuyer ta naissance.
Cependant, (t'avoûrai-je ici mon insolence?)
Si quelque objet pareil chez moi, deçà les monts,
Pour m'épouser entroit avec tous ces grands noms,
Le sourcil rehaussé d'orgueilleuses chimeres;
Je lui dirois bientôt : Je connois tous vos peres;
Je sais qu'ils ont brillé dans ce fameux combat
Où sous l'un des Valois Enghien sauva l'état [26]. (être,
D'Hozier n'en convient pas : mais, quoi qu'il en puisse
Je ne suis point si sot que d'épouser mon maître.
Ainsi donc, au plutôt délogeant de ces lieux,
Allez, Princesse, allez, avec tous vos aïeux,
Sur le pompeux débris des lances Espagnoles,
Coucher, si vous voulez, aux champs de Cérisoles:
Ma maison ni mon lit ne sont point faits pour vous.
    J'admire, poursuis-tu, votre noble courroux.
Souvenez-vous pourtant que ma famille illustre
De l'assistance au sceau [27] ne tire point son lustre;
Et que, né dans Paris de magistrats connus,
Je ne suis point ici de ces nouveaux venus,
De ces nobles sans nom, que, par plus d'une voie,
La Province souvent en guêtres nous envoie.
Mais eussé-je comme eux des meûniers pour parens,
Mon épouse vînt-elle encor d'aïeux plus grands,

SATIRE X.

On ne la verroit point, vantant son origine,
A son triste mari reprocher la farine.
Son cœur, toujours nourri dans la dévotion,
De trop bonne heure apprit l'humiliation :
Et, pour vous détromper de la pensée étrange
Que l'hymen aujourd'hui la corrompe et la change,
Sachez qu'en notre accord elle a, pour premier point,
Exigé qu'un époux ne la contraindroit point
A traîner après elle un pompeux équipage,
Ni sur-tout de souffrir, par un profane usage,
Qu'à l'Eglise jamais devant le Dieu jaloux
Un fastueux carreau soit vu sous ses genoux.
Telle est l'humble vertu qui, dans son ame empreinte...
Je le vois bien, tu vas épouser une sainte :
Et dans tout ce grand zele il n'est rien d'affecté.
Sais-tu bien cependant, sous cette humilité,
L'orgueil que quelquefois nous cache une bigote,
Alcippe, et connois-tu la nation dévote ?
Il te faut de ce pas en tracer quelques traits,
Et par ce grand portrait finir tous mes portraits.

 A Paris, à la Cour, on trouve, je l'avoue,
Des femmes dont le zele est digne qu'on le loue,
Qui s'occupent du bien en tout tems, en tout lieu.
J'en sais une, chérie et du monde et de Dieu,
Humble dans les grandeurs, sage dans la fortune,
Qui gémit, comme Esther, de sa gloire importune,
Que le vice lui-même est contraint d'estimer,
Et que sur ce tableau d'abord tu vas nommer [28].
Mais pour quelques vertus si pures, si sinceres,
Combien y trouve-t-on d'impudentes faussaires
Qui, sous un vain dehors d'austere piété,
De leurs crimes secrets cherchent l'impunité,
Et couvrent de Dieu même, empreint sur leur visage,
De leurs honteux plaisirs l'affreux libertinage !
N'attends pas qu'à tes yeux j'aille ici l'étaler :
Il vaut mieux le souffrir que de le dévoiler.

5

De leurs galans exploits les Bussis, les Brantomes
Pourroient avec plaisir te compiler des tomes :
Mais pour moi, dont le front trop aisément rougit,
Ma bouche a déjà peur de t'en avoir trop dit.
Rien n'égale en fureur, en monstrueux caprices,
Une fausse vertu qui s'abandonne aux vices.
 De ces femmes pourtant l'hypocrite noirceur
Au moins pour un mari garde quelque douceur.
Je les aime encor mieux qu'une bigote altiere,
Qui, dans son fol orgueil, aveugle et sans lumiere,
A peine sur le seuil de la dévotion,
Pense atteindre au sommet de la perfection ;
Qui du soin qu'elle prend de me gêner sans cesse,
Va quatre fois par mois se vanter à confesse ;
Et, les yeux vers le ciel, pour se le faire ouvrir,
Offre à Dieu les tourmens qu'elle me fait souffrir.
Sur cent pieux devoirs aux Saints elle est égale ;
Elle lit Rodriguez [29], fait l'oraison mentale,
Va pour les malheureux quêter dans les maisons,
Hante les hôpitaux, visite les prisons,
Tous les jours à l'Eglise entend jusqu'à six Messes :
Mais de combattre en elle, et dompter ses foiblesses,
Sur le fard, sur le jeu vaincre sa passion,
Mettre un frein à son luxe, à son ambition,
Et soumettre l'orgueil de son esprit rebelle ;
C'est ce qu'en vain le Ciel voudrait exiger d'elle.
Et peut-il, dira-t-elle, en effet l'exiger ?
Elle a son directeur, c'est à lui d'en juger :
Il faut, sans différer, savoir ce qu'il en pense.
Bon ! vers nous à propos je le vois qui s'avance.
Qu'il paroît bien nourri ! quel vermillon ! quel teint !
Le printems dans sa fleur sur son visage est peint.
Cependant, à l'entendre, il se soutient à peine ;
Il eut encor hier la fievre et la migraine ;
Et, sans les prompts secours qu'on prit soin d'apporter,
Il seroit sur son lit peut-être à trembloter.

Mais de tous les mortels, grace aux dévotes ames,
Nul n'est si bien soigné qu'un directeur de femmes.
Quelque léger dégoût vient-il le travailler ?
Une froide vapeur le fait-elle bâiller ?
Un escadron coiffé d'abord court à son aide :
L'une chauffe un bouillon, l'autre apprête un remede;
Chez lui sirops exquis, ratafias vantés,
Confitures sur-tout, volent de tous côtés :
Car de tous mets sucrés, secs, en pâte, ou liquides,
Les estomacs dévots toujours furent avides :
Le premier masse-pain pour eux, je crois, se fit,
Et le premier citron à Rouen fut confit 30.

Notre docteur bientôt va lever tous ses doutes ;
Du paradis pour elle, il aplanit les routes ;
Et, loin sur ses défauts de la mortifier,
Lui-même prend le soin de la justifier.
Pourquoi vous alarmer d'une vaine censure ?
Du rouge qu'on vous voit, on s'étonne, on murmure :
Mais a-t-on, dira-t-il, sujet de s'étonner ?
Est-ce qu'à faire peur on veut vous condamner ?
Aux usages reçus il faut qu'on s'accommode :
Une femme sur-tout doit tribut à la mode.
L'orgueil brille, dit-on, sur vos pompeux habits ;
L'œil à peine soutient l'éclat de vos rubis ;
Dieu veut-il qu'on étale un luxe si profane ?
Oui, lorsqu'à l'étaler notre rang nous condamne.
Mais ce grand jeu chez vous comment l'autoriser ?
Le jeu fut de tout tems permis pour s'amuser ;
On ne peut pas toujours travailler, prier, lire ;
Il vaut mieux s'occuper à jouer qu'à médire.
Le plus grand jeu, joué dans cette intention,
Peut même devenir une bonne action :
Tout est sanctifié par une ame pieuse.
Vous êtes, poursuit-on, avide, ambitieuse ;
Sans cesse vous brûlez de voir tous vos parens
Engloutir à la Cour, charges, dignités, rangs.

5.

Votre bon naturel en cela pour eux brille:
Dieu ne nous défend point d'aimer notre famille.
D'ailleurs, tous vos parens sont sages, vertueux:
Il est bon d'empêcher ces emplois fastueux
D'être donnés peut-être à des ames mondaines,
Eprises du néant des vanités humaines.
Laissez là, croyez-moi, gronder les indévots,
Et sur votre salut demeurez en repos.
 Sur tous ces points douteux, c'est ainsi qu'il pro-
Alors, croyant d'un ange entendre la réponse, (nonce.
Sa dévote s'incline, et, calmant son esprit,
A cet ordre d'en haut sans réplique souscrit.
Ainsi, pleine d'erreurs, qu'elle croit légitimes,
Sa tranquille vertu conserve tous ses crimes;
Dans un cœur tous les jours nourri du Sacrement
Maintient la vanité, l'orgueil, l'entêtement,
Et croit que devant Dieu ses fréquens sacriléges
Sont pour entrer au Ciel d'assurés priviléges.
Voilà le digne fruit des soins de son Docteur.
Encore est-ce beaucoup si, ce guide imposteur,
Par les chemins fleuris d'un charmant Quiétisme,
Tout-à-coup l'amenant au vrai Molinosisme,
Il ne lui fait bientôt, aidé de Lucifer,
Goûter en paradis les plaisirs de l'enfer.
 Mais, dans ce doux état, molle, délicieuse,
La hais-tu plus, dis-moi, que cette bilieuse
Qui, follement outrée en sa sévérité,
Baptisant son chagrin du nom de piété,
Dans sa charité fausse, où l'amour-propre abonde,
Croit que c'est aimer Dieu que haïr tout le monde?
Il n'est rien où d'abord son soupçon attaché
Ne présume du crime et ne trouve un péché.
Pour une fille honnête et pleine d'innocence,
Croit-elle en ses valets voir quelque complaisance?
Réputés criminels, les voilà tous chassés,
Et chez elle à l'instant par d'autres remplacés.

SATIRE X.

Son mari, qu'une affaire appelle dans la ville,
Et qui chez lui sortant a tout laissé tranquille,
Se trouve assez surpris, rentrant dans la maison,
De voir que le portier lui demande son nom;
Et que parmi ses gens, changés en son absence,
Il cherche vainement quelqu'un de connoissance.

Fort bien! le trait est bon! Dans les femmes, dis-tu,
Enfin vous n'approuvez ni vice ni vertu.
Voilà le sexe peint d'une noble maniere:
Et Théophraste même, aidé de La Bruyere,
Ne m'en pourroit pas faire un plus riche tableau.
C'est assez: il est tems de quitter le pinceau:
Vous avez désormais épuisé la satire.
Epuisé, cher Alcipe! Ah! tu me ferois rire!
Sur ce vaste sujet, si j'allois tout tracer,
Tu verrois sous ma main des tomes s'amasser.
Dans le sexe j'ai peint la piété caustique:
Et que seroit-ce donc si, censeur plus tragique,
J'allois t'y faire voir l'Athéisme établi,
Et, non moins que l'honneur, le Ciel mis en oubli;
Si j'allois t'y montrer plus d'une Capanée[31],
Pour souveraine loi mettant la destinée,
Du tonnerre dans l'air bravant les vains carreaux;
Et nous parlant de Dieu du ton de Des-Barreaux?

Mais, sans aller chercher cette femme infernale,
T'ai-je encor peint, dis-moi, la fantasque inégale
Qui, m'aimant le matin, souvent me hait le soir?
T'ai-je peint la maligne aux yeux faux, au cœur noir?
T'ai-je encor exprimé la brusque impertinente?
T'ai-je tracé la vieille à morgue dominante,
Qui veut, vingt ans encore après le Sacrement,
Exiger d'un mari les respects d'un amant?
T'ai-je fait voir de joie une belle animée,
Qui souvent d'un repas sortant toute enfumée,
Fait, même à ses amans, trop foibles d'estomac,
Redouter ses baisers pleins d'ail et de tabac?

5..

T'ai-je encore décrit la dame brelandière,
Qui des joueurs chez soi se fait cabaretière,
Et souffre des affronts que ne souffriroit pas
L'hôtesse d'une auberge à dix sous par repas?
Ai-je offert à tes yeux ces tristes Tisiphones,
Ces monstres pleins d'un fiel que n'ont point les lionnes,
Qui, prenant en dégoût les fruits nés de leur flanc,
S'irritent sans raison contre leur propre sang;
Toujours en des fureurs que les plaintes aigrissent,
Battent dans leurs enfans l'époux qu'elles haïssent;
Et font de leur maison, digne de Phalaris [32],
Un séjour de douleurs, de larmes et de cris?
Enfin t'ai-je dépeint la superstitieuse,
La pédante au ton fier, la bourgeoise ennuyeuse,
Celle qui de son chat fait son seul entretien,
Celle qui toujours parle, et ne dit jamais rien?
Il en est des milliers: mais ma bouche enfin lasse
Des trois quarts pour le moins veut bien te faire grace.

J'entends: c'est pousser loin la modération.
Ah! finissez, dis-tu, la déclamation.
Pensez-vous qu'ébloui de vos vaines paroles,
J'ignore qu'en effet tous ces discours frivoles
Ne sont qu'un badinage, un simple jeu d'esprit
D'un censeur dans le fond qui folâtre et qui rit,
Plein du même projet qui vous vint dans la tête
Quand vous plaçâtes l'homme au-dessous de la bête?
Mais enfin vous et moi c'est assez badiner:
Il est tems de conclure; et, pour tout terminer,
Je ne dirai qu'un mot: La fille qui m'enchante,
Noble, sage, modeste, humble, honnête, touchante,
N'a pas un des défauts que vous m'avez fait voir.
Si, par un sort pourtant qu'on ne peut concevoir,
La belle, tout-à-coup rendue insociable,
D'Ange, ce sont vos mots, se transformoit en Diable,
Vous me verriez bientôt, sans me désespérer,
Lui dire: Hé bien, Madame, il faut nous séparer:

Nous ne sommes pas faits, je le vois, l'un pour l'autre.
Mon bien se monte à tant : tenez, voilà le vôtre :
Partez : délivrons-nous d'un mutuel souci.
　　Alcippe, tu crois donc qu'on se sépare ainsi?
Pour sortir de chez toi, sur cette offre offensante,
As-tu donc oublié qu'il faut qu'elle y consente?
Et crois-tu qu'aisément elle puisse quitter
Le savoureux plaisir de t'y persécuter?
Bientôt son procureur, pour elle usant sa plume,
De ses prétentions va t'offrir un volume :
Car, grace au droit reçu chez les Parisiens,
Gens de douce nature, et maris bons chrétiens,
Dans ses prétentions une femme est sans borne.
Alcippe, à ce discours je te trouve un peu morne.
Des arbitres, dis-tu, pourront nous accorder.
Des arbitres ! . . . . Tu crois l'empêcher de plaider !
Sur ton chagrin déjà contente d'elle-même,
Ce n'est point tous ses droits, c'est le procès qu'elle aime.
Pour elle un bout d'arpent qu'il faudra disputer
Vaut mieux qu'un fief entier acquis sans contester.
Avec elle il n'est point de droit qui s'éclaircisse,
Point de procès si vieux qui ne se rajeunisse ;
Et, sur l'art de former un nouvel embarras,
Devant elle Rolet mettroit pavillon bas.
Crois-moi, pour la fléchir trouve enfin quelque voie :
Ou je ne réponds pas dans peu qu'on ne te voie
Sous le faix des procès abattu, consterné,
Triste, à pied, sans laquais, maigre, sec, ruiné,
Vingt fois dans ton malheur résolu de te pendre,
Et, pour comble de maux, réduit à la reprendre.

---

1 Imitation du commencement de la Satire de Juvénal contre les femmes.

2 Fameuses Courtisanes de la Grece.

3 Licence poétique.

4 Recueillies par Blandin et Du Rossot.

5 Prêtre de l'Oratoire, fameux Prédicateur.
6 Opéra de Quinault.
7 Géographie allégorique du Roman de Clélie.
8 Terme du jeu de piquet.
9 Terme du jeu de tric-trac.
10 Terme du jeu d'hombre.
11 *Jacques Tardieu*, Lieutenant-criminel de Paris, et sa femme, devinrent aussi fameux par leur sordide avarice, que par leur mort funeste.
12 C'est d'elle que *Racine* a dit dans les *Plaideurs* :

Elle eût du Buvetier emporté les serviettes,
Plutôt que de rentrer au logis les mains nettes.

13 Les femmes portoient alors un masque de velours noir quand elles sortoient.
14 Grand Prédicateur qui le premier a mis des portraits ou des caracteres dans ses sermons.
15 Auteur d'un Dictionnaire françois.
16 Où on élevoit 250 jeunes demoiselles aux frais du Roi.
17 Nœud de ruban que les femmes portoient sur la tête.
18 Rôle de furie à-peu-près nul dans l'Opéra d'Isis.
19 Médecins.
20 Premier Médecin du Roi.
21 Savants Mathématiciens.
22 Célebre Astronome.
23 Qui s'est ruiné à faire des expériences physiques.
24 Savant Anatomiste.
25 Cette charge anoblissoit.
26 Combat de Cérizoles, gagné en Italie en 1544, sous François Ier.
27 Une des fonctions des Secrétaires du Roi, étoit d'assister au Sceau dans les Chancelleries.
28 Madame de Maintenon.
29 Auteur du *Traité de la Perfection Chrétienne*.
30 Les citrons confits nous venoient de Rouen.
31 Capanée est un des sept Chefs de l'armée qui mit le siege devant Thebes. Il fut foudroyé à cause de son impiété.
32 Tyran en Sicile, très-cruel.

SATIRE XI.

D'accomplir tout le bien que le Ciel nous inspire;
Et d'être juste enfin : ce mot seul veut tout dire.
Je doute que le flot des vulgaires humains
A ce discours pourtant donne aisément les mains;
Et, pour t'en dire ici la raison historique,
Souffre que je l'habille en fable allégorique :
  Sous le bon roi Saturne, ami de la douceur,
L'Honneur, cher VALINCOUR, et l'Equité sa sœur,
De leurs sages conseils éclairant tout le monde,
Régnoient, chéris du ciel, dans une paix profonde.
Tout vivoit en commun sous ce couple adoré :
Aucun n'avoit d'enclos ni de champ séparé.
La vertu n'étoit point sujette à l'Ostracisme,
Ni ne s'appelloit point alors un Jansénisme.
L'Honneur beau par soi-même, et sans vains ornemens,
N'étaloit point aux yeux l'or ni les diamans ;
Et, jamais ne sortant de ses devoirs austeres,
Maintenoit de sa sœur les regles salutaires.
Mais une fois au ciel par les Dieux appellé,
Il demeura long-tems au séjour étoilé.
  Un fourbe cependant, assez haut de corsage,
Et qui lui ressembloit de geste et de visage,
Prend son tems, et par-tout ce hardi suborneur
S'en va chez les humains crier qu'il est l'Honneur;
Qu'il arrive du ciel, et que, voulant lui-même
Seul porter désormais le faix du diadême,
De lui seul il prétend qu'on reçoive la loi.
A ces discours trompeurs le monde ajoute foi.
L'innocente Equité, honteusement bannie,
Trouve à peine un désert où fuir l'Ignominie.
Aussi-tôt, sur un trône éclatant de rubis,
L'imposteur monte, orné de superbes habits.
La Hauteur, le Dédain, l'Audace, l'environnent :
Et le Luxe et l'Orgueil de leurs mains le couronnent.
Tout fier, il montre alors un front plus sourcilleux :
Et le Mien et le Tien, deux freres pointilleux,

Par son ordre amenant les procès et la guerre,
En tous lieux de ce pas vont partager la terre ;
En tous lieux, sous les noms de Bon Droit et de Tort,
Vont chez elle établir le seul droit du plus fort.
Le nouveau roi triomphe, et, sur ce droit inique,
Bâtit de vaines loix un code fantastique ;
Avant tout aux mortels prescrit de se venger,
L'un l'autre au moindre affront les force à s'égorger,
Et dans leur ame, en vain de remords combattue,
Trace en lettres de sang ces deux mots : *Meurs* ou *Tue*.

Alors, ce fut alors, sous ce vrai Jupiter,
Qu'on vit naître ici bas le noir siecle de fer.
Le frere au même instant s'arma contre le frere ;
Le fils trempa ses mains dans le sang de son pere ;
La soif de commander enfanta les tyrans,
Du Tanaïs au Nil porta les conquérans ;
L'Ambition passa pour la vertu sublime ;
Le crime heureux fut juste, et cessa d'être crime ;
On ne vit plus que haine et que division,
Qu'envie, effroi, tumulte, horreur, confusion.

Le véritable Honneur sur la voûte céleste
Est enfin averti de ce trouble funeste.
Il part sans différer, et, descendu des cieux,
Va par-tout se montrer dans les terrestres lieux :
Mais il n'y fait plus voir qu'un visage incommode :
On n'y peut plus souffrir ses vertus hors de mode ;
Et lui-même, traité de fourbe et d'imposteur,
Est contraint de ramper aux pieds du séducteur.
Enfin, las d'essuyer outrage sur outrage,
Il livre les humains à leur triste esclavage ;
S'en va trouver sa sœur, et, dès ce même jour,
Avec elle s'envole au céleste séjour.
Depuis, toujours ici, riche de leur ruine,
Sur les tristes mortels le faux Honneur domine,
Gouverne tout, fait tout, dans ce bas univers ;
Et peut-être est-ce lui qui m'a dicté ces vers.

Mais en fût-il l'auteur, je conclus de sa fable,
Que ce n'est qu'en Dieu seul qu'est l'Honneur véritable.

---

1 Conseiller du Roi en ses conseils; secrétaire-général de la Marine, etc. Il étoit lié d'une étroite amitié avec l'auteur.

2 Le Duc d'*Ossone*, visitant les galeres du port de Naples, eut la curiosité d'interroger les forçats : mais ils se trouvoient tous innocents, à l'exception d'un seul, qui avoua de bonne foi, que, si on lui eût fait justice, il eût été pendu. *Qu'on m'ôte d'ici ce coquin-là*, dit le Duc en lui donnant sa liberté: *il gâteroit tous ces honnêtes gens.*

3 Allusion au mot de *Diogene le Cynique*, qui portoit une lanterne en plein jour, disant qu'il cherchoit un homme.

4 Alexandre.
5 Voleurs de grand chemin.
6 Célebre Lieutenant-Général de Police.
7 Agésilas, roi de Sparte.
8 Socrate.
9 Maintenant *Evangile* est masculin.

DISCOURS DE L'AUTEUR,

Composé en 1710, pour servir d'Apologie à la Satire suivante.

Quelque heureux succès qu'aient eu mes Ouvrages, j'avois résolu depuis leur dernière édition de ne plus rien donner au Public; et quoiqu'à mes heures perdues, il y a environ cinq ans, j'eusse encore fait contre l'équivoque une Satire que tous ceux à qui je l'ai communiquée, ne jugeoient pas inférieure à mes autres écrits, bien loin de la publier, je la tenois soigneusement cachée, et je ne croyois pas que, moi vivant, elle dût jamais voir le jour. Ainsi donc, aussi soigneux désormais de me faire oublier, que j'avois été autrefois curieux de faire parler de moi, je jouissois, à mes infirmités près, d'une assez grande tranquillité, lorsque tout d'un coup j'ai appris qu'on débitoit dans le monde, sous mon nom, quantité de méchans écrits, et entr'autres une piece en vers contre les Jésuites (*Épître d'environ soixante vers*), également odieuse et insipide, où l'on me faisoit, en mon propre nom, dire à toute leur Société les injures les plus atroces et les plus grossieres. J'avoue que cela m'a donné un très-grand chagrin; car, bien que tous les gens sensés aient connu sans peine que la piece n'étoit point de moi, et qu'il n'y ait eu que de très-petits esprits qui aient présumé que j'en pouvois être l'auteur, la vérité est pourtant que je n'ai pas regardé comme un médiocre affront de me voir soupçonné, même par des ridicules, d'avoir fait un ouvrage si ridicule.

J'ai donc cherché les moyens les plus propres pour me laver de cette infamie; et, tout bien considéré, je n'ai point trouvé de meilleur expédient, que de faire imprimer ma Satire contre l'Équivoque; parce qu'en la lisant, les moins éclairés, même de ces petits esprits, ouvriroient peut-être les yeux, et verroient manifestement le peu de rapport qu'il y a de mon style, même en l'âge où je suis, au style bas et rampant de l'auteur de ce pitoyable Ecrit. Ajoutez à cela que je pouvois mettre à la tête de ma Satire, en la donnant au Public, un avertissement en manière de préface, où je me justificrois pleinement, et tirerois tout le monde d'erreur. C'est ce que je fais aujourd'hui, et j'espere que le peu que je viens de dire, produira l'effet que je me suis proposé. Il ne me reste donc plus maintenant qu'à parler de la Satire pour laquelle est fait ce Discours.

Je l'ai composée par le caprice du monde le plus bizarre, et par une espece de dépit et de colere poétique, s'il faut ainsi dire, qui me saisit à l'occasion de ce que je vais raconter. Je me promenois dans mon jardin à Auteuil, et rêvois en marchant à un poëme que je voulois faire contre les mauvais Critiques de notre siecle. J'en avois même déjà composé quelques vers, dont j'étois assez content. Mais voulant continuer, je m'apperçus qu'il y avoit dans ces vers une équivoque de langue; et m'étant sur-le-champ mis en devoir de la corriger, je n'en pus jamais venir à bout. Cela m'irrita de telle manière, qu'au lieu de m'appliquer davantage à réformer cette équivoque, et de poursuivre mon poëme contre les faux critiques, la folle pensée me vint de faire contre l'Equivoque même une Satire qui pût me venger de tous les chagrins qu'elle m'a causés depuis que je me

SATIRE XI.

A M. DE VALINCOUR[1].

Le sujet de cette Satire est le vrai et le faux Honneur. L'Auteur, après avoir parlé des méprises de la plupart des hommes, au sujet de ce qu'ils appellent l'*Honneur*, établit enfin que le vrai et le solide Honneur consiste dans la justice, sans laquelle toutes les autres prétendues bonnes qualités ne sont que de faux brillans. Cette Satire fut commencée vers le mois de novembre 1698.

Oui, l'Honneur, Valincour, est chéri dans le monde:
Chacun pour l'exalter en paroles abonde;
A s'en voir revêtu, chacun met son bonheur:
Et tout crie ici-bas: l'Honneur! vive l'Honneur!
   Entendons discourir, sur les bancs des galeres,
Ce forçat[2] abhorré même de ses confreres:
Il plaint par un arrêt injustement donné,
L'Honneur en sa personne à ramer condamné.
En un mot, parcourons et la mer et la terre;
Interrogeons marchands, financiers, gens de guerre,
Courtisans, magistrats: chez eux, si je les crois,
L'intérêt ne peut rien; l'Honneur seul fait la loi.
   Cependant, lorsqu'aux yeux leur portant la lanterne[3],
J'examine au grand jour l'esprit qui les gouverne,
Je n'apperçois par-tout que folle ambition,
Foiblesse, iniquité, fourbe, corruption;
Que ridicule orgueil de soi-même idolâtre.
Le monde, à mon avis, est comme un grand théâtre,
Où chacun en public, l'un par l'autre abusé,
Souvent à ce qu'il est joue un rôle opposé.
Tous les jours on y voit, orné d'un faux visage,
Impudemment le fou représenter le sage;
L'ignorant s'ériger en savant fastueux,
Et le plus vil faquin trancher du vertueux.

Mais, quelque fol espoir dont leur orgueil les berce,
Bientôt on les connoît, et la vérité perce.
On a beau se farder aux yeux de l'univers,
A la fin sur quelqu'un de nos vices couverts
Le Public malin jette un œil inévitable ;
Et bientôt la censure, au regard formidable,
Sait, le crayon en main, marquer nos endroits faux,
Et nous développer avec tous nos défauts.
Du mensonge toujours le vrai demeure maître.
Pour paroître honnête homme, en un mot, il faut l'être :
Et jamais quoi qu'il fasse, un mortel ici-bas
Ne peut aux yeux du monde être ce qu'il n'est pas.
En vain ce misanthrope, aux yeux tristes et sombres,
Veut par un air riant en éclaircir les ombres:
Le ris sur son visage est en mauvaise humeur ;
L'agrément fuit ses traits, ses caresses font peur ;
Ses mots les plus flatteurs paroissent des rudesses,
Et la vanité brille en toutes ses bassesses.
Le naturel toujours sort, et sait se montrer :
Vainement on l'arrête, on le force à rentrer :
Il rompt tout, perce tout, et trouve enfin passage.
  Mais loin de mon projet, je sens que je m'engage :
Revenons de ce pas à mon texte égaré.
L'Honneur par tout, disois-je, est du monde admiré :
Mais l'Honneur en effet qu'il faut que l'on admire,
Quel est-il, VALINCOUR ? pourras-tu me le dire ?
L'ambitieux le met souvent à tout brûler ;
L'avare, à voir chez lui le Pactole rouler ;
Un faux brave, à vanter sa prouesse frivole ;
Un vrai fourbe, à jamais ne garder sa parole ;
Ce poëte, à noircir d'insipides papiers ;
Ce marquis, à savoir frauder ses créanciers ;
Un libertin, à rompre et jeûnes et carême ;
Un fou perdu d'honneur, à braver l'Honneur même.
L'un d'eux a-t-il raison ? qui pourroit le penser ?
Qu'est-ce donc que l'Honneur que tout doit embrasser ?

SATIRE XI.

Est-ce de voir, dis-moi, vanter notre éloquence;
D'exceller en courage, en adresse, en prudence;
De voir à notre aspect tout trembler sous les cieux ;
De posséder enfin mille dons précieux?
Mais, avec tous ces dons de l'esprit et de l'ame,
Un roi même souvent peut n'être qu'un infâme,
Qu'un Hérode, un Tibere effroyable à nommer.
Où donc est cet honneur qui seul doit nous charmer ?
Quoi qu'en ses beaux discours Saint-Evremond nous prône,
Aujourd'hui j'en croirai Séneque avant Pétrone.
 Dans le monde il n'est rien de beau que l'équité:
Sans elle la valeur, la force, la bonté,
Et toutes les vertus dont s'éblouit la terre,
Ne sont que faux brillans, et que morceaux de verre.
Un injuste guerrier [4], terreur de l'univers,
Qui, sans sujet courant chez cent peuples divers,
S'en va tout ravager jusqu'aux rives du Gange,
N'est qu'un plus grand voleur que Du Terte et Saint-Ange [5].
Du premier des Césars on vante les exploits;
Mais dans quel tribunal, jugé suivant les Loix,
Eût-il pu disculper son injuste manie ?
Qu'on livre son pareil en France à La Reynie [6],
Dans trois jours nous verrons le Phénix des guerriers
Laisser sur l'échafaud sa tête et ses lauriers.
C'est d'un Roi [7] que l'on tient cette maxime auguste,
Que jamais on n'est grand qu'autant que l'on est juste.
Rassemblez à la fois Mithridate et Sylla;
Joignez-y Tamerlan, Genseric, Attila :
Tous ces fiers conquérans, rois, princes, capitaines,
Sont moins grands à mes yeux que ce bourgeois d'Athènes [8]
Qui sut, pour tous exploits, doux, modéré, frugal,
Toujours vers la justice aller d'un pas égal.
 Oui, la justice en nous est la vertu qui brille :
Il faut de ses couleurs qu'ici bas tout s'habille;
Dans un mortel chéri, tout injuste qu'il est,
C'est quelque air d'équité qui séduit et qui plaît.

5.....

SATIRE XI.

A cet unique appas l'ame est vraiment sensible :
Même aux yeux de l'injuste, un injuste est horrible ;
Et tel qui n'admet point la probité chez lui,
Souvent à la rigueur l'exige chez autrui.
Disons plus : Il n'est point d'ame livrée au vice
Où l'on ne trouve encor des traces de justice.
Chacun de l'équité ne fait pas son flambeau ;
Tout n'est pas Caumartin Bignon, ni d'Aguesseau :
Mais jusqu'en ces pays, où tout vit de pillage,
Chez l'Arabe et le Scythe, elle est de quelque usage ;
Et du butin acquis en violant les loix,
C'est elle entre eux qui fait le partage et le choix.

Mais allons voir le vrai jusqu'en sa source même :
Un dévot aux yeux creux, et d'abstinence blême,
S'il n'a point le cœur juste, est affreux devant Dieu.
L'Evangile au chrétien ne dit en aucun lieu:
Sois dévot. Elle dit : Sois doux, simple, équitable.
Car d'un dévot souvent au chrétien véritable
La distance est deux fois plus longue, à mon avis,
Que du pôle antarctique au détroit de Davis.
Encor par ce dévot, ne crois pas que j'entende
Tartuffe, ou Molinos, et sa mystique bande :
J'entends un faux chrétien, mal instruit, mal guidé,
Et qui de l'Evangile en vain persuadé,
N'en a jamais conçu l'esprit ni la justice ;
Un chrétien qui s'en sert pour disculper le vice,
Qui toujours près des Grands, qu'il prend soin d'abuser,
Sur leurs foibles honteux sait les autoriser,
Et croit pouvoir au ciel, par ces folles maximes,
Avec le sacrement faire entrer tous les crimes.
Des faux dévots pour moi voilà le vrai héros.

Mais, pour borner enfin tout ce vague propos,
Concluons qu'ici-bas le seul Honneur solide,
C'est de prendre toujours la vérité pour guide ;
De regarder en tout la raison et la loi ;
D'être doux pour tout autre, et rigoureux pour soi,

mêle d'écrire. Je vis bien que je ne rencontrerois pas de médiocres difficultés à mettre en vers un sujet si sec; et même il s'en présenta d'abord une qui m'arrêta tout court : ce fut de savoir duquel des deux genres, masculin ou féminin, je ferois le mot d'Equivoque, beaucoup d'habiles écrivains, ainsi que le remarque Vaugelas, le faisant masculin. Je me déterminai pourtant assez vite au féminin, comme au plus usité des deux : et, bien loin que cela empêchât l'exécution de mon projet, je crus que ce ne seroit pas une méchante plaisanterie de commencer ma Satire par cette difficulté même. C'est ainsi que je m'engageai dans la composition de cet ouvrage. Je croyois d'abord faire tout au plus cinquante ou soixante vers ; mais ensuite les pensées me venant en foule, et les choses que j'avois à reprocher à l'Equivoque se multipliant à mes yeux, j'ai poussé ces vers jusqu'à près de trois cent cinquante.

C'est au Public maintenant à voir si j'ai bien ou mal réussi. Je n'emploierai point ici, non plus que dans les préfaces de mes autres écrits, mon adresse et ma rhétorique à le prévenir en ma faveur. Tout ce que je lui puis dire, c'est que j'ai travaillé cette pièce avec le même soin que toutes mes autres poésies. Une chose pourtant dont il est bon que les Jésuites soient avertis, c'est qu'en attaquant l'Equivoque je n'ai pas pris ce mot dans toute l'étroite rigueur de sa signification grammaticale, le mot d'Equivoque, en ce sens-là, ne voulant dire qu'une ambiguïté de paroles, mais que je l'ai pris comme le prend ordinairement le commun des hommes, pour toutes sortes d'ambiguités de sens, de pensées, d'expressions, et enfin pour tous ces abus et toutes ces méprises de l'esprit humain qui font qu'il prend souvent une chose pour une autre. Et c'est dans ce sens que j'ai dit que l'idolâtrie avoit pris naissance de l'Equivoque ; les hommes, à mon avis, ne pouvant pas s'équivoquer plus lourdement que de prendre des pierres, de l'or et du cuivre, pour Dieu. J'ajouterai à cela que la Providence divine, ainsi que je l'établis clairement dans ma Satire, n'ayant permis chez eux cet horrible aveuglement qu'en punition de ce que leur premier père avoit prêté l'oreille aux promesses du démon, j'ai pu conclure infailliblement que l'idolâtrie est un fruit, ou, pour mieux dire, un véritable enfant de l'Equivoque. Je ne vois donc pas qu'on me puisse faire sur cela aucune bonne critique, et sur-tout ma Satire étant un pur jeu d'esprit, où il seroit ridicule d'exiger une précision géométrique de pensées et de paroles.

Mais il y a une autre objection plus importante et plus considérable, qu'on me fera peut-être au sujet des propositions de morale relâchée que j'attaque dans la derniere partie de mon ouvrage. Car ces propositions ayant été, à ce qu'on prétend, avancées par quantité de théologiens, même célebres, la moquerie que j'en fais peut, dira-t-on, diffamer en quelque sorte ces théologiens, et causer ainsi une espece de scandale dans l'Église. A cela je réponds premièrement qu'il n'y a aucune des propositions que j'attaque qui n'ait été plus d'une fois condamnée par toute l'Église, et tout récemment encore par deux des plus grands Papes qui aient depuis long temps rempli le saint-siege. Je dis en second lieu qu'à l'exemple de ces célebres vicaires de Jésus-Christ, je n'ai point nommé les auteurs de ces propositions ni aucun de ces théologiens dont on dit que je puis causer la diffamation, et contre lesquels même j'avoue que je ne puis rien décider, puisque je n'ai point lu ni ne suis d'humeur à lire leurs écrits : ce qui seroit pourtant absolument nécessaire pour prononcer sur les accusations que l'on forme contre eux, leurs accusateurs pouvant les avoir mal entendus, et s'être trompés dans l'intelligence des passages où ils prétendent que sont ces erreurs dont ils les accusent. Je soutiens en troisieme lieu qu'il est contre la droite raison de penser que je puisse exciter quelque scandale dans l'Église, en traitant de ridicules des propositions rejetées de toute l'Eglise, et plus dignes encore, par leur absurdité, d'être sifflées de tous les fideles, que réfutées sérieusement. C'est ce que je me crois obligé de dire pour me justifier. Que si après cela il se trouve encore quelques Théologiens qui se figurent qu'en décriant ces propositions, j'ai eu en vue de les décrier eux-mêmes, je déclare que cette fausse idée qu'ils ont de moi, ne sauroit venir que des mauvais artifices de l'Equivoque, qui, pour se venger des injures que je lui dis dans ma piece, s'efforce d'intéresser dans sa cause ces Théologiens, en me faisant penser ce que je n'ai pas pensé, et dire ce que je n'ai point dit.

Voilà, ce me semble, bien des paroles, et peut-être trop de paroles employées pour justifier un aussi peu considérable ouvrage qu'est la satire qu'on va voir. Avant néanmoins que de finir, je ne crois pas me pouvoir dispenser

d'apprendre aux lecteurs qu'en attaquant, comme je fais
dans ma satire, ces erreurs, je ne me suis point fié à mes
seules lumieres, mais qu'ainsi que je l'ai pratiqué, il y a
environ dix ans, à l'égard de mon Epître de l'Amour de Dieu,
j'ai non seulement consulté sur mon ouvrage tout ce que
je connois de plus habiles Docteurs, mais que je l'ai donné
à examiner au Prélat de l'Eglise, qui, par l'étendue de ses
connoissances, et par l'éminence de sa dignité, est le plus
capable et le plus en droit de me prescrire ce que je dois
penser sur ces matieres; je veux dire M. le Cardinal de
Noailles, mon Archevêque. J'ajouterai que ce pieux et savant Cardinal a eu trois semaines ma satire entre les mains,
et qu'à mes instantes prieres, après l'avoir lue et relue plus
d'une fois, il me l'a enfin rendue, en me comblant d'éloges,
et m'a assuré qu'il n'y avoit trouvé à redire qu'un seul mot,
que j'ai corrigé sur le champ, et sur lequel je lui ai donné
une entiere satisfaction. Je me flatte donc qu'avec une approbation si authentique, si sûre et si glorieuse, je puis
marcher la tête levée, et dire hardiment des critiques qu'on
pourra faire désormais contre la doctrine de mon ouvrage,
que ce ne sauroient être que de vaines subtilités d'un tas de
misérables sophistes formés dans l'école du mensonge, et
aussi affidés amis de l'Equivoque, qu'opiniâtres ennemis de
Dieu, du bon sens et de la vérité.

SATIRE XII.
SUR L'ÉQUIVOQUE.

On vient de voir dans le Discours précédent ce qui a
donné lieu à la composition de cette Satire : l'Equivoque
n'est point prise ici dans la rigueur de sa signification grammaticale, mais pour toutes sortes d'ambiguités de sens, de
pensées ou d'expressions, qui font souvent prendre une
chose pour une autre. Cette piece fut composée en 1705.

Du langage françois bizarre Hermaphrodite,
De quel genre te faire, Equivoque maudite,
Ou maudit? car sans peine aux Rimeurs hasardeux
L'usage encor, je crois, laisse le choix des deux.

SATIRE XII.

Tu ne me réponds rien. Sors d'ici, fourbe insigne,
Mâle aussi dangereux que femelle maligne,
Qui crois rendre innocens les discours imposteurs ;
Tourment des écrivains, juste effroi des lecteurs ;
Par qui de mots confus sans cesse embarrassée
Ma plume, en écrivant, cherche en vain ma pensée :
Laisse-moi ; va charmer de tes vains agrémens
Les yeux faux et gâtés de tes louches amans ;
Et ne viens point ici de ton ombre grossiere
Envelopper mon style, ami de la lumiere.
Tu sais bien que jamais chez toi, dans mes discours,
Je n'ai d'un faux brillant emprunté le secours :
Fuis donc. Mais non, demeure ; un Démon qui m'inspire
Veut qu'encore une utile et derniere Satire,
De ce pas en mon livre exprimant tes noirceurs,
Se vienne, en nombre pair, joindre à ses onze sœurs ;
Et je sens que ta vue échauffe mon audace.
Viens, approche : voyons, malgré l'âge et sa glace,
Si ma muse aujourd'hui, sortant de sa langueur,
Pourra trouver encore un reste de vigueur.

Mais où tend, dira-t-on, ce projet fantastique ?
Ne vaudroit-il pas mieux dans mes vers, moins caustique,
Répandre de tes jeux le sel divertissant,
Que d'aller contre toi, sur ce ton menaçant,
Pousser jusqu'à l'excès ma critique boutade ?

Je ferois mieux, j'entends, d'imiter Benserade.
C'est par lui qu'autrefois, mise en ton plus beau jour,
Tu sus, trompant les yeux du peuple et de la Cour,
Leur faire, à la faveur de tes bluettes folles,
Goûter comme bons mots tes quolibets frivoles.
Mais ce n'est plus le tems : le Public détrompé
D'un pareil enjoûment ne se sent plus frappé.
Tes bons mots, autrefois délices des ruelles,
Approuvés chez les grands, applaudis chez les belles,
Hors de mode aujourd'hui chez nos plus froids badins,
Sont des collets-montés et des vertugadins [1].

SATIRE XII.

Le lecteur ne sait plus admirer dans Voiture
De ton froid jeu de mots l'insipide figure.
C'est à regret qu'on voit cet Auteur si charmant,
Et pour mille beaux traits vanté si justement,
Chez toi toujours cherchant quelque finesse aiguë,
Présenter au lecteur sa pensée ambiguë,
Et souvent du faux sens d'un proverbe affecté
Faire de son discours la piquante beauté.
 Mais laissons là le tort qu'à ses brillans ouvrages
Fit le plat agrément de tes vains badinages.
Parlons des maux sans fin que ton sens de travers,
Source de toute erreur, sema dans l'univers :
Et, pour les contempler jusque dans leur naissance,
Dès le tems nouveau-né, quand la Toute-Puissance
D'un mot forma le ciel, l'air, la terre et les flots,
N'est-ce pas toi, voyant le monde à peine éclos,
Qui, par l'éclat trompeur d'une funeste pomme,
Et tes mots ambigus, fit croire au premier homme
Qu'il alloit, en goûtant de ce morceau fatal,
Comblé de tout savoir, à Dieu se rendre égal?
Il en fit sur le champ la folle expérience.
Mais tout ce qu'il acquit de nouvelle science,
Fut que, triste et honteux de voir sa nudité,
Il sut qu'il n'étoit plus, grace à sa vanité,
Qu'un chétif animal pétri d'un peu de terre,
A qui la faim, la soif, par-tout faisoient la guerre,
Et qui, courant toujours de malheur en malheur,
A la mort arrivoit enfin par la douleur.
Oui, de tes noirs complots et de ta triste rage
Le genre humain perdu fut le premier ouvrage;
Et, bien que l'homme alors parût si rabaissé,
Par toi contre le ciel un orgueil insensé
Armant de ses neveux la gigantesque engeance,
Dieu résolut enfin, terrible en sa vengeance,
D'abîmer sous les eaux tous ces audacieux.
Mais avant qu'il lâchât les écluses des cieux,

Par un fils de Noé fatalement sauvée,
Tu fus, comme serpent, dans l'arche conservée ;
Et d'abord poursuivant tes projets suspendus,
Chez les mortels restans, encor tout éperdus,
De nouveau tu semas tes captieux mensonges,
Et remplis leurs esprits de fables et de songes.
Tes voiles offusquant leurs yeux de toutes parts,
Dieu disparut lui-même à leurs troubles regards.
   Alors tout ne fut plus que stupide ignorance,
Qu'impiété sans borne en son extravagance :
Puis, de cent dogmes faux la superstition
Répandant l'idolâtre et folle illusion
Sur la terre en tout lieu disposée à les suivre,
L'art se tailla des Dieux d'or, d'argent et de cuivre ;
Et l'artisan lui-même, humblement prosterné
Aux pieds du vain métal par sa main façonné,
Lui demanda les biens, la santé, la sagesse.
Le monde fut rempli de Dieux de toute espece :
On vit le peuple fou qui du Nil boit les eaux
Adorer les serpens, les poissons, les oiseaux ;
Aux chiens, aux chats, aux boucs, offrir des sacrifices;
Conjurer l'ail, l'oignon, d'être à ses vœux propices;
Et croire follement maîtres de ses destins
Ces Dieux nés du fumier porté dans ses jardins.
   Bientôt te signalant par mille faux miracles,
Ce fut toi qui par-tout fis parler les oracles :
C'est par ton double sens dans leurs discours jeté
Qu'ils surent, en mentant, dire la vérité,
Et sans crainte, rendant leurs réponses Normandes,
Des peuples et des rois engloutir les offrandes.
   Ainsi, loin du vrai jour par toi toujours conduit,
L'homme ne sortit plus de son épaisse nuit.
Pour mieux tromper ses yeux, ton adroit artifice
Fit à chaque vertu prendre le nom d'un vice ;
Et par toi, de splendeur faussement revêtu,
Chaque vice emprunta le nom d'une vertu.

Par toi l'humilité devint une bassesse ;
La candeur se nomma grossiéreté, rudesse :
Au contraire, l'aveugle et folle ambition
S'appella des grands cœurs la belle passion ;
Du nom de fierté noble on orna l'impudence,
Et la fourbe passa pour exquise prudence :
L'audace brilla seule aux yeux de l'univers ;
Et pour vraiment héros, chez les hommes pervers,
On ne reconnut plus qu'usurpateurs iniques,
Que tyraniques rois censés grands politiques,
Qu'infâmes scélérats à la gloire aspirans,
Et voleurs revêtus du nom de conquérans.
 Mais à quoi s'attacha ta savante malice ?
Ce fut sur-tout à faire ignorer la justice.
Dans les plus claires loix ton ambiguïté
Répandant son adroite et fine obscurité,
Aux yeux embarrassés des Juges les plus sages
Tout sens devint douteux, tout mot eut deux visages ;
Plus on crut pénétrer, moins on fut éclairci ;
Le texe fut souvent par la glose obscurci :
Et, pour comble de maux, à tes raisons frivoles
L'éloquence prêtant l'ornement des paroles,
Tous les jours accablé sous leur commun effort,
Le vrai passa pour faux, et le bon droit eut tort.
Voilà comme, déchu de sa grandeur premiere,
Concluons, l'homme enfin perdit toute lumière,
Et, par tes yeux trompeurs se figurant tout voir,
Ne vit, ne sut plus rien, ne put plus rien savoir.
 De la raison pourtant, par le vrai Dieu guidée,
Il resta quelque trace encor dans la Judée.
Chez les hommes ailleurs sous ton joug gémissans
Vainement on chercha la vertu, le droit sens:
Car qu'est-ce, loin de Dieu, que l'humaine sagesse ?
Et Socrate, l'honneur de la profane Grece,
Qu'étoit-il en effet, de près examiné,
Qu'un mortel par lui-même au seul mal entraîné,

SATIRE XII.

Et, malgré la vertu dont il faisoit parade,
Très-équivoque ami du jeune Alcibiade?
Oui, j'ose hardiment l'affirmer contre toi,
Dans le monde idolâtre, asservi sous ta loi,
Par l'humaine raison de clarté dépourvue,
L'humble et vraie équité fut à peine entrevue;
Et, par un sage altier, au seul faste attaché,
Le bien même accompli souvent fut un péché.
 Pour tirer l'homme enfin de ce désordre extrême,
Il fallut qu'ici bas Dieu, fait homme lui-même,
Vînt du sein lumineux de l'éternel séjour
De tes dogmes trompeurs dissiper le faux jour.
A l'aspect de ce Dieu les démons disparurent;
Dans Delphes, dans Délos, tes oracles se turent;
Tout marqua, tout sentit sa venue en ces lieux;
L'estropié marcha, l'aveugle ouvrit les yeux.
Mais bientôt contre lui ton audace rebelle,
Chez la nation même à son culte fidelle
De tous côtés arma tes nombreux sectateurs,
Prêtres, pharisiens, rois, pontifes, docteurs.
C'est par eux que l'on vit la Vérité suprême
De mensonge et d'erreur accusée elle-même,
Au tribunal humain le Dieu du ciel traîné,
Et l'auteur de la vie à mourir condamné.
Ta fureur toutefois à ce coup fut déçue,
Et pour toi ton audace eut une triste issue.
Dans la nuit du tombeau ce Dieu précipité
Se releva soudain tout brillant de clarté;
Et par tout sa doctrine en peu de tems portée
Fut du Gange et du Nil et du Tage écoutée;
Des superbes autels, à leur gloire dressés,
Tes ridicules Dieux tomberent renversés.
On vit en mille endroits leurs honteuses statues
Pour le plus bas usage utilement fondues,
Et gémir vainement, Mars, Jupiter, Vénus,
Urnes, vases, trépieds, vils meubles devenus.

SATIRE XII.

Sans succomber pourtant tu soutins cet orage,
Et, sur l'idolâtrie enfin perdant courage,
Pour embarrasser l'homme en des nœuds plus subtils,
Tu courus chez Satan brouiller de nouveaux fils.
  Alors, pour seconder ta triste frénésie,
Arriva de l'enfer ta fille l'Hérésie :
Ce monstre, dès l'enfance à ton école instruit,
De tes leçons bientôt te fit goûter le fruit.
Par lui l'erreur, toujours finement apprêtée,
Sortant pleine d'attraits de sa bouche empestée,
De son mortel poison tout courut s'abreuver,
Et l'Eglise elle-même eut peine à s'en sauver.
Elle-même deux fois, presque toute Arienne,
Sentit chez soi trembler la vérité chrétienne,
Lorsqu'attaquant le Verbe et sa divinité,
D'une syllabe impie un saint mot augmenté
Remplit tous les esprits d'aigreurs si meurtrieres,
Et fit du sang chrétien couler tant de rivieres.
Le fidele, au milieu de ces troubles confus
Quelque temps égaré, ne se reconnut plus :
Et dans plus d'un aveugle et ténébreux concile
Le mensonge parut vainqueur de l'Evangile.
  Mais à quoi bon ici du profond des enfers,
Nouvel historien de tant de maux soufferts,
Rappeller Arius, Valentin et Pélage,
Et tous ces fiers démons que toujours d'âge en âge
Dieu, pour faire éclaircir à fond ses vérités,
A permis qu'aux chrétiens l'enfer ait suscités ?
Laissons hurler là-bas tous ces damnés antiques,
Et bornons nos regards aux troubles fanatiques
Que ton horrible fille ici sut émouvoir,
Quand Luther et Calvin, remplis de ton savoir,
Et soi-disant choisis pour réformer l'Eglise,
Vinrent du célibat affranchir la Prêtrise,
Et, des vœux les plus saints blâmant l'austérité,
Aux moines las du joug rendre la liberté.

6

Alors n'admettant plus d'autorité visible,
Chacun fut de la foi censé juge infaillible;
Et, sans être approuvé par le Clergé Romain,
Tout Protestant fut Pape, une Bible à la main.
De cette erreur dans peu naquirent plus de sectes
Qu'en Automne on ne voit de bourdonnans insectes
Fondre sur les raisins nouvellement mûris,
Ou qu'en toutes saisons sur les murs, à Paris,
On ne voit affichés de recueils d'amourettes,
De vers, de contes bleus, de frivoles sornettes,
Souvent peu recherchés du public nonchalant,
Mais vantés à coup sûr du Mercure Galant.
Ce ne fut plus par-tout que fous Anabaptistes,
Qu'orgueilleux Puritains, qu'exécrables Déistes;
Le plus vil artisan eut ses dogmes à soi,
Et chaque chrétien fut de différente loi.
La discorde, au milieu de ces sectes altieres,
En tout lieu cependant déploya ses bannieres;
Et ta fille, au secours des vains raisonnemens
Appellant le ravage et les embrasemens,
Fit, en plus d'un pays, aux villes désolées
Sous l'herbe en vain chercher leurs Eglises brûlées.
L'Europe fut un champ de massacre et d'horreur:
Et l'orthodoxe même, aveugle en sa fureur,
De tes dogmes trompeurs nourrissant son idée,
Oublia la douceur aux chrétiens commandée;
Et crut, pour venger Dieu de ses fiers ennemis,
Tout ce que Dieu défend légitime et permis.
Au signal tout-à-coup donné pour le carnage,
Dans les villes, par-tout, théâtres de leur rage,
Cent mille faux zélés, le fer en main courans,
Allerent attaquer leurs amis, leurs parens,
Et, sans distinction, dans tout sein hérétique,
Pleins de joie enfoncer un poignard catholique:
Car quel lion, quel tigre égale en cruauté
Une injuste fureur qu'arme la piété?

SATIRE XII.

Ces fureurs, jusqu'ici du vain peuple admirées,
Etoient pourtant toujours de l'Eglise abhorrées ;
Et, dans ton grand crédit pour te bien conserver,
Il falloit que le ciel parût les approuver :
Ce chef-d'œuvre devoit couronner ton adresse.
Pour y parvenir donc, ton active souplesse,
Dans l'école abusant tes grossiers écrivains,
Fit croire à leurs esprits ridiculement vains
Qu'un sentiment impie, injuste, abominable,
Par deux ou trois d'entre eux réputé soutenable,
Prenoit chez eux un sceau de probabilité
Qui même contre Dieu lui donnoit sûreté ;
Et qu'un chrétien pouvoit, rempli de confiance,
Même en le condamnant, le suivre en conscience.
C'est sur ce beau principe, admis si follement,
Qu'aussi-tôt tu posas l'énorme fondement
De la plus dangereuse et terrible morale
Que Lucifer, assis dans la chaire infernale,
Vomissant contre Dieu ses monstrueux sermons,
Ait jamais enseignée aux novices démons.
Soudain, au grand honneur de l'Ecole payenne,
On entendit prêcher dans l'Eglise chrétienne
Que sous le joug du vice un pécheur abattu
Pouvoit, sans aimer Dieu ni même la vertu,
Par la seule frayeur au sacrement unie,
Admis au ciel, jouir de la gloire infinie ;
Et que, les clefs en main, sur ce seul passeport,
Saint Pierre à tous venans devoit ouvrir d'abord.
Ainsi, pour éviter l'éternelle misere
Le vrai zele chrétien n'étant plus nécessaire,
Tu sus, dirigeant bien en eux l'intention,
De tout crime laver la coupable action.
Bientôt se parjurer cessa d'être un parjure ;
L'argent à tout denier se prêta sans usure ;
Sans simonie, on put contre un bien temporel
Hardiment échanger un bien spirituel ;

6.

Du soin d'aider le pauvre on dispensa l'avare ;
Et même chez les rois le superflu fut rare.
C'est alors qu'on trouva, pour sortir d'embarras,
L'art de mentir tout haut en disant vrai tout bas.
C'est alors qu'on apprit qu'avec un peu d'adresse
Sans crime un prêtre peut vendre trois fois sa Messe;
Pourvu que, laissant là son salut à l'écart,
Lui-même en la disant n'y prenne aucune part :
C'est alors que l'on sut qu'on peut pour une pomme,
Sans blesser la justice, assassiner un homme.
Assassiner ! Ah! non, je parle improprement;
Mais que, prêt à la perdre, on peut innocemment,
Sur-tout ne la pouvant sauver d'une autre sorte,
Massacrer le voleur qui fuit et qui l'emporte.
Enfin ce fut alors que, sans se corriger,   (ger?
Tout pécheur... Mais où vais-je aujourd'hui m'enga-
Veux-je d'un pape illustre, armé contre tes crimes,
A tes yeux mettre ici toute la bulle en rimes;
Exprimer tes détours burlesquement pieux
Pour disculper l'impur, le gourmand, l'envieux;
Tes subtils faux-fuyans, pour sauver la mollesse,
Le larcin, le duel, le luxe, la paresse ;
En un mot, faire voir à fond développés
Tous ces dogmes affreux d'anathême frappés,
Que, sans peur débitant tes distinctions folles,
L'erreur encor pourtant maintient dans tes écoles?

 Mais sur ce seul projet soudain puis-je ignorer
A quels nombreux combats il faut me préparer?
J'entends déjà d'ici tes docteurs frénétiques
Hautement me compter au rang des hérétiques ;
M'appeler scélérat, traître, fourbe, imposteur,
Froid plaisant, faux bouffon, vrai calomniateur;
De Pascal, de Wendrock, copiste misérable;
Et, pour tout dire enfin, janséniste exécrable.
J'aurai beau condamner, en tous sens expliqués,
Les cinq dogmes fameux par ta main fabriqués,

SATIRE XII.

Blâmer de tes Docteurs la morale risible :
C'est, selon eux, prêcher un calvinisme horrible ;
C'est nier qu'ici-bas par l'amour appelé,
Dieu pour tous les humains voulut être immolé.
   Prévenons tout ce bruit : trop tard, dans le naufrage,
Confus on se repent d'avoir bravé l'orage.
Halte là donc, ma plume. Et toi, sors de ces lieux,
Monstre, à qui, par un trait des plus capricieux,
Aujourd'hui terminant ma course satirique,
J'ai prêté dans mes vers une ame allégorique.
Fuis, va chercher ailleurs tes patrons bien-aimés,
Dans ces pays par toi rendus si renommés
Où l'Orne épand ses eaux, et que la Sarthe arrose [2] ;
Ou, si plus sûrement tu veux gagner ta cause,
Porte-la dans Trévoux, à ce beau tribunal,
Où de nouveaux Midas un Sénat Monacal,
Tous les mois, appuyé de ta sœur l'Ignorance,
Pour juger Apollon tient, dit-on, sa séance.

---

  1 Les Collets-montés et les vertugadins étoient anciennement des pieces de l'habillement des femmes.

  2 Près du Mans..... pays de Sapience,
    Gens pesant l'air, fine fleur de Normand, etc. LA FONT.

ÉPITRES.

ÉPITRE PREMIERE.

AU ROI.

L'Auteur dépeint dans cette Epître les douceurs et les avantages de la Paix. Cette pièce fut composée en 1669, pour seconder les intentions de M. Colbert, qui, toujours attentif au progrès des arts et des sciences, voyoit avec peine que le Roi pensoit à rompre la paix qui avoit été heureusement conclue à Aix-la-Chapelle l'année précédente.

GRAND ROI, c'est vainement qu'abjurant la Satire
Pour toi seul désormais j'avois fait vœu d'écrire.
Dès que je prends la plume, Apollon éperdu
Semble me dire : Arrête, insensé : que fais-tu ?
Sais-tu dans quels périls aujourd'hui tu t'engages ?
Cette mer où tu cours est célebre en naufrages.
Ce n'est pas qu'aisément, comme un autre, à ton char
Je ne pusse attacher *Alexandre* et *César;*
Qu'aisément je ne pusse, en quelque ode insipide,
T'exalter aux dépens et de *Mars* et d'*Alcide;*
Te livrer le *Bosphore*, et, d'un vers incivil,
Proposer au *Sultan* de Te céder le *Nil :*
Mais, pour Te bien louer, une raison sévere
Me dit qu'il faut sortir de la route vulgaire ;
Qu'après avoir joué tant d'auteurs différens,
Phébus même auroit peur s'il entroit sur les rangs;
Que par des vers tout-neufs, avoués du Parnasse,
Il faut de mes dégoûts justifier l'audace ;
Et, si ma muse enfin n'est égale à mon Roi,
Que je prête aux Cotins des armes contre moi.

Est-ce là cet auteur, l'effroi de la Pucelle,
Qui devoit des bons vers nous tracer le modele,
Ce censeur, diront-ils, qui nous réformoit tous?
Quoi! ce critique affreux n'en sait pas plus que nous!
N'avons-nous pas cent fois, en faveur de la France,
Comme lui, dans nos vers, pris *Memphis* et *Byzance*,
Sur les bords de l'*Euphrate* abattu le *Turban*,
Et coupé, pour rimer, *Les Cedres du Liban*?
De quel front aujourd'hui vient-il sur nos brisées,
Se revêtir encor de nos phrases usées?

Que répondrois-je alors? Honteux et rebuté,
J'aurois beau me complaire en ma propre beauté,
Et, de mes tristes vers admirateur unique,
Plaindre, en les relisant, l'ignorance publique:
Quelque orgueil en secret dont s'aveugle un auteur,
Il est fâcheux, GRAND ROI, de se voir sans lecteur,
Et d'aller du récit de ta gloire immortelle,
Habiller chez Francœur [1] le sucre et la cannelle.
Ainsi, craignant toujours un funeste accident,
J'imite de Conrart [2] le silence prudent:
Je laisse aux plus hardis l'honneur de la carriere,
Et regarde le champ, assis sur la barriere.

Malgré moi toutefois un mouvement secret
Vient flatter mon esprit qui se tait à regret.
Quoi! dis-je tout chagrin, dans ma verve infertile,
Des vertus de mon Roi spectateur inutile,
Faudra-t-il sur sa gloire attendre à m'exercer
Que ma tremblante voix commence à se glacer?
Dans un si beau projet, si ma muse rebelle
N'ose le suivre aux champs de Lille et de Bruxelle [3],
Sans le chercher aux bords de l'Escaut et du Rhin,
La paix l'offre à mes yeux plus calme et plus serein.
Oui, GRAND ROI, laissons là les siéges, les batailles:
Qu'un autre aille en rimant renverser des murailles;
Et souvent, sur tes pas marchant sans ton aveu,
S'aille couvrir de sang, de poussiere et de feu.

ÉPITRE I.

A quoi bon, d'une muse au carnage animée,
Echauffer ta valeur déjà trop allumée?
Jouissons à loisir du fruit de tes bienfaits,
Et ne nous lassons point des douceurs de la paix.
    Pourquoi ces éléphans, ces armes, ce bagage,
Et ces vaisseaux tout prêts à quitter le rivage?
Disoit au roi Pyrrhus un sage confident,
Conseiller très-sensé, d'un roi très-imprudent.
Je vais, lui dit ce prince, à Rome où l'on m'appelle.
Quoi faire? L'assiéger. L'entreprise est fort belle,
Et digne seulement d'Alexandre ou de vous :
Mais, Rome prise enfin, Seigneur, où courons-nous?
Du reste des Latins la conquête est facile.
Sans doute, on les peut vaincre : est-ce tout? La Sicile
De là nous tend les bras, et bientôt sans effort
Syracuse reçoit nos vaisseaux dans son port.
Bornez-vous là vos pas? Dès que nous l'aurons prise,
Il ne faut qu'un bon vent, et Carthage est conquise.
Les chemins sont ouverts : qui peut nous arrêter?
Je vous entends, Seigneur, nous allons tout dompter:
Nous allons traverser les sables de Lybie,
Asservir en passant l'Egypte, l'Arabie,
Courir delà le Gange en de nouveaux pays,
Faire trembler le Scythe aux bords du Tanaïs,
Et ranger sous nos loix tout ce vaste hémisphère.
Mais, de retour enfin, que prétendez-vous faire?
Alors, cher Cinéas, victorieux, contens,
Nous pourrons rire à l'aise, et prendre du bon tems.
Hé, Seigneur, dès ce jour, sans sortir de l'Epire,
Du matin jusqu'au soir qui vous défend de rire?
Le conseil étoit sage, et facile à goûter :
Pyrrhus vivoit heureux s'il eût pu l'écouter.
Mais à l'ambition d'opposer la prudence,
C'est aux prélats de cour prêcher la résidence.
    Ce n'est pas que mon cœur du travail ennemi,
Approuve un fainéant sur le trône endormi ;

EPITRE I.

Mais, quelques vains lauriers que promette la guerre,
On peut être héros sans ravager la terre.
Il est plus d'une gloire. En vain' aux conquérans
L'erreur parmi les rois donne les premiers rangs ;
Entre les grands héros ce sont les plus vulgaires.
Chaque siecle est fécond en heureux téméraires ;
Chaque climat produit des favoris de Mars ;
La Seine a des Bourbons, le Tibre a des Césars :
On a vu mille fois des fanges Méotides
Sortir des conquérans, Goths, Vandales, Gépides.
Mais un roi vraiment roi, qui, sage en ses projets,
Sache en un calme heureux maintenir ses sujets,
Qui du bonheur public ait cimenté sa gloire,
Il faut pour le trouver courir toute l'histoire.
La terre compte peu de ces rois bienfaisans :
Le ciel à les former se prépare long-tems.
Tel fut cet Empereur [4] sous qui Rome adorée
Vit renaître les jours de Saturne et de Rhée ;
Qui rendit de son joug l'univers amoureux ;
Qu'on n'alla jamais voir sans revenir heureux ;
Qui soupiroit le soir, si sa main fortunée
N'avoit par ses bienfaits signalé la journée.
Le cours ne fut pas long d'un empire si doux !
  Mais où cherché-je ailleurs ce qu'on trouve chez nous?
GRAND ROI, sans recourir aux histoires antiques,
Ne t'avons-nous pas vu dans les plaines Belgiques,
Quand l'ennemi vaincu, désertant ses remparts,
Au-devant de ton joug couroit de toutes parts,
Toi-même te borner, au fort de ta victoire,
Et chercher dans la paix une plus juste gloire [5]?
Ce sont là les exploits que tu dois avouer ;
Et c'est par-là, GRAND ROI, que je te veux louer.
Assez d'autres sans moi, d'un style moins timide,
Suivront au champ de Mars ton courage rapide ;
Iront de ta valeur effrayer l'univers,
Et camper devant Dole au milieu des hivers [6].

EPITRE I.

Pour moi, loin des combats, sur un ton moins terrible,
Je dirai les exploits de ton regne paisible :
Je peindrai les plaisirs en foule renaissans;
Les oppresseurs du peuple à leur tour gémissans.
On verra par quels soins ta sage prévoyance
Au fort de la famine entretint l'abondance [7] :
On verra les abus par ta main réformés [2];
La licence et l'orgueil en tous lieux réprimés;
Du débris des traitans ton épargne grossie;
Des subsides affreux la rigueur adoucie;
Le soldat, dans la paix, sage et laborieux;
Nos artisans grossiers rendus industrieux;
Et nos voisins frustrés de ces tributs serviles
Que payoit à leur art le luxe de nos villes.
Tantôt je tracerai tes pompeux bâtimens,
Du loisir d'un héros nobles amusemens.
J'entends déjà frémir les deux mers étonnées,
De voir leurs flots unis aux pieds des Pyrénées.
Déjà de tous côtés la chicane aux abois
S'enfuit au seul aspect de tes nouvelles loix.
Oh! que ta main par-là va sauver de pupilles!
Que de savans plaideurs désormais inutiles!
Qui ne sent point l'effet de tes soins généreux?
L'univers sous ton regne a-t-il des malheureux?
Est-il quelque vertu, dans les glaces de l'Ourse,
Ni dans ces lieux brûlés où le jour prend sa source,
Dont la triste indigence ose encore approcher,
Et qu'en foule tes dons d'abord n'aillent chercher ?
C'est par toi qu'on va voir les muses enrichies
De leur longue disette à jamais affranchies.
GRAND ROI, poursuis toujours, assure leur repos.
Sans elles un héros n'est pas long-tems héros :
Bientôt, quoi qu'il ait fait, la mort, d'une ombre noire,
Enveloppe avec lui son nom et son histoire.
En vain, pour s'exempter de l'oubli du cercueil,
Achille mit vingt fois tout Ilion en deuil;

En vain, malgré les vents, aux bords de l'Hespérie
Enée enfin porta ses dieux et sa patrie :
Sans le secours des vers, leurs noms tant publiés
Seroient depuis mille ans avec eux oubliés.
Non, à quelques hauts faits que ton destin t'appelle,
Sans le secours soigneux d'une muse fidelle,
Pour t'immortaliser tu fais de vains efforts :
Apollon te la doit : ouvre-lui tes trésors.
En Poëtes fameux rends nos climats fertiles :
Un Auguste aisément peut faire des Virgiles.
Que d'illustres témoins de ta vaste bonté
Vont pour Toi déposer à la postérité !
  Pour moi, qui, sur ton nom déjà brûlant d'écrire,
Sens au bout de ma plume expirer la satire,
Je n'ose de mes vers vanter ici le prix.
Toutefois, si quelqu'un de mes foibles écrits
Des ans injurieux peut éviter l'outrage,
Peut-être pour ta gloire aura-t-il son usage ;
Et comme tes exploits, étonnant les lecteurs,
Seront à peine crus sur la foi des auteurs ;
Si quelque esprit malin les veut traiter de fables,
On dira quelque jour pour les rendre croyables :
Boileau, qui, dans ses vers pleins de sincérité,
Jadis à tout son siècle a dit la vérité,
Qui mit à tout blâmer son étude et sa gloire,
A pourtant de ce Roi parlé comme l'Histoire.

---

1 Epicier de la Maison du Roi.

2 C'est chez lui que commencèrent les Assemblées qui donnèrent naissance à l'Académie Françoise, dont il fut le premier Secrétaire. Cet Académicien mourut sans avoir rien publié.

3 Campagne de Flandres, faite par le Roi en 1667.

4 *Titus.* AMICI, DIEM PERDIDI.

5 Paix de 1668.

6 Le Roi venoit de conquérir la Franche-Comté en plein hiver.

7 En 1663.

8 Le Poëte va célébrer ici les différents bienfaits du Roi, tels que le Duel aboli ; les Édits contre le Luxe ; l'Établissement de la Police ; la Création de la *Chambre de Justice ;* les Tailles diminuées de quatre millions ; les Soldats employés aux travaux publics ; l'Etablissement de la Manufacture des Tapisseries aux Gobelins en 1665, de celles des Glaces en 1666, de celle des Points de France ; le Canal de Languedoc qui joint la Méditerranée à l'Océan ; l'Ordonnance de 1665 ; et les Pensions accordées, en 1663, à beaucoup de Gens de Lettres dans toute l'Europe.

ÉPITRE II.
A M. L'ABBÉ DES ROCHES.

La principale raison pour laquelle l'Auteur composa cette Épître, fut pour conserver la fable de l'Huître et des Plaideurs, qu'il avoit retranchée de l'Épître précédente. Il y décrit en peu de mots la sottise de ceux qui ont la fureur de plaider.

A quoi bon réveiller mes muses endormies,
Pour tracer aux auteurs des regles ennemies?
Penses-tu qu'aucun d'eux veuille subir mes loix,
Ni suivre une raison qui parle par ma voix?
O le plaisant Docteur, qui, sur les pas d'Horace,
Vient prêcher, diront-ils, la réforme au Parnasse!
Nos écrits sont mauvais, les siens valent-ils mieux?
J'entends déjà d'ici Liniere[1] furieux, (terme.
Qui m'appelle au combat sans prendre un plus long
De l'encre, du papier! dit-il ; qu'on nous enferme!
Voyons qui de nous deux, plus aisé dans ses vers,
Aura plutôt rempli la page et le revers!
Moi donc, qui suis peu fait à ce genre d'escrime,
Je le laisse tout seul verser rime sur rime,
Et, souvent de dépit contre moi s'exerçant,
Punir de mes défauts le papier innocent.

Mais toi, qui ne crains point qu'un rimeur te noircisse,
Que fais-tu cependant seul en ton bénéfice?
Attends-tu qu'un fermier, payant, quoiqu'un peu tard,
De ton bien pour le moins daigne te faire part?
Vas-tu, grand défenseur des droits de ton église,
De tes moines mutins réprimer l'entreprise?
Crois-moi, dût Auzanet [2] t'assurer du succès,
Abbé, n'entreprends point même un juste procès.
N'imite point ces fous dont la sotte avarice
Va de ses revenus engraisser la Justice;
Qui, toujours assignant, et toujours assignés,
Souvent demeurent gueux de vingt procès gagnés.
Soutenons bien nos droits : sot est celui qui donne:
C'est ainsi devers [3] Caen que tout Normand raisonne;
Ce sont là les leçons dont un pere Manseau
Instruit son fils novice au sortir du berceau.
Mais pour toi, qui, nourri bien en deçà de l'Oise,
As sucé la vertu Picarde et Champenoise,
Non, non, tu n'iras point, ardent bénéficier,
Faire enrouer pour toi Corbin ni Le Mazier. [4]
Toutefois, si jamais quelque ardeur bilieuse
Allumoit dans ton cœur l'humeur litigieuse,
Consulte-moi d'abord; et, pour la réprimer,
Retiens bien la leçon que je te vais rimer :
   Un jour, dit un auteur, n'importe en quel chapitre,
Deux voyageurs à jeun rencontrerent une huître.
Tous deux la contestoient, lorsque dans leur chemin
La Justice passa, la balance à la main.
Devant elle à grand bruit ils expliquent la chose :
Tous deux avec dépens veulent gagner leur cause.
La Justice, pesant ce droit litigieux,
Demande l'huître, l'ouvre, et l'avale à leurs yeux;
Et par ce bel arrêt terminant la bataille :
Tenez; voilà, dit-elle, à chacun, une écaille.
Des sottises d'autrui nous vivons au Palais.
Messieurs, l'huître étoit bonne. Adieu. Vivez en paix.

1 Liniere avoit beaucoup de facilité à faire des vers médiocres.

2 Fameux Avocat au Parlement de Paris.

3 Espèce de Normanisme ; un Normand de Caen même, dit ordinairement : *Je suis devers Caen*, et non pas : *Je suis de Caen.*

4 Avocats criards, qui se chargeoient souvent de mauvaises causes.

ÉPITRE III.

A M. ARNAULD.

Le sujet de cette Épître est *la mauvaise honte qui empêche le retour vers le bien, lorsqu'on s'en est une fois écarté.* Elle fut composée en 1673.

Oui, sans peine, au travers des sophismes de Claude,
Arnauld [1], des novateurs tu découvres la fraude,
Et romps de leurs erreurs les filets captieux.
Mais que sert que ta main leur décille les yeux,
Si toujours dans leur ame une pudeur rebelle,
Près d'embrasser l'Eglise, au prêche les rappelle?
Non, ne crois pas que Claude, habile à se tromper,
Soit insensible aux traits dont tu le sais frapper :
Mais un démon l'arrête, et, quand ta voix l'attire,
Lui dit : Si tu te rends, sais-tu ce qu'on va dire?
Dans son heureux retour lui montre un faux malheur,
Lui peint de Charenton l'hérétique douleur;
Et, balançant Dieu même en son ame flottante,
Fait mourir dans son cœur la vérité naissante.
Des superbes mortels le plus affreux lien,
N'en doutons point, Arnauld, c'est la honte du bien.
Des plus nobles vertus cette adroite ennemie
Peint l'honneur à nos yeux des traits de l'infamie;

Asservit nos esprits sous un joug rigoureux,
Et nous rend l'un de l'autre esclaves malheureux.
Par elle la vertu devient lâche et timide.
Vois-tu ce libertin en public intrépide,
Qui prêche contre un Dieu que dans son ame il croit?
Il iroit embrasser la vérité qu'il voit;
Mais de ses faux amis il craint la raillerie,
Et ne brave ainsi Dieu que par poltronnerie.
 C'est là de tous nos maux le fatal fondement,
Des jugemens d'autrui nous tremblons follement;
Et, chacun l'un de l'autre adorant les caprices,
Nous cherchons hors de nous nos vertus et nos vices.
Misérables jouets de notre vanité,
Faisons au moins l'aveu de notre infirmité.
A quoi bon, quand la fievre en nos arteres brûle,
Faire de notre mal un secret ridicule?
Le feu sort de vos yeux pétillans et troublés,
Votre pouls inégal marche à pas redoublés;
Quelle fausse pudeur à feindre vous oblige?
Qu'avez-vous? Je n'ai rien. Mais...... Je n'ai rien, vous
Répondra ce malade à se taire obstiné. (dis-je,
Mais cependant voilà tout son corps gangrené;
Et la fievre, demain se rendant la plus forte,
Un bénitier aux pieds va l'étendre à la porte.
Prévenons sagement un si juste malheur.
Le jour fatal est proche et vient comme un voleur.
Avant qu'à nos erreurs le ciel nous abandonne,
Profitons de l'instant que de grace il nous donne.
Hâtons-nous; le tems fuit, et nous traine avec soi:
Le moment où je parle est déjà loin de moi.
 Mais quoi! toujours la honte en esclaves nous lie!
Oui, c'est toi qui nous perds, ridicule folie:
C'est toi qui fis tomber le premier malheureux,
Le jour que, d'un faux bien sottement amoureux,
Et n'osant soupçonner sa femme d'imposture,
Au démon, par pudeur, il vendit la nature.

Hélas ! avant ce jour qui perdit ses neveux,
Tous les plaisirs couroient au-devant de ses vœux.
La faim aux animaux ne faisoit point la guerre :
Le bled, pour se donner, sans peine ouvrant la terre,
N'attendoit point qu'un bœuf pressé de l'aiguillon
Traçât à pas tardifs un pénible sillon :
La vigne offroit par-tout des grappes toujours pleines,
Et des ruisseaux de lait serpentoient dans les plaines.
Mais dès ce jour Adam, déchu de son état,
D'un tribut de douleurs paya son attentat.
Il fallut qu'au travail son corps rendu docile
Forçât la terre avare à devenir fertile.
Le chardon importun hérissa les guérêts ;
Le serpent venimeux rampa dans les forêts ;
La canicule en feu désola les campagnes ;
L'aquilon en fureur gronda sur les montagnes.
Alors, pour se couvrir durant l'âpre saison,
Il fallut aux brebis dérober leur toison.
La peste en même tems, la guerre et la famine,
Des malheureux humains jurerent la ruine.
 Mais aucun de ces maux n'égala les rigueurs
Que la mauvaise honte exerça dans les cœurs.
De ce nid à l'instant sortirent tous les vices.
L'avare, des premiers en proie à ses caprices,
Dans un infâme gain mettant l'honnêteté,
Pour toute honte alors compta la pauvreté :
L'honneur et la vertu n'oserent plus paroître ;
La piété chercha les déserts et le cloître.
Depuis on n'a point vu de cœur si détaché,
Qui par quelque lien ne tînt à ce péché.
Triste et funeste effet du premier de nos crimes !
Moi-même, ARNAULD, ici, qui te prêche en ces rimes,
Plus qu'aucun des mortels par la honte abattu,
En vain j'arme contre elle une foible vertu.
Ainsi toujours douteux, chancelant et volage,
A peine du limon où le vice m'engage

J'arrache un pied timide, et sors en m'agitant,
Que l'autre m'y reporte, et s'embourbe à l'instant.
Car si, comme aujourd'hui, quelque rayon de zele
Allume dans mon cœur une clarté nouvelle,
Soudain, aux yeux d'autrui s'il faut la confirmer,
D'un geste, d'un regard, je me sens alarmer;
Et, même sur ces vers que je te viens d'écrire,
Je tremble en ce moment de ce que l'on va dire.

---

1. Il étoit alors occupé à écrire contre Jean-Claude, savant Ministre de Charenton, où ceux de la R. P. R. avoient un temple.

EPITRE IV.
AU ROI.

Le sujet de cette Epître est la campagne de 1672. Parmi les événemens qui la rendirent si glorieuse au Roi, le Poëte choisit le passage du Rhin par l'armée de France, le 12 Juin 1672, comme le sujet le plus brillant et par conséquent le plus susceptible des ornemens de la poésie. Cette pièce fut imprimée au mois d'Août 1672.

En vain pour te louer ma muse toujours prête
Vingt fois de la Hollande a tenté la conquête:
Ce pays, où cent murs n'ont pu te résister,
Grand Roi, n'est pas en vers si facile à dompter.
Des Villes que tu prends les noms durs et barbares
N'offrent de toutes parts que syllabes bizarres;
Et, l'oreille effrayée, il faut depuis l'Issel,
Pour trouver un beau mot, courir jusqu'au Tessel.
Oui, par-tout de son nom chaque place munie
Tient bon contre le vers, en détruit l'harmonie.
Et qui peut sans frémir aborder Woërden?
Quel vers ne tomberoit au seul nom de Heusden?

ÉPITRE IV.

Quelle muse à rimer en tous lieux disposée
Oseroit approcher des bords du Zuiderzée?
Comment en vers heureux assiéger Doësbourg,
Zutphen, Wageninghen, Harderwic, Knotzembourg?
Il n'est fort, entre ceux que tu prends par centaines,
Qui ne puisse arrêter un rimeur six semaines :
Et par-tout sur le Whal, ainsi que sur le Leck,
Le vers est en déroute, et le poëte à sec.

   Encor si tes exploits, moins grands et moins rapides,
Laissoient prendre courage à nos muses timides,
Peut-être avec le tems, à force d'y rêver,
Par quelque coup de l'art nous pourrions nous sauver.
Mais dès qu'on veut tenter cette vaste carrière,
Pégase s'effarouche et recule en arrière :
Mon Apollon s'étonne ; et Nimegue est à Toi,
Que ma muse est encore au camp devant Orsoi.

   Aujourd'hui toutefois mon zele m'encourage :
Il faut au moins du Rhin tenter l'heureux passage.
Un trop juste devoir veut que nous l'essayions.
Muses, pour le tracer cherchez tous vos crayons.
Car, puisqu'en cet exploit tout paroît incroyable,
Que la vérité pure y ressemble à la fable,
De tous vos ornemens vous pouvez l'égayer.
Venez donc, et sur-tout gardez bien d'ennuyer :
Vous savez des grands vers les disgraces tragiques ;
Et souvent on ennuie en termes magnifiques.

   Au pied du mont Adule [1], entre mille roseaux,
Le Rhin tranquille, et fier du progrès de ses eaux,
Appuyé d'une main sur son urne penchante,
Dormoit au bruit flatteur de son onde naissante :
Lorsqu'un cri tout-à-coup suivi de mille cris
Vient d'un calme si doux retirer ses esprits.
Il se trouble, il regarde, et par-tout sur ses rives
Il voit fuir à grands pas ses Naïades craintives,
Qui toutes accourant vers leur humide roi
Par un récit affreux redoublent son effroi.

EPITRE IV.

Il apprend qu'un héros, conduit par la victoire,
A de ses bords fameux flétri l'antique gloire;
Que Rhinberg et Wesel, terrassés en deux jours,
D'un joug déjà prochain menacent tout son cours.
Nous l'avons vu, dit l'une, affronter la tempête
De cent foudres d'airain tournés contre sa tête.
Il marche vers Tholus, et tes flots en courroux
Au prix de sa fureur, sont tranquilles et doux.
Il a de Jupiter la taille et le visage;
Et, depuis ce Romain² dont l'insolent passage
Sur un pont en deux jours trompa tous tes efforts,
Jamais rien de si grand n'a paru sur tes bords.
  Le Rhin tremble et frémit à ces tristes nouvelles;
Le feu sort à travers ses humides prunelles:
« C'est donc trop peu, dit-il, que l'Escaut en deux mois
» Ait appris à couler sous de nouvelles lois;
» Et de mille remparts mon onde environnée
» De ces fleuves sans nom suivra la destinée!
» Ah! périssent mes eaux, ou par d'illustres coups
» Montrons qui doit céder des mortels ou de nous».
  A ces mots, essuyant sa barbe limoneuse,
Il prend d'un vieux guerrier la figure poudreuse.
Son front cicatrisé rend son air furieux;
Et l'ardeur du combat étincelle en ses yeux.
En ce moment il part; et, couvert d'une nue,
Du fameux fort de Skink prend la route connue.
Là, contemplant son cours, il voit de toutes parts
Ses pâles défenseurs par la frayeur épars:
Il voit cent bataillons qui, loin de se défendre,
Attendent sur des murs l'ennemi pour se rendre.
Confus, il les aborde; et renforçant sa voix:
« Grands arbitres, dit-il, des querelles des rois,
» Est-ce ainsi que votre ame, aux périls aguerrie,
» Soutient sur ces remparts l'honneur et la patrie³?
» Votre ennemi superbe, en cet instant fameux,
» Du Rhin, près de Tholus, fend les flots écumeux:

7.

ÉPITRE IV.

» Du moins en vous montrant sur la rive opposée,
» N'oseriez-vous saisir une victoire aisée ?
» Allez, vils combattans, inutiles soldats ;
» Laissez là ces mousquets trop pesans pour vos bras ;
» Et, la faux à la main, parmi vos marécages,
» Allez couper vos joncs, et presser vos laitages ;
» Ou, gardant les seuls bords qui vous peuvent couvrir,
» Avec moi, de ce pas, venez vaincre ou mourir ».
   Ce discours d'un guerrier que la colere enflamme
Ressuscite l'honneur déjà mort en leur ame ;
Et, leurs cœurs s'allumant d'un reste de chaleur,
La honte fait en eux l'effet de la valeur.
Ils marchent droit au fleuve, où LOUIS en personne,
Déjà prêt à passer, instruit, dispose, ordonne.
Par son ordre Grammont le premier dans les flots
S'avance soutenu des regards du héros :
Son coursier, écumant sous son maître intrépide,
Nage tout orgueilleux de la main qui le guide.
Revel le suit de près : sous ce chef redouté
Marche des Cuirassiers l'escadron indompté.
Mais déjà devant eux une chaleur guerriere
Emporte loin du bord le bouillant Lesdiguiere,
Vivonne, Nantouillet, et Coislin et Salart ;
Chacun d'eux au péril veut la premiere part :
Vendôme, que soutient l'orgueil de sa naissance,
Au même instant dans l'onde impatient s'élance :
La Salle, Beringhen, Nogent, d'Ambre, Cavois,
Fendent les flots tremblans sous un si noble poids.
LOUIS, les animant du feu de son courage,
Se plaint de sa grandeur qui l'attache au rivage.
Par ses soins cependant trente légers vaisseaux
D'un tranchant aviron déjà coupent les eaux :
Cent guerriers s'y jetant signalent leur audace.
Le Rhin les voit d'un œil qui porte la menace ;
Il s'avance en courroux. Le plomb vole à l'instant,
Et pleut de toutes parts sur l'escadron flottant.

EPITRE IV.

Du salpêtre en fureur l'air s'échauffe et s'allume,
Et des coups redoublés tout le rivage fume.
Déjà du plomb mortel plus d'un brave est atteint :
Sous les fougueux coursiers l'onde écume et se plaint.
De tant de coups affreux la tempête orageuse
Tient un temps sur les eaux la fortune douteuse ;
Mais LOUIS d'un regard sait bientôt la fixer :
Le destin à ses yeux n'oseroit balancer.
Bientôt avec Grammont courent Mars et Bellone,
Le Rhin à leur aspect d'épouvante frissonne :
Quand, pour nouvelle alarme à ses esprits glacés,
Un bruit s'épand qu'Enghien et Condé sont passés ;
Condé, dont le seul nom fait tomber les murailles,
Force les escadrons, et gagne les batailles ;
Enghien, de son hymen le seul et digne fruit,
Par lui dès son enfance à la victoire instruit.
L'ennemi renversé fuit, et gagne la plaine :
Le Dieu lui-même cède au torrent qui l'entraîne,
Et seul, désespéré, pleurant ses vains efforts,
Abandonne à LOUIS la victoire et ses bords.
 Du fleuve ainsi dompté la déroute éclatante
A Wurts 4 jusqu'en son camp va porter l'épouvante :
Wurts, l'espoir du pays, et l'appui de ses murs ;
Wurts...ah ! quel nom, GRAND ROI, quel Hector que ce
Sans ce terrible nom, mal né pour les oreilles, (Wurts !
Que j'allois à tes yeux étaler de merveilles !
Bientôt on eût vû Skink dans mes vers emporté,
De ses fameux remparts démentir la fierté :
Bientôt.. Mais Wurts s'oppose à l'ardeur qui m'anime.
Finissons, il est tems : aussi-bien si la rime
Alloit mal-à-propos m'engager dans Arnheim,
Je ne sais, pour sortir, de porte qu'Hildesheim.
 Oh ! que le ciel, soigneux de notre poésie,
GRAND ROI, ne nous fit-il plus voisins de l'Asie !
Bientôt victorieux de cent peuples altiers,
Tu nous aurois fourni des rimes à milliers.

Il n'est plaine en ces lieux si seche et si stérile,
Qui ne soit en beaux mots partout riche et fertile.
Là, plus d'un bourg fameux, par son antique nom,
Vient offrir à l'oreille un agréable son.
Quel plaisir de te suivre aux rives du Scamandre ;
D'y trouver d'Ilion la poétique cendre ;
De juger si les Grecs qui briserent ses tours,
Firent plus en dix ans que LOUIS en dix jours !
Mais pourquoi sans raison désespérer ma veine ?
Est-il dans l'univers de plage si lointaine
Où ta valeur, GRAND ROI, ne te puisse porter,
Et ne m'offre bientôt des exploits à chanter ?
Non, non, ne faisons plus de plaintes inutiles :
Puisqu'ainsi dans deux mois tu prends quarante villes,
Assuré des bons vers dont ton bras me répond,
Je t'attends dans deux ans aux bords de l'Hellespont.

---

1 Le *Mont Saint-Godard.*

2 *Jules César.*

3 Il y avoit sur les drapeaux des Hollandois : *Pro Honore et Patriâ.*

4 Maréchal de camp des Hollandois.

EPITRE V.
A M. DE GUILLERAGUES.

L'Auteur fait voir dans cette Epître, que la véritable félicité consiste dans la connoissance de soi-même, et qu'on se trompe quand on cherche son bonheur autre part que chez soi. Cette piece fut composée en 1674, et publiée l'année suivante.

Esprit né pour la Cour, et maître en l'art de plaire,
GUILLERAGUES, qui sais et parler et te taire,
Apprends-moi si je dois ou me taire ou parler :
Faut-il dans la satire encor me signaler,

Et, dans ce champ fécond en plaisantes malices,
Faire encore aux auteurs redouter mes caprices?
Jadis, non sans tumulte, on m'y vit éclater,
Quand mon esprit plus jeune, et prompt à s'irriter,
Aspiroit moins au nom de discret et de sage;
Que mes cheveux plus noirs ombrageoient mon visage:
Maintenant, que le tems a mûri mes desirs,
Que mon âge, amoureux de plus sages plaisirs,
Bientôt s'en va frapper à son neuvieme lustre[1];
J'aime mieux mon repos qu'un embarras illustre.
Que d'une égale ardeur mille auteurs animés
Aiguisent contre moi leurs traits envenimés;
Que tout, jusqu'à Pinchêne[2], et m'insulte et m'accable:
Aujourd'hui vieux lion je suis doux et traitable;
Je n'arme point contre eux mes ongles émoussés.
Ainsi que mes Beaux jours, mes chagrins sont passés;
Je ne sens plus l'aigreur de ma bile premiere,
Et laisse aux froids rimeurs une libre carriere.

Ainsi donc, philosophe à la raison soumis,
Mes défauts désormais sont mes seuls ennemis:
C'est l'erreur que je fuis; c'est la vertu que j'aime.
Je songe à me connoître, et me cherche en moi-même.
C'est-là l'unique étude où je veux m'attacher.
Que, l'astrolabe en main, un autre aille chercher
Si le Soleil est fixe ou tourne sur son axe,
Si Saturne à nos yeux peut faire un parallaxe;
Que Rohaut[3] vainement seche pour concevoir
Comment, tout étant plein, tout a pû se mouvoir;
Ou que Bernier[4] compose et le sec et l'humide
Des corps ronds et crochus errans parmi le vuide:
Pour moi, sur cette mer qu'ici bas nous courons,
Je songe à me pourvoir d'esquif et d'avirons,
A régler mes desirs, à prévenir l'orage,
Et sauver, s'il se peut, ma raison du naufrage.

C'est au repos d'esprit que nous aspirons tous;
Mais ce repos heureux se doit chercher en nous.

Un fou rempli d'erreurs, que le trouble accompagne,
Et malade à la ville ainsi qu'à la campagne,
En vain monté à cheval pour tromper son ennui:
Le chagrin monte en croupe et galope avec lui.
Que crois-tu qu'Alexandre, en ravageant la terre,
Cherche parmi l'horreur, le tumulte et la guerre?
Possédé d'un ennui qu'il ne sauroit dompter,
Il craint d'être à soi-même, et songe à s'éviter.
C'est là ce qui l'emporte aux lieux où naît l'Aurore,
Où le Perse est brûlé de l'astre qu'il adore.
  De nos propres malheurs auteurs infortunés,
Nous sommes loin de nous à toute heure entraînés.
A quoi bon ravir l'or au sein du nouveau monde?
Le bonheur tant cherché sur la terre et sur l'onde
Est ici comme aux lieux où mûrit le coco,
Et se trouve à Paris de même qu'à Cusco:
On ne le tire point des veines du Potose.
Qui vit content de rien possede toute chose.
Mais, sans cesse ignorans de nos propres besoins,
Nous demandons au Ciel ce qu'il nous faut le moins.
  Oh! que si cet hiver un rhume salutaire,
Guérissant de tous maux mon avare beau-pere,
Pouvoit, bien confessé, l'étendre en un cercueil,
Et remplir sa maison d'un agréable deuil!
Que mon ame, en ce jour de joie et d'opulence,
D'un superbe convoi plaindroit peu la dépense!
Disoit le mois passé, doux, honnête et soumis,
L'héritier affamé de ce riche commis
Qui, pour lui préparer cette douce journée,
Tourmenta quarante ans sa vie infortunée.
La mort vient de saisir le vieillard catarrheux,
Voilà son gendre riche; en est-il plus heureux?
Tout fier du faux éclat de sa vaine richesse,
Déjà nouveau seigneur il vante sa noblesse.
Quoique fils de meunier, encor blanc du moulin,
Il est prêt à fournir ses titres en vélin.

En mille vains projets à toute heure il s'égare :
Le voilà fou, superbe, impertinent, bizarre,
Rêveur, sombre, inquiet, à soi-même ennuyeux.
Il vivroit plus content, si, comme ses aïeux,
Dans un habit conforme à sa vraie origine,
Sur le mulet encore il chargeoit la farine.
 Mais ce discours n'est pas pour le peuple ignorant,
Que le faste éblouit d'un bonheur apparent.
L'argent, l'argent, dit-on ; sans lui tout est stérile :
La vertu sans argent n'est qu'un meuble inutile.
L'argent en honnête homme érige un scélérat ;
L'argent seul au Palais peut faire un magistrat.
Qu'importe qu'en tous lieux on me traite d'infame ?
Dit ce fourbe sans foi, sans honneur et sans ame,
Dans mon coffre, tout plein de rares qualités,
J'ai cent mille vertus en louis bien comptés.
Est-il quelque talent que l'argent ne me donne ?
C'est ainsi qu'en son cœur ce Financier raisonne.
Mais pour moi, que l'éclat ne sauroit décevoir,
Qui mets au rang des biens l'esprit et le savoir,
J'estime autant Patru, même dans l'indigence,
Qu'un commis engraissé des malheurs de la France.
 Non que je sois du goût de ce Sage insensé
Qui, d'un argent commode esclave embarrassé,
Jeta tout dans la mer pour crier : Je suis libre.
De la droite raison je sens mieux l'équilibre :
Mais je tiens qu'ici-bas, sans faire tant d'apprêts,
La vertu se contente, et vit à peu de frais.
Pourquoi donc s'égarer en des projets si vagues ?
 Ce que j'avance ici, crois-moi, cher Guilleragues,
Ton ami dès l'enfance ainsi l'a pratiqué.
Mon pere, soixante ans au travail appliqué,
En mourant me laissa, pour rouler et pour vivre,
Un revenu léger, et son exemple à suivre.
Mais bientôt amoureux d'un plus noble métier,
Fils, frere, oncle, cousin, beau-frere de Greffier,

Pouvant charger mon bras d'une utile liasse,
J'allai loin du Palais errer sur le Parnasse.
La famille en pâlit, et vit en frémissant
Dans la poudre du greffe un poëte naissant:
On vit avec horreur une muse effrénée
Dormir chez un greffier la grasse matinée.
Dès-lors à la richesse il fallut renoncer.
Ne pouvant l'acquérir, j'appris à m'en passer.
Et sur-tout redoutant la basse servitude,
La libre vérité fut toute mon étude.
Dans ce métier funeste à qui veut s'enrichir,
Qui l'eût cru, que pour moi le sort dût se fléchir?
Mais du plus grand des Rois la bonté sans limite,
Toujours prête à courir au-devant du mérite,
Crut voir dans ma franchise un mérite inconnu,
Et d'abord de ses dons enfla mon revenu.
La brigue ni l'envie, à mon bonheur contraires,
Ni les cris douloureux de mes vains adversaires,
Ne purent, dans leur course arrêter ses bienfaits.
C'en est trop: mon bonheur a passé mes souhaits.
Qu'à son gré désormais la fortune me joue;
On me verra dormir au branle de sa roue.
  Si quelque soin encore agite mon repos,
C'est l'ardeur de louer un si fameux Héros.
Ce soin ambitieux me tirant par l'oreille,
La nuit, lorsque je dors, en sursaut me réveille;
Me dit que ses bienfaits, dont j'ose me vanter,
Par des vers immortels ont dû se mériter.
C'est là le seul chagrin qui trouble encor mon ame.
Mais si, dans le beau feu du zele qui m'enflamme,
Par un ouvrage enfin des critiques vainqueur,
Je puis sur ce sujet satisfaire mon cœur,
GUILLERAGUES, plains-toi de mon humeur légere,
Si jamais, entraîné d'une ardeur étrangere,
Ou d'un vil intérêt reconnoissant la loi,
Je cherche mon bonheur autre part que chez moi.

1 A la 41e année.

2 Neveu de Voiture; loin de sentir la force de ce trait de satire, il crut que *Boileau* lui demandoit grâce, et il en tira vanité.

3 Fameux cartésien.

4 Célèbre voyageur, qui a composé un abrégé de la Philosophie de *Gassendi*.

5 *Aristippe* fit cette action; et Diogene conseilla à Cratès, philosophe cynique, de faire la même chose.

EPITRE VI.

A M. DE LAMOIGNON.

Cette Epître a été composée en l'année 1667. L'Auteur y décrit les douceurs dont il jouit à la campagne, et les chagrins qui l'attendent à la ville. Horace a fait une Satire sur le même sujet, elle est la sixieme du Livre II.

Oui, Lamoignon, je fuis les chagrins de la ville,
Et contre eux la campagne est mon unique asyle.
Du lieu qui m'y retient veux-tu voir le tableau?
C'est un petit village, ou plutôt un hameau,
Bâti sur le penchant d'un long rang de collines,
D'où l'œil s'égare au loin dans les plaines voisines.
La seine, au pied des monts que son flot vient laver,
Voit du sein de ses eaux vingt îles s'élever,
Qui, partageant son cours en diverses manieres,
D'une riviere seule y forment vingt rivieres.
Tous ses bords sont couverts de saules non plantés,
Et de noyers souvent du passant insultés.
Le village au-dessus forme un amphithéâtre:
L'habitant ne connoît ni la chaux ni le plâtre;
Et dans le roc qui cede et se coupe aisément
Chacun sait de sa main creuser son logement.
La maison du Seigneur, seule un peu plus ornée,
Se présente au-dehors de murs environnée.

Le soleil en naissant la regarde d'abord,
Et le mont la défend des outrages du Nord.
   C'est là, cher LAMOIGNON, que mon esprit tranquille
Met à profit les jours que la Parque me file.
Ici dans un vallon bornant tous mes desirs,
J'achete à peu de frais de solides plaisirs :
Tantôt, un livr en main, errante dans les prairies,
J'occupe ma raison d'utiles rêveries :
Tantôt, cherchant la fin d'un vers que je construi,
Je trouve au coin d'un bois le mot qui m'avoit fui :
Quelquefois, aux appas d'un hameçon perfide,
J'amorce en badinant le poisson trop avide ;
Ou d'un plomb qui suit l'œil, et part avec l'éclair,
Je vais faire la guerre aux habitans de l'air.
Une table, au retour, propre et non magnifique,
Nous présente un repas agréable et rustique :
Là, sans s'assujettir aux dogmes du Broussain,
Tout ce qu'on boit est bon, tout ce qu'on mange est sain.
La maison le fournit, la fermière l'ordonne,
Et mieux que Bergerat [1] l'appétit l'assaisonne.
O fortuné séjour ! ô champs aimés des cieux !
Que, pour jamais foulant vos prés délicieux,
Ne puis-je ici fixer ma course vagabonde,
Et connu de vous seuls oublier tout le monde !
   Mais à peine, du sein de vos vallons chéris
Arraché malgré moi, je rentre dans Paris,
Qu'en tous lieux les chagrins m'attendent au passage.
Un cousin, abusant d'un fâcheux parentage,
Veut qu'encor tout poudreux, et sans me débotter,
Chez vingt juges pour lui j'aille solliciter :
Il faut voir de ce pas les plus considérables ;
L'un demeure au Marais et l'autre aux Incurables.
Je reçois vingt avis qui me glacent d'effroi :
Hier, dit-on, de vous on parla chez le Roi,
Et d'attentat horrible on traita la satire.
Et le Roi, que dit-il ? Le Roi se prit à rire.

Contre vos derniers vers on est fort en courroux [2] :
Pradon a mis au jour un livre contre vous ;
Et chez le chapelier du coin de notre place
Autour d'un caudebec,[3] j'en ai lu la préface :
L'autre jour sur un mot la Cour vous condamna :
Le bruit court qu'avant-hier on vous assassina :
Un écrit scandaleux sous votre nom se donne :
D'un Pasquin qu'on a fait, au Louvre on vous soupçonne.
Moi ? Vous : on nous l'a dit dans le Palais Royal.

Douze ans sont écoulés depuis le jour fatal
Qu'un Libraire, imprimant les essais de ma plume,
Donna, pour mon malheur, un trop heureux volume;
Toujours, depuis ce tems, en proie aux sots discours,
Contre eux la vérité m'est un foible secours.
Vient-il de la province une satire fade,
D'un plaisant du pays insipide boutade ;
Pour la faire courir on dit qu'elle est de moi :
Et le sot campagnard le croit de bonne foi.
J'ai beau prendre à témoin et la Cour et la Ville :
Non ; à d'autres, dit-il, on connoît votre style.
Combien de tems ces vers vous ont-ils bien coûté ?
Il ne sont point de moi, Monsieur, en vérité;
Peut-on m'attribuer ces sottises étranges ?
Ah ! Monsieur, vos mépris vous servent de louanges.

Ainsi de cent chagrins dans Paris accablé,
Juge si, toujours triste, interrompu, troublé,
LAMOIGNON, j'ai le tems de courtiser les muses.
Le monde cependant se rit de mes excuses,
Croit que, pour m'inspirer sur chaque événement,
Apollon doit venir au premier mandement.

Un bruit court que le Roi va tout réduire en poudre,
Et dans Valencienne est entré comme un foudre;
Que Cambrai, des François l'épouvantable écueil,
A vu tomber enfin ses murs et son orgueil;
Que, devant Saint-Omer, Nassau, par sa défaite,
De Philippe vainqueur rend la gloire complete.

Dieu sait comme les vers chez vous s'en vont couler!
Dit d'abord un ami qui veut me cajoler,
Et, dans ce tems guerrier et fécond en Achilles,
Croit que l'on fait les vers comme l'on prend les villes.
Mais moi, dont le génie est mort en ce moment,
Je ne sais que répondre à ce vain compliment;
Et, justement confus de mon peu d'abondance,
Je me fais un chagrin du bonheur de la France.

 Qu'heureux est le mortel qui, du monde ignoré,
Vit content de soi-même en un coin retiré;
Que l'amour de ce rien qu'on nomme Renommée
N'a jamais enivré d'une vaine fumée;
Qui de sa liberté forme tout son plaisir,
Et ne rend qu'à lui seul compte de son loisir!
Il n'a point à souffrir d'affronts ni d'injustices,
Et du peuple inconstant il brave les caprices.
Mais nous autres faiseurs de livres et d'écrits,
Sur les bords du Permesse aux louanges nourris,
Nous ne saurions briser nos fers et nos entraves,
Du lecteur dédaigneux honorables esclaves.
Du rang où notre esprit une fois s'est fait voir,
Sans un fâcheux éclat nous ne saurions déchoir.
Le public, enrichi du tribut de nos veilles,
Croit qu'on doit ajouter merveilles sur merveilles.
Au comble parvenus, il veut que nous croissions:
Il veut en vieillissant que nous rajeunissions.
Cependant tout décroît; et moi-même à qui l'âge
D'aucune ride encor n'a flétri le visage,
Déjà moins plein de feu, pour animer ma voix,
J'ai besoin du silence et de l'ombre des bois:
Ma muse, qui se plaît dans leurs routes perdues,
Ne sauroit plus marcher sur le pavé des rues.
Ce n'est que dans ces bois, propres à m'exciter,
Qu'Apollon quelquefois daigne encor m'écouter.

 Ne demande donc plus par quelle humeur sauvage
Tout l'été, loin de toi, demeurant au village,

J'y passe obstinément les ardeurs du Lion,
Et montre pour Paris si peu de passion.
C'est à toi, LAMOIGNON, que le rang, la naissance,
Le mérite éclatant, et la haute éloquence,
Appellent dans Paris aux sublimes emplois,
Qu'il sied bien d'y veiller pour le maintien des loix.
Tu dois là tous tes soins au bien de ta patrie :
Tu ne t'en peux bannir que l'orphelin ne crie ;
Que l'oppresseur ne montre un front audacieux:
Et Thémis pour voir clair a besoin de tes yeux.
Mais pour moi, de Paris citoyen inhabile,
Qui ne lui puis fournir qu'un rêveur inutile,
Il me faut du repos, des prés et des forêts.
Laisse-moi donc ici, sous leurs ombrages frais,
Attendre que Septembre ait ramené l'Automne,
Et que Cérès contente ait fait place à Pomone.
Quand Bacchus comblera de ses nouveaux bienfaits
Le vendangeur ravi de ployer sous le faix,
Aussi-tôt ton ami, redoutant moins la ville,
T'ira joindre à Paris, pour s'enfuir à Bâville.
Là, dans le seul loisir que Thémis t'a laissé,
Tu me verras souvent, à te suivre empressé,
Pour monter à cheval rappellant mon audace,
Apprenti cavalier galoper sur ta trace.
Tantôt sur l'herbe assis, au pied de ces côteaux
Où Polycrene 4 épand ses libérales eaux,
LAMOIGNON, nous irons, libres d'inquiétude,
Discourir des vertus dont tu fais ton étude ;
Chercher quels sont les biens véritables ou faux ;
Si l'honnête homme en soi doit souffrir des défauts ;
Quel chemin le plus droit à la gloire nous guide,
Ou la vaste science, ou la vertu solide.
C'est ainsi que chez toi tu sauras m'attacher.
Heureux si les fâcheux, prompts à nous y chercher,
N'y viennent point semer l'ennuyeuse tristesse !
Car, dans ce grand concours d'hommes de toute espece

Que sans cesse à Bâville attire le devoir,
Au lieu de quatre amis qu'on attendoit le soir,
Quelquefois de fâcheux arrivent trois volées,
Qui du parc à l'instant assiégent les allées.
Alors sauve qui peut: et quatre fois heureux
Qui sait pour s'échapper quelque antre ignoré d'eux!

---

1 Fameux Traiteur.

2 L'Epître VII, à M. *Racine*.

3 Sorte de chapeaux de laine qui se font à Caudebec en Normandie.

4 Fontaine à une demi-lieue de Bâville.

EPITRE VII.
A M. RACINE.

Le sujet de cette Epître, composée avant la sixieme, au commencement de 1667, est l'utilité qu'on peut retirer de la jalousie de ses ennemis, et en particulier des bonnes et des mauvaises critiques. Elle fut composée à l'occasion de la Trajédie de *Phèdre et Hippolyte*, que M. Racine fit représenter, pour la premiere fois, le premier Janvier de la même année.

Que tu sais bien, RACINE, à l'aide d'un acteur,
Emouvoir, étonner, ravir un spectateur!
Jamais Iphigénie, en Aulide immolée,
N'a coûté tant de pleurs à la Grece assemblée,
Que, dans l'heureux spectacle à nos yeux étalé,
En a fait sous son nom verser la Champmelé 1.
Ne crois pas toutefois, par tes savans ouvrages,
Entraînant tous les cœurs, gagner tous les suffrages.
Sitôt que d'Apollon un génie inspiré
Trouve loin du vulgaire un chemin ignoré,
En cent lieux contre lui les cabales s'amassent;
Ses rivaux obscurcis autour de lui croassent;

EPITRE VII.

Et son trop de lumiere, importunant les yeux,
De ses propres amis lui fait des envieux.
La mort seule ici-bas, en terminant sa vie,
Peut calmer sur son nom l'injustice et l'envie;
Faire au poids du bon sens peser tous ses écrits,
Et donner à ses vers leur légitime prix.

 Avant qu'un peu de terre, obtenu par priere,
Pour jamais sous la tombe eût enfermé Moliere,
Mille de ses beaux traits, aujourd'hui si vantés,
Furent des sots esprits à nos yeux rebutés.
L'ignorance et l'erreur à ses naissantes pieces
En habits de marquis, en robes de comtesses,
Venoit pour diffamer son chef-d'œuvre nouveau,
Et secouoit la tête à l'endroit le plus beau.
Le Commandeur vouloit la scene plus exacte;
Le Vicomte indigné sortoit au second acte:
L'un, défenseur zélé des bigots mis en jeu,
Pour prix de ses bon mots le condamnoit au feu;
L'autre, fougeux Marquis, lui déclarant la guerre,
Vouloit venger la Cour immolée au parterre.
Mais, sitôt que d'un trait de ses fatales mains
La Parque l'eut rayé du nombre des humains,
On reconnut le prix de sa muse éclipsée.
L'aimable Comédie, avec lui terrassée,
En vain d'un coup si rude espéra revenir,
Et sur ses brodequins ne put plus se tenir.
Tel fut chez nous le sort du théâtre comique.

 Toi donc qui, t'élevant sur la scene tragique,
Suis les pas de Sophocle, et, seul de tant d'esprits,
De Corneille vielli sais consoler Paris;
Cesse de t'étonner si l'envie animée,
Attachant à ton nom sa rouille envenimée,
La calomnie en main, quelquefois te poursuit.
En cela, comme en tout, le ciel qui nous conduit,
RACINE, fait briller sa profonde sagesse.
Le mérite en repos s'endort dans la paresse;

Mais par les envieux un génie excité
Au comble de son art est mille fois monté :
Plus on veut l'affoiblir, plus il croît et s'élance.
Au Cid persécuté Cinna doit sa naissance ;
Et peut-être ta plume aux censeurs de Pyrrhus
Doit les plus nobles traits dont tu peignis Burrhus.
  Moi-même, dont la gloire ici moins répandue
Des pâles envieux ne blesse point la vue,
Mais qu'une humeur trop libre, un esprit peu soumis,
De bonne heure a pourvu d'utiles ennemis,
Je dois plus à leur haine, il faut que je l'avoue,
Qu'au foible et vain talent dont la France me loue.
Leur venin, qui sur moi brûle de s'épancher,
Tous les jours en marchant m'empêche de broncher.
Je songe, à chaque trait que ma plume hasarde,
Que d'un œil dangereux leur troupe me regarde.
Je sais sur leurs avis corriger mes erreurs,
Et je mets à profit leurs malignes fureurs.
Sitôt que sur un vice ils pensent me confondre,
C'est en me guérissant que je sais leur répondre :
Et plus en criminel ils pensent m'ériger,
Plus, croissant en vertu, je songe à me venger.
  Imite mon exemple ; et, lorsqu'une cabale,
Un flot de vains auteurs follement te ravale,
Profite de leur haine et de leur mauvais sens,
Ris du bruit passager de leurs cris impuissans.
Que peut contre tes vers une ignorance vaine ?
Le Parnasse françois, ennobli par ta veine,
Contre tous ces complots saura te maintenir,
Et soulever pour toi l'équitable avenir.
Et qui, voyant un jour la douleur vertueuse
De Phedre malgré soi perfide, incestueuse,
D'un si noble travail justement étonné,
Ne bénira d'abord le siecle fortuné
  Qui, rendu plus fameux par tes illustres veilles,
Vit naître sous ta main ces pompeuses merveilles !

EPITRE VII.

Cependant laisse ici gronder quelques censeurs,
Qu'aigrissent de tes vers les charmantes douceurs.
Et qu'importe à nos vers que Perrin [2] les admire;
Que l'auteur [3] du Jonas s'empresse pour les lire;
Qu'ils charment de Senlis le poëte idiot [4],
Ou le sec traducteur [5] du françois d'Amyot :
Pourvu qu'avec éclat leurs rimes débitées
Soient du peuple, des grands, des provinces, goûtées;
Pourvu qu'ils puissent plaire au plus puissant des rois ;
Qu'à Chantilli Condé les souffre quelquefois ;
Qu'Enghien en soit touché, que Colbert et Vivone,
Que la Rochefoucaut, Marsillac et Pompone,
Et mille autres qu'ici je ne puis faire entrer,
A leurs traits délicats se laissent pénétrer ?
Et plût au ciel encor, pour couronner l'ouvrage,
Que Montauzier voulût leur donner son suffrage !
  C'est à de tels lecteurs que j'offre mes écrits.
Mais pour un tas grossier de frivoles esprits
Admirateurs zélés de toute œuvre insipide,
Que non loin de la place où Brioché [6] préside,
Sans chercher dans les vers ni cadence ni son,
Il s'en aille admirer le savoir de Pradon !

---

1 Célebre Comédienne.

2 Traducteur de l'Enéïde. Il a fait le premier opéra qui ait paru en France.

3 Jacques de Coras.

4 Liniere.

5 L'Abbé Tallemant.

6 Fameux joueur de marionnettes, logé proche des comédiens.

ÉPITRE VIII.

AU ROI.

L'Auteur appelloit ordinairement cette Épître-ci *son Remercîment*. En effet, il y marque plus particulierement que dans le reste de ses ouvrages, la reconnoissance qu'il avoit des bienfaits dont Sa Majesté l'avoit gratifié. Il la fit en 1675, et la récita lui-même au Roi; mais il ne la fit paroître que l'année suivante.

GRAND ROI, cesse de vaincre, ou je cesse d'écrire.
Tu sais bien que mon style est né pour la satire;
Mais mon esprit, contraint de la désavouer,
Sous ton regne étonnant ne veut plus que louer.
Tantôt dans les ardeurs de ce zele incommode,
Je songe à mesurer les syllabes d'une Ode;
Tantôt, d'une Enéide auteur ambitieux,
Je m'en forme déjà le plan audacieux:
Ainsi, toujours flatté d'une douce manie,
Je sens de jour en jour dépérir mon génie;
Et mes vers, en ce style ennuyeux, sans appas,
Déshonorent ma plume, et ne T'honorent pas.
 Encor si ta valeur, à tout vaincre obstinée,
Nous laissoit, pour le moins, respirer une année,
Peut-être mon esprit, prompt à ressusciter,
Du temps qu'il a perdu sauroit se racquitter.
Sur ses nombreux défauts, merveilleux à décrire,
Le siecle m'offre encor plus d'un bon mot à dire.
Mais à peine Dinan et Limbourg sont forcés,
Qu'il faut chanter Bouchain et Condé terrassés.
Ton courage, affamé de péril et de gloire,
Court d'exploits en exploits, de victoire en victoire.
Souvent ce qu'un seul jour Te voit exécuter
Nous laisse pour un an d'actions à conter.

EPITRE VIII.

Que si quelquefois, las de forcer des murailles,
Le soin de tes sujets te rappelle à Versailles,
Tu viens m'embarrasser de mille autres vertus;
Te voyant de plus près, je t'admire encor plus.
Dans les nobles douceurs d'un séjour plein de charmes,
Tu n'es pas moins héros qu'au milieu des alarmes:
De ton trône agrandi portant seul tout le faix,
Tu cultives les arts; Tu répands les bienfaits;
Tu sais récompenser jusqu'aux muses critiques.
Ah! crois-moi, c'en est trop. Nous autres satiriques,
Propres à relever les sottises du tems,
Nous sommes un peu nés pour être mécontens:
Notre muse, souvent paresseuse et stérile,
A besoin, pour marcher, de colere et de bile.
Notre style languit dans un remercîment:
Mais, GRAND ROI, nous savons nous plaindre élégam- (ment.
Oh! que, si je vivois sous les regnes sinistres
De ces Rois nés valets de leurs propres ministres,
Et qui, jamais en main ne prenant le timon,
Aux exploits de leur tems ne prêtoient que leur nom;
Que, sans les fatiguer d'une louange vaine,
Aisément les bons mots couleroient de ma veine!
Mais toujours sous ton regne il faut se récrier:
Toujours, les yeux au ciel, il faut remercier.
Sans cesse à T'admirer ma critique forcée
N'a plus en écrivant de maligne pensée;
Et mes chagrins, sans fiel, et presque évanouis,
Font grace à tout le siecle en faveur de LOUIS.
En tous lieux cependant la Pharsale [1] approuvée,
Sans crainte de mes vers, va la tête levée;
La licence par-tout regne dans les écrits:
Déjà le mauvais sens, reprenant ses esprits,
Songe à nous redonner des poëmes épiques [2],
S'empare des discours mêmes académiques:
Perrin a de ses vers obtenu le pardon;
Et la scene françoise est en proie à Pradon.

Et moi, sur ce sujet loin d'exercer ma plume,
J'amasse de tes faits le pénible volume ;
Et ma muse, occupée à cet unique emploi,
Ne regarde, n'entend, ne connoît plus que Toi.
  Tu le sais bien pourtant, cette ardeur empressée
N'est point en moi l'effet d'une âme intéressée.
Avant que tes bienfaits courussent me chercher,
Mon zèle impatient ne se pouvoit cacher :
Je n'admirois que Toi : le plaisir de le dire
Vint m'apprendre à louer au sein de la satire.
Et, depuis que tes dons sont venus m'accabler,
Loin de sentir mes vers avec eux redoubler,
Quelquefois, le dirai-je! un remords légitime,
Au fort de mon ardeur, vient refroidir ma rime.
Il me semble, GRAND ROI, dans mes nouveaux écrits,
Que mon encens payé n'est plus du même prix.
J'ai peur que l'univers, qui sait ma récompense,
N'impute mes transports à ma reconnoissance ;
Et que par tes présens mon vers décrédité
N'ait moins de poids pour Toi dans la postérité.
  Toutefois je sais vaincre un remords qui te blesse.
Si tout ce qui reçoit des fruits de ta largesse
A peindre tes exploits ne doit point s'engager,
Qui d'un si juste soin se pourra donc charger ?
Ah! plutôt de nos sons redoublons l'harmonie :
Le zèle à mon esprit tiendra lieu de génie.
Horace, tant de fois dans mes vers imité,
De vapeurs en son tems, comme moi, tourmenté,
Pour amortir le feu de sa rate indocile,
Dans l'encre quelquefois sut égayer sa bile :
Mais de la même main qui peignit Tullius[3],
Qui d'affronts immortels couvrit Tigellius[4],
Il sut fléchir Glicere, il sut vanter Auguste,
Et marquer sur la lyre une cadence juste.
Suivons les pas fameux d'un si noble écrivain.
  A ces mots, quelquefois prenant la lyre en main,

Au récit que pour Toi je suis près d'entreprendre,
Je crois voir les rochers accourir pour m'entendre ;
Et déjà mon vers coule à flots précipités,
Quand j'entends le lecteur qui me crie : Arrêtez :
Horace eut cent talens ; mais la nature avare
Ne vous a rien donné qu'un peu d'humeur bizarre :
Vous passez en audace et Perse et Juvénal ;
Mais sur le ton flatteur Pinchêne est votre égal.
A ce discours, Grand Roi, que pourrois-je répondre ?
Je me sens sur ce point trop facile à confondre ;
Et, sans trop relever des reproches si vrais,
Je m'arrête à l'instant, j'admire, et je me tais.

---

1 Imitée en vers françois par Brébœuf.

2 *Childebrand* du sieur *de Sainte-Garde*, et *Charlemagne* de *Louis-le-Laboureur*; poëmes qui n'ont point réussi.

3 Sénateur romain.

4 Musicien chéri d'Auguste.

ÉPITRE IX.

A M. LE MARQUIS DE SEIGNELAY [1],

SECRÉTAIRE D'ÉTAT.

Cette Épître contient *l'éloge du Vrai*. L'Auteur y fait voir que *rien n'est beau que le Vrai*, et que *le Vrai est seul aimable*. Le poëte a fait briller ici tout son génie ; et il a su réunir en cette pièce tout le sublime de la morale, avec toute la douceur de la poësie. Elle a été composée au commencement de l'année 1675.

Dangereux ennemi de tout mauvais flatteur,
Seignelay, c'est en vain qu'un ridicule Auteur,
Prêt à porter ton nom *de l'Ebre jusqu'au Gange*,
Croit te prendre aux filets d'une sotte louange.

8.

Aussitôt ton esprit, prompt à se révolter,
S'échappe, et rompt le piege où l'on veut l'arrêter.
Il n'en est pas ainsi de ces esprits frivoles
Que tout flatteur endort au son de ses paroles;
Qui, dans un vain sonnet placés au rang des dieux,
Se plaisent à fouler l'Olympe radieux;
Et, fiers du haut étage où la Serre les loge,
Avalent sans dégoût le plus grossier éloge.
Tu ne te repais point d'encens à si bas prix.
Non que tu sois pourtant de ces rudes esprits
Qui regimbent toujours, quelque main qui les flatte:
Tu souffres la louange adroite et délicate
Dont la trop forte odeur n'ébranle point les sens.
Mais un auteur novice à répandre l'encens
Souvent à son héros, dans un bizarre ouvrage,
Donne de l'encensoir au travers du visage;
Va louer Monterey 2 d'Oudenarde forcé,
Ou vante aux Electeurs Turenne repoussé.
Tout éloge imposteur blesse une ame sincere.
Si, pour faire sa cour à ton illustre pere,
SEIGNELAY, quelque auteur d'un faux zele emporté,
Au lieu de peindre en lui la noble activité,
La solide vertu, la vaste intelligence,
Le zele pour son Roi, l'ardeur, la vigilance,
La constante équité, l'amour pour les beaux arts,
Lui donnoit les vertus d'Alexandre ou de Mars;
Et, pouvant justement l'égaler à Mécene,
Le comparoit au fils de Pélée ou d'Alcmene:
Ses yeux, d'un tel discours foiblement éblouis,
Bientôt dans ce tableau reconnoîtroient LOUIS;
Et, glaçant d'un regard la muse et le poëte,
Imposeroient silence à sa verve indiscrete.

Un cœur noble est content de ce qu'il trouve en lui,
Et ne s'applaudit point des qualités d'autrui.
Que me sert en effet qu'un admirateur fade
Vante mon embonpoint, si je me sens malade;

Si dans cet instant même, un feu séditieux
Fait bouillonner mon sang et pétiller mes yeux?
Rien n'est beau que le vrai : le vrai seul est aimable;
Il doit regner par-tout, et même dans la fable :
De toute fiction l'adroite fausseté
Ne tend qu'à faire aux yeux briller la vérité.

 Sais-tu pourquoi mes vers sont lus dans les provinces,
Sont recherchés du peuple, et reçus chez les princes?
Ce n'est pas que leurs sons, agréables, nombreux,
Soient toujours à l'oreille également heureux;
Qu'en plus d'un lieu le sens n'y gêne la mesure,
Et qu'un mot quelquefois n'y brave la césure :
Mais c'est qu'en eux le vrai, du mensonge vainqueur,
Par-tout se montre aux yeux, et va saisir le cœur;
Que le bien et le mal y sont prisés au juste;
Que jamais un faquin n'y tint un rang auguste;
Et que mon cœur, toujours conduisant mon esprit,
Ne dit rien aux lecteurs, qu'à soi-même il n'ait dit.
Ma pensée au grand jour par-tout s'offre et s'expose;
Et mon vers, bien ou mal, dit toujours quelque chose.
C'est par-là quelquefois que ma rime surprend :
C'est là ce que n'ont point Jonas ni Childebrand,
Ni tous ces vains amas de frivoles sornettes,
Montre, miroir d'amours, amitiés, amourettes,
Dont le titre souvent est l'unique soutien,
Et qui, parlant beaucoup, ne disent jamais rien.

 Mais peut-être enivré des vapeurs de ma muse,
Moi-même en ma faveur, SEIGNELAY, je m'abuse.
Cessons de nous flatter. Il n'est esprit si droit
Qui ne soit imposteur et faux par quelque endroit :
Sans cesse on prend le masque, et, quittant la nature,
On craint de se montrer sous sa propre figure.
Par-là le plus sincere assez souvent déplaît.
Rarement un esprit ose être ce qu'il est.
Vois-tu cet importun que tout le monde évite;
Cet homme à toujours fuir, qui jamais ne vous quitte?

Il n'est pas sans esprit : mais, né triste et pesant,
Il veut être folâtre, évaporé, plaisant ;
Il s'est fait de sa joie une loi nécessaire ;
Et ne déplaît enfin que pour vouloir trop plaire.
  La simplicité plaît sans étude et sans art.
Tout charme en un enfant dont la langue sans fard,
A peine du filet encor débarrassée,
Sait d'un air innocent bégayer sa pensée.
Le faux est toujours fade, ennuyeux, languissant :
Mais la nature est vraie, et d'abord on la sent ;
C'est elle seule en tout qu'on admire et qu'on aime.
Un esprit né chagrin plaît par son chagrin même.
Chacun pris dans son air est agréable en soi :
Ce n'est que l'air d'autrui qui peut déplaire en moi.
  Ce Marquis étoit né doux, commode, agréable ;
On vantoit en tous lieux son ignorance aimable.
Mais, depuis quelques mois devenu grand docteur,
Il a pris un faux air, une sotte hauteur :
Il ne veut plus parler que de rime et de prose ;
Des auteurs décriés il prend en main la cause ;
Il rit du mauvais goût de tant d'hommes divers,
Et va voir l'opéra seulement pour les vers.
Voulant se redresser, soi-même on s'estropie,
Et d'un original on fait une copie.
L'ignorance vaut mieux qu'un savoir affecté.
Rien n'est beau, je reviens, que par la vérité :
C'est par elle qu'on plaît, et qu'on peut long-tems plaire.
L'esprit lasse aisément, si le cœur n'est sincère.
En vain par sa grimace un bouffon odieux
A table nous fait rire, et divertit nos yeux :
Ses bons mots ont besoin de farine et de plâtre.
Prenez-le tête-à-tête, ôtez-lui son Théâtre ;
Ce n'est plus qu'un cœur bas, un coquin ténébreux :
Son visage essuyé n'a plus rien que d'affreux.
J'aime un esprit aisé, qui se montre, qui s'ouvre,
Et qui plaît d'autant plus, que plus il se découvre.

Mais la seule vertu peut souffrir la clarté :
Le vice, toujours sombre, aime l'obscurité ;
Pour paroître au grand jour il faut qu'il se déguise :
C'est lui qui de nos cœurs a banni la franchise.
   Jadis l'homme vivoit au travail occupé,
Et, ne trompant jamais, n'étoit jamais trompé :
On ne connoissoit point la ruse et l'imposture ;
Le Normand même alors ignoroit le parjure.
Aucun Rhéteur encore, arrangeant le discours,
N'avoit d'un art menteur enseigné les détours.
Mais sitôt qu'aux humains, faciles à séduire,
L'abondance eut donné le loisir de se nuire,
La mollesse amena la fausse vanité.
Chacun chercha pour plaire un visage emprunté :
Pour éblouir les yeux, la fortune arrogante
Affecta d'étaler une pompe insolente ;
L'or éclata par-tout sur les riches habits ;
On polit l'émeraude, on tailla le rubis ;
Et la laine et la soie, en cent façons nouvelles,
Apprirent à quitter leurs couleurs naturelles.
La trop courte beauté monta sur des patins :
La coquette tendit ses lacs tous les matins ;
Et, mettant la céruse et le plâtre en usage,
Composa de sa main les fleurs de son visage :
L'ardeur de s'enrichir chassa la bonne foi :
Le courtisan n'eut plus de sentimens à soi.
Tout ne fut plus que fard, qu'erreur, que tromperie :
On vit par-tout régner la basse flatterie.
Le Parnasse sur-tout, fécond en imposteurs,
Diffama le papier par ses propos menteurs.
Delà vint cet amas d'ouvrages mercenaires,
Stances, odes, sonnets, épîtres liminaires,
Où toujours le héros passe pour sans pareil,
Et, fût-il louche et borgne, est réputé soleil.
   Ne crois pas toutefois, sur ce discours bizarre,
Que, d'un frivole encens malignement avare,

J'en veuille sans raison frustrer tout l'univers.
La louange agréable est l'ame des beaux vers :
Mais je tiens, comme toi, qu'il faut qu'elle soit vraie,
Et que son tour adroit n'ait rien qui nous effraie.
Alors, comme j'ai dit, tu la sais écouter,
Et sans crainte à tes yeux l'on pourroit t'exalter.
Mais, sans t'aller chercher des vertus dans les nues,
Il faudroit peindre en toi des vérités connues:
Décrire ton esprit ami de la raison ;
Ton ardeur pour ton roi puisée en la maison;
A servir ses dessein ta vigilance heureuse;
Ta probité sincere, utile, officieuse.
Tel, qui hait à se voir peint en de faux portraits,
Sans chagrin voit tracer ses véritables traits.
Condé même, Condé, ce héros formidable,
Et, non moins qu'aux Flamands, aux flatteurs redoutable,
Ne s'offenseroit pas si quelque adroit pinceau
Traçoit de ses exploits le fidele tableau ;
Et, dans Senef 4 en feu contemplant sa peinture,
Ne désavoûroit pas Malherbe ni Voiture.
Mais malheur au poëte insipide, odieux,
Qui viendroit le glacer d'un éloge ennuyeux!
Il auroit beau crier : *Premier Prince du monde!*
Courage sans pareil! lumiere sans seconde 5 !
Ses vers, jetés d'abord sans tourner le feuillet,
Iroient dans l'antichambre amuser Pacolet 6.

---

1 Jean-Baptiste Colbert, Ministre et Secrétaire d'État, mort en 1690; fils de Jean-Baptiste Colbert, Ministre et Secrétaire d'État.

2 Gouverneur des Pays-Bas.

3 Chapelain, dans ses vers, avoit dit de Cynégire :
Les dents, tout lui manquant, dans les pierres il plante.

4 Fameux combat du Prince de Condé.

5 Commencement du Poëme de Charlemagne.

6 Valet de pied du Prince de Condé.

PRÉFACE.

Pour les trois dernieres Épîtres.

Je ne sais si les trois nouvelles Epîtres que je donne ici au Public auront beaucoup d'approbateurs : mais je sais bien que mes censeurs y trouveront abondamment de quoi exercer leur critique ; car tout y est extrêmement hasardé. Dans le premier de ces trois ouvrages, sous prétexte de faire le procès à mes derniers vers, je fais moi-même mon éloge, et n'oublie rien de ce qui peut être dit à mon avantage. Dans le second, je m'entretiens avec mon Jardinier de choses très-basses et très-petites ; et dans le troisieme, je décide hautement du plus grand et du plus important point de la Religion, je veux dire de l'Amour de Dieu. J'ouvre donc un beau champ à ces censeurs, pour attaquer en moi et le poëte orgueilleux, et le villageois grossier, et le Théologien téméraire. Quelque fortes pourtant que soient leurs attaques, je doute qu'elles ébranlent la ferme résolution que j'ai prise, il y a long-tems, de ne rien répondre, au moins sur le ton sérieux, à tout ce qu'ils écriront contre moi.

A quoi bon en effet perdre inutilement du papier ? Si mes Epîtres sont mauvaises, tout ce que je dirai ne les fera pas trouver bonnes ; et si elles sont bonnes, tout ce qu'ils feront ne les fera pas trouver mauvaises. Le public n'est pas un juge qu'on puisse corriger, ni qui se regle par les passions d'autrui. Tout ce bruit, tous ces écrits qui se font ordinairement contre des ouvrages où l'on court, ne servent qu'à y faire encore plus courir, et à en mieux marquer le mérite. Il est de l'essence d'un bon livre d'avoir des censeurs ; et la plus grande disgrace qui puisse arriver à un écrit qu'on met au jour, ce n'est pas que beaucoup de gens en disent du mal, c'est que personne n'en dise rien.

Je me garderai donc bien de trouver mauvais qu'on attaque mes trois Epîtres. Ce qu'il y a de certain, c'est que je les ai fort travaillées, et principalement celle de l'Amour de Dieu, que j'ai retouchée plus d'une fois, et où j'avoue que j'ai employé tout le peu que je puis avoir d'esprit et de lumieres. J'avois dessein d'abord de la donner toute seule, les deux autres me paroissant trop frivoles pour être présentées au grand jour de l'impression avec un ouvrage si sérieux. Mais des amis très-sensés m'ont fait comprendre que ces deux Epîtres, quoique dans le style enjoué, étoient pourtant des Epîtres morales, où il n'étoit rien enseigné que de vertueux; qu'ainsi étant liées avec l'autre, bien loin de lui nuire, elles pourroient même faire une diversité agréable; et que d'ailleurs beaucoup d'honnêtes gens souhaitant de les avoir toutes trois ensemble, je ne pouvois pas avec bienséance me dispenser de leur donner une si légère satisfaction. Je me suis rendu à ce sentiment, et on les trouvera rassemblées ici dans un même cahier. Cependant, comme il y a des gens de piété qui peut-être ne se soucieront guere de lire les entretiens que je puis avoir avec mon Jardinier et avec mes vers, il est bon de les avertir qu'il y a ordre de leur distribuer à part la derniere, savoir celle qui traite de l'Amour de Dieu; et que non seulement je ne trouverai pas étrange qu'ils ne lisent que celle-là, mais que je me sens quelquefois moi-même en des dispositions d'esprit, où je voudrois de bon cœur n'avoir de ma vie composé que ce seul ouvrage, qui vraisemblablement sera la derniere piece de poësie qu'on aura de moi : mon génie pour les vers commençant à s'épuiser, et mes emplois historiques ne me laissant guere le tems de m'appliquer à chercher et à ramasser des rimes.

Voilà ce que j'avois à dire aux Lecteurs. Avant néanmoins que de finir cette Préface, il ne sera pas hors de propos, ce me semble, de rassurer des personnes timides, qui n'ayant pas une fort grande idée de ma capacité en matiere de théologie, douteront peut-être que tout ce que j'avance en mon Epître soit fort infaillible, et appréhenderont qu'en voulant les conduire, je ne les égare. Afin donc qu'elles marchent sûrement, je leur dirai, vanité à part, que j'ai lu plusieurs fois cette Epître à un fort grand nombre de Docteurs de Sorbonne, de Peres de l'Oratoire et de Jésuites très-célebres, qui tous y ont applaudi, et en ont trouvé la doctrine très-saine et très-pure. Que beaucoup de prélats illustres, à qui je l'ai récitée, en ont jugé comme eux. Que Monseigneur l'Evêque de Meaux (1), c'est-à-dire, une des plus grandes lumieres qui aient éclairé l'Eglise dans les derniers siecles, a eu long-temps mon ouvrage entre les mains; et qu'après l'avoir lu et relu plusieurs fois, il m'a non seulement don-

---

1 Jacques Bénigne Bossuet.

PRÉFACE.

né son approbation, mais a trouvé bon que je publiasse à tout le monde qu'il me la donnoit. Enfin, que, pour mettre le comble à ma gloire, ce saint Archevêque (1), dans le diocèse duquel j'ai le bonheur de me trouver; ce grand Prélat, dis-je, aussi éminent en doctrine et en vertu, qu'en dignité et en naissance, que le plus grand Roi de l'univers, par un choix visiblement inspiré du ciel, a donné à la ville capitale de son royaume pour assurer l'innocence et pour détruire l'erreur, Monseigneur l'Archevêque de Paris, en un mot, a bien daigné aussi examiner soigneusement mon Épître, et a eu même la bonté de me donner sur plus d'un endroit des conseils que j'ai suivis, et m'a enfin accordé aussi son approbation, avec des éloges dont je suis également ravi et confus (2).

Au reste (3), comme il y a des gens qui ont publié que mon Épître n'étoit qu'une vaine déclamation, qui n'attaquoit rien de réel, ni qu'aucun homme eût jamais avancé, je veux bien, pour l'intérêt de la vérité, mettre ici la proposition que j'y combats, dans la langue et dans les termes qu'on la soutient en plus d'une école. La voici : *Attritio ex gehennæ metu sufficit, etiam sine ulla Dei dilectione, et sine*

---

1 Louis-Antoine de Noailles, Archevêque de Paris, ensuite Cardinal.

2 Dans la première édition de cette Préface, qui parut en 1665, l'auteur la finissoit par ce petit article, qu'il supprima dans l'édition suivante, et que je rapporte ici pour ne rien dérober à la postérité, de ce que nous avons de lui.

« Je croyois n'avoir plus rien à dire au lecteur. Mais, dans
» le tems même que cette Préface étoit sous la presse, on
» m'a apporté une misérable Épître en vers, que quelque
» impertinent a fait imprimer, et qu'on veut faire passer
» pour mon ouvrage sur l'Amour de Dieu. Je suis donc
» obligé d'ajouter cet article, afin d'avertir le Public que je
» n'ai fait d'Épître sur l'amour de Dieu, que celle qu'on
» trouvera ici : l'autre étant une pièce fausse et incomplette
» composée de quelques vers qu'on m'a dérobés, et de plu-
» sieurs qu'on m'a ridiculement prêtés, aussi bien que des
» notes téméraires qui y sont.

3 L'Auteur ajouta cet article dans l'édition de 1701.

ullo ad Deum offensum respectu : quia talis honesta et supernaturalis est.

C'est cette proposition que j'attaque et que je soutiens fausse, abominable, et plus contraire à la vraie religion, que le Luthéranisme ni le Calvinisme. Cependant je ne crois pas qu'on puisse nier qu'on ne l'ait encore soutenue depuis peu, et qu'on ne l'ait même insérée dans quelques catéchismes, en des mots fort approchans des termes latins que je viens de rapporter.

EPITRE X.

A MES VERS.

L'Auteur avoit une grande prédilection pour cette pièce, et il l'appelloit ordinairement ses *inclinations*. Il la composa en l'année 1695, pour fermer la bouche à une infinité de vils rimeurs qui avoient osé censurer ses ouvrages, et particulierement sa Satire X contre les femmes. L'idée en est prise d'une Epître d'Horace, qui est la XX du Livre II.

J'AI beau vous arrêter, ma remontrance est vaine :
Allez, partez, MES VERS, dernier fruit de ma veine.
C'est trop languir chez moi dans un obscur séjour :
La prison vous déplaît, vous cherchez le grand jour ;
Et déjà chez Barbin, ambitieux libelles,
Vous brûlez d'étaler vos feuilles criminelles.
Vains et foibles enfans dans ma vieillesse nés,
Vous croyez sur les pas de vos heureux aînés,
Voir bientôt vos bons mots, passant du peuple aux princes,
Charmer également la ville et les provinces ;
Et, par le prompt effet d'un sel réjouissant,
Devenir quelquefois proverbes en naissant [1].
Mais perdez cette erreur, dont l'appât vous amorce :
Le tems n'est plus, MES VERS, où ma muse en sa force,
Du Parnasse François formant les nourrissons,
De si riches couleurs habilloit ses leçons.

Quand mon esprit, poussé d'un courroux légitime,
Vint devant la raison plaider contre la rime;
A tout le genre humain sut faire le procès,
Et s'attaqua soi-même avec tant de succès.
Alors il n'étoit point de lecteur si sauvage
Qui ne se déridât en lisant mon ouvrage,
Et qui, pour s'égayer, souvent, dans ses discours,
D'un mot pris en mes vers n'empruntât le secours.
  Mais aujourd'hui qu'enfin la vieillesse venue,
Sous mes faux cheveux blonds déjà toute chenue [2],
A jeté sur ma tête, avec ses doigts pesans,
Onze lustres complets, surchargés de trois ans,
Cessez de présumer dans vos folles pensées,
MES VERS, de voir en foule à vos rimes glacées
Courir, l'argent en main, les lecteurs empressés.
Nos beaux jours sont finis, nos honneurs sont passés;
Dans peu vous allez voir vos froides rêveries
Du public exciter les justes moqueries;
Et leur auteur, jadis à Regnier préféré,
A Pinchêne, à Liniere, à Perrin, comparé.
Vous aurez beau crier: *O vieillesse ennemie!*
N'a-t-il donc tant vécu que pour cette infamie [3] *?*
Vous n'entendrez par-tout qu'injurieux brocards
Et sur vous et sur lui fondre de toutes parts.
  Que veut-il? dira-t-on; quelle fougue indiscrete
Ramene sur les rangs encor ce vain Athlete?
Quels pitoyables vers! Quel style languissant!
Malheureux, laisse en paix ton cheval vieillissant,
De peur que tout-à-coup, efflanqué, sans haleine,
Il ne laisse, en tombant, son maître sur l'arene.
Ainsi s'expliqueront nos censeurs sourcilleux.
Et bientôt vous verrez mille auteurs pointilleux,
Piece à piece épluchant vos sons et vos paroles,
Interdire chez vous l'entrée aux hyperboles;
Traiter tout noble mot de terme hasardeux,
Et dans tous vos discours, comme monstres hideux,

Huer la métaphore et la métonymie,
(Grands mots que Pradon croit des termes de chimie;)
Vous soutenir qu'un lit ne peut être effronté 4;
Que nommer la luxure est une impureté.
En vain contre ce flot d'aversion publique
Vous tiendrez quelque tems ferme sur la boutique ;
Vous irez à la fin, honteusement exclus,
Trouver au magasin Pyrame et Régulus 5,
Ou couvrir chez Thierry, d'une feuille encor neuve,
Les méditations de Buzée et d'Hayneuve;
Puis, en tristes lambeaux semés dans les marchés,
Souffrir tous les affronts au Jonas reprochés.

 Mais quoi! de ces discours bravant la vaine attaque,
Déjà, comme les vers de Cinna, d'Andromaque,
Vous croyez à grands pas chez la postérité
Courir, marqués au coin de l'immortalité!
Hé bien! contentez donc l'orgueil qui vous enivre ;
Montrez-vous, j'y consens : mais du moins, dans mon li-
Commencez par vous joindre à mes premiers écrits.(vre,
C'est là qu'à la faveur de vos freres chéris,
Peut-être enfin soufferts comme enfans de ma plume,
Vous pourrez vous sauver, épars dans le volume.
Que si mêmes un jour le lecteur gracieux,
Amorcé par mon nom, sur vous tourne les yeux,
Pour m'en récompenser, MES VERS, avec usure,
De votre auteur alors faites-lui la peinture :
Et sur-tout prenez soin d'effacer bien les traits
Dont tant de peintres faux ont flétri mes portraits.
Déposez hardiment qu'au fond cet homme horrible,
Ce censeur qu'ils ont peint si noir et si terrible,
Fut un esprit doux, simple, ami de l'équité,
Qui, cherchant dans ses vers la seule vérité,
Fit, sans être malin, ses plus grandes malices,
Et qu'enfin sa candeur seule a fait tous ses vices.
Dites que, harcelé par les plus vils rimeurs,
Jamais, blessant leurs vers, il n'effleura leurs mœurs :

Libre dans ses discours, mais pourtant toujours sage,
Assez foible de corps, assez doux de visage,
Ni petit, ni trop grand, très-peu voluptueux,
Ami de la vertu plutôt que vertueux.

 Que si quelqu'un, MES VERS, alors vous importune
Pour savoir mes parens, ma vie et ma fortune,
Contez-lui qu'allié d'assez hauts magistrats,
Fils d'un pere greffier, né d'aïeux avocats,
Dès le berceau perdant une fort jeune mere,
Réduit seize ans après à pleurer mon vieux pere.
J'allai d'un pas hardi, par moi-même guidé,
Et de mon seul génie en marchant secondé,
Studieux amateur et de Perse et d'Horace,
Assez près de Regnier m'asseoir sur le Parnasse ;
Que, par un coup du sort au grand jour amené,
Et des bords du Permesse à la Cour entraîné,
Je sus, prenant l'essor par des routes nouvelles,
Elever assez haut mes poëtiques ailes ;
Que ce roi dont le nom fait trembler tant de rois
Voulut bien que ma main crayonnât ses exploits ;
Que plus d'un grand m'aima jusques à la tendresse ;
Que ma vue à Colbert inspiroit l'alégresse ;
Qu'aujourd'hui même encor, de deux sens affoibli,
Retiré de la Cour, et non mis en oubli,
Plus d'un héros, épris des fruits de mon étude,
Vient quelquefois chez moi 7 goûter la solitude.

 Mais des heureux regards de mon astre étonnant
Marquez bien cet effet encor plus surprenant,
Qui dans mon souvenir aura toujours sa place :
Que de tant d'écrivains de l'école d'Ignace
Etant, comme je suis, ami si déclaré,
Ce docteur toutefois si craint, si révéré,
Qui contre eux de sa plume épuisa l'énergie,
Arnauld, le grand Arnauld fit mon apologie.
Sur mon tombeau futur, MES VERS, pour l'énoncer,
Courez en lettres d'or de ce pas vous placer :

9.

Allez, jusqu'où l'Aurore en naissant voit l'Hydaspe,
Chercher, pour l'y graver, le plus précieux jaspe.
Sur-tout à mes rivaux sachez bien l'étaler.

Mais je vous retiens trop. C'est assez vous parler.
Déjà plein du beau feu qui pour vous le transporte,
Barbin impatient chez moi frappe à la porte:
Il vient pour vous chercher. C'est lui: j'entends sa voix.
Adieu, MES VERS, adieu, pour la derniere fois.

---

1 Tels sont, par exemple, ces vers de notre auteur:
J'appelle un chat un chat, et Rollet un fripon. S. I, v. 52.
La Raison dit Virgile, et la Rime Quinaut. S. II, v. 20.
Des sottises d'autrui nous vivons au Palais. E. II, v. 51.
Un sot trouve toujours un plus sot qui l'admire. A. Ch. I, v. d.
Un fat quelquefois ouvre un avis important. A. Ch. IV, v. 50.

2 L'Auteur avoit pris la perruque.

3 Vers du *Cid*.

4 Terme de la 10e Satire, fortement critiqué.

5 Pieces de Théâtre de Pradon.

6 De la vue et de l'ouïe.

7 A Auteuil.

EPITRE XI.

A MON JARDINIER.

Dans cette Epître l'Auteur s'entretient avec son Jardinier; et, par des discours proportionnés aux connoissances d'un villageois, il lui explique les difficultés de la poësie, et la peine qu'il y a surtout d'exprimer noblement et avec élégance les choses les plus communes et les plus seches. De là il prend occasion de lui démontrer que le travail est nécessaire à l'homme pour être heureux. Cette Épître fut composée en 1695. Horace a aussi adressé une épître à son fermier: c'est la quatorzieme du premier Livre.

LABORIEUX valet du plus commode maître
Qui pour te rendre heureux ici-bas pouvoit naître,

EPITRE XI.

Antoine, gouverneur de mon jardin d'Auteuil,
Qui diriges chez moi l'if et le chevrefeuil,
Et sur mes espaliers, industrieux génie,
Sais si bien exercer l'art de la Quintinie [1];
Oh! que de mon esprit triste et mal ordonné,
Ainsi que de ce champ par toi si bien orné,
Ne puis-je faire ôter les ronces, les épines,
Et des défauts sans nombre arracher les racines!
   Mais parle: raisonnons. Quand, du matin au soir,
Chez moi poussant la bêche, ou portant l'arrosoir,
Tu fais d'un sable aride une terre fertile,
Et rends tout mon jardin à tes loix si docile;
Que dis-tu de m'y voir rêveur, capricieux,
Tantôt baissant le front, tantôt levant les yeux,
De paroles en l'air par élans envolées
Effrayer les oiseaux perchés dans mes allées?
Ne soupçonnes-tu point qu'agité du démon,
Ainsi que ce cousin [2] des quatre fils Aimon,
Dont tu lis quelquefois la merveilleuse histoire,
Je rumine en marchant quelque endroit du grimoire?
Mais non : tu te souviens qu'au village on t'a dit
Que ton maître est nommé pour coucher par écrit
Les faits d'un Roi plus grand en sagesse, en vaillance,
Que Charlemagne aidé des douze Pairs de France.
Tu crois qu'il y travaille, et qu'au long de ce mur
Peut-être en ce moment il prend Mons et Namur.
   Que penserois-tu donc, si l'on t'alloit apprendre
Que ce grand chroniqueur des gestes d'Alexandre,
Aujourd'hui méditant un projet tout nouveau,
S'agite, se démene, et s'use le cerveau,
Pour te faire à toi-même en rimes insensées
Un bizarre portrait de ses folles pensées?
Mon maître, dirois-tu, passe pour un docteur,
Et parle quelquefois mieux qu'un prédicateur :
Sous ces arbres pourtant de si vaines sornettes
Il n'iroit point troubler la paix de ces fauvettes,

S'il lui falloit toujours, comme moi, s'exercer,
Labourer, couper, tondre, aplanir, palisser,
Et, dans l'eau de ces puits sans relâche tirée,
De ce sable étancher la soif démesurée.
 Antoine, de nous deux tu crois donc, je le voi,
Que le plus occupé dans ce jardin, c'est toi ?
Oh ! que tu changerois d'avis et de langage,
Si deux jours seulement, libre du jardinage,
Tout-à-coup devenu poëte et bel esprit,
Tu t'allois engager à polir un écrit
Qui dît, sans s'avilir, les plus petites choses;
Fît, des plus secs chardons, des œillets et des roses ;
Et sût même au discours de la rusticité
Donner de l'élégance et de la dignité ;
Un ouvrage, en un mot, qui, juste en tous ses termes,
Sût plaire à d'Aguesseau [3], sût satisfaire Termes;
Sût, dis-je, contenter en paroissant au jour,
Ce qu'ont d'esprits plus fins et la Ville et la Cour !
Bientôt de ce travail revenu sec et pâle,
Et le teint plus jauni que de vingt ans de hâle,
Tu dirois, reprenant ta pelle et ton rateau :
J'aime mieux mettre encor cent arpens au niveau
Que d'aller follement, égaré dans les nues,
Me lasser à chercher des visions cornues,
Et, pour lier des mots si mal s'entr'accordans,
Prendre dans ce jardin la lune avec les dents.
 Approche donc, et viens; qu'un paresseux t'apprenne,
Antoine, ce que c'est que fatigue et que peine.
L'homme ici-bas, toujours inquiet et gêné,
Est, dans le repos même, au travail condamné.
La fatigue l'y suit. C'est en vain qu'aux poëtes
Les neuf trompeuses Sœurs dans leurs douces retraites
Promettent du repos sous leurs ombrages frais :
Dans ces tranquilles bois pour eux plantés exprès,
La cadence aussitôt, la rime, la césure,
La riche expression, la nombreuse mesure,

Sorcieres dont l'amour sait dabord les charmer,
De fatigues sans fin viennent les consumer.
Sans cesse poursuivant ces fugitives fées [4],
On voit sous les lauriers haleter les Orphées.
Leur esprit toutefois se plaît dans son tourment,
Et se fait de sa peine un noble amusement.
Mais je ne trouve point de fatigue si rude
Que l'ennuyeux loisir d'un mortel sans étude,
Qui, jamais ne sortant de sa stupidité,
Soutient, dans les langueurs de son oisiveté,
D'une lâche indolence esclave volontaire,
Le pénible fardeau de n'avoir rien à faire.
Vainement offusqué de ses pensers épais,
Loin du trouble et du bruit il croit trouver la paix:
Dans le calme odieux de sa sombre paresse,
Tous les honteux plaisirs, enfans de la mollesse,
Usurpant sur son ame un absolu pouvoir,
De monstrueux desirs le viennent émouvoir,
Irritent de ses sens la fureur endormie,
Et le font le jouet de leur triste infamie.
Puis sur leurs pas soudain arrivent les remords:
Et bientôt avec eux tous les fléaux du corps,
La pierre, la colique, et les gouttes cruelles; (les,
Guénaud, Rainssant, Brayer [5], presqu'aussi tristes qu'el-
Chez l'indigne mortel courent tous s'assembler,
De travaux douloureux le viennent accabler;
Sur le duvet d'un lit, théâtre de ses gênes,
Lui font scier des rocs, lui font fendre des chênes,
Et le mettent au point d'envier ton emploi.
Reconnois donc, Antoine, et conclus avec moi,
Que la pauvreté mâle, active et vigilante,
Est, parmi les travaux, moins lasse et plus contente
Que la richesse oisive au sein des voluptés.
Je te vais sur cela prouver deux vérités:
L'une, que le travail, aux hommes nécessaire,
Fait leur félicité plutôt que leur misère;

Et l'autre, qu'il n'est point de coupable en repos.
C'est ce qu'il faut ici montrer en peu de mots.
Suis-moi donc. Mais je vois sur ce début de prône,
Que ta bouche déjà s'ouvre large d'une aune,
Et que, les yeux fermés, tu baisses le menton.
Ma foi, le plus sûr est de finir ce sermon.
Aussi-bien j'aperçois ces melons qui t'attendent,
Et ces fleurs qui là-bas 'entre elles se demandent
S'il est fête au village, et pour quel saint nouveau
On les laisse aujourd'hui si long-tems manquer d'eau.

---

1 Célèbre directeur des Jardins du Roi.
2 L'Enchanteur Maugis.
3 Alors Avocat général, puis Procureur général, et enfin Chancelier.
4 Les Muses.
5 Fameux Médecin de la Faculté de Paris.

EPITRE XII.

A M. L'ABBÉ RENAUDOT.

Le sujet de cette Epître, composée en 1695, est l'AMOUR DE DIEU. Le dessein de l'Auteur en traitant cette matière, a été de faire voir que la Poësie, que bien des personnes regardent comme un amusement frivole, peut traiter les sujets les plus relevés. En effet le Poëte soutient ici les sentimens de la plus saine théologie sur l'Amour de Dieu, avec une vigueur et une noblesse dignes de son sujet.

Docte abbé[1], tu dis vrai, l'homme, au crime attaché,
En vain, sans aimer Dieu, croit sortir du péché.
Toutefois, n'en déplaise aux transports frénétiques
Du fougueux moine[2] auteur des troubles Germaniques,
Des tourmens de l'enfer la salutaire peur
N'est pas toujours l'effet d'une noire vapeur

EPITRE XII.

Qui de remords sans fruit agitant le coupable,
Aux yeux de Dieu le rende encor plus haïssable :
Cette utile frayeur, propre à nous pénétrer,
Vient souvent de la grace en nous prête d'entrer,
Qui veut dans notre cœur se rendre la plus forte,
Et, pour se faire ouvrir, déjà frappe à la porte.
Si le pécheur, poussé de ce saint mouvement,
Reconnoissant son crime, aspire au sacrement,
Souvent Dieu tout-à-coup d'un vrai zele l'enflamme ;
Le Saint-Esprit revient habiter dans son ame,
Y convertit enfin les ténèbres en jour,
Et la crainte servile en filial amour.
C'est ainsi que souvent la sagesse suprême,
Pour chasser le démon, se sert du démon même.
Mais lorsqu'en sa malice un pécheur obstiné,
Des horreurs de l'enfer vainement étonné,
Loin d'aimer, humble fils, son véritable pere,
Craint et regarde Dieu comme un tyran sévere,
Au bien qu'il nous promet ne trouve aucun appas,
Et souhaite en son cœur que ce Dieu ne soit pas :
En vain, la peur sur lui remportant la victoire,
Aux pieds d'un prêtre il court décharger sa mémoire :
Vil esclave toujours sous le joug du péché,
Au démon qu'il redoute il demeure attaché.
L'amour, essentiel à notre pénitence,
Doit être l'heureux fruit de notre repentance.
Non, quoi que l'ignorance enseigne sur ce point,
Dieu ne fait jamais grace à qui ne l'aime point.
A le chercher la peur nous dispose et nous aide :
Mais il ne vient jamais, que l'amour ne succede.
Cessez de m'opposer vos discours imposteurs,
Confesseurs insensés, ignorans séducteurs,
Qui, pleins de vains propos que l'erreur vous débite,
Vous figurez qu'en vous un pouvoir sans limite
Justifie à coup sûr tout pécheur alarmé,
Et que, sans aimer Dieu, l'on peut en être aimé.

EPITRE XII.

Quoi donc! cher RENAUDOT, un chrétien effroyable,
Qui jamais, servant Dieu, n'eut d'objet que le diable,
Pourra, marchant toujours dans des sentiers maudits,
Par des formalités gagner le paradis!
Et, parmi les élus, dans la gloire éternelle,
Pour quelques sacremens reçus sans aucun zele,
Dieu fera voir aux yeux des Saints épouvantés
Son ennemi mortel assis à ses côtés!
Peut-on se figurer de si folles chimeres!
On voit pourtant, on voit des docteurs même austeres
Qui, les semant par-tout, s'en vont pieusement
De toute piété saper le fondement;
Qui, le cœur infecté d'erreurs si criminelles,
Se disent hautement les purs, les vrais fideles;
Traitant d'abord d'impie et d'hérétique affreux
Quiconque ose pour Dieu se déclarer contre eux.
De leur audace en vain les vrais chrétiens gémissent:
Prêts à la repousser les plus hardis mollissent;
Et, voyant contre Dieu le diable accrédité,
N'osent qu'en bégayant prêcher la vérité.
Mollirons-nous aussi? Non, sans peur, sur ta trace,
Docte abbé, de ce pas j'irai leur dire en face:
Ouvrez les yeux enfin, aveugles dangereux.
Oui, je vous le soutiens, il seroit moins affreux,
De ne point reconnoître un Dieu maître du monde,
Et qui regle à son gré le ciel, la terre et l'onde,
Qu'en avouant qu'il est, et qu'il sut tout former,
D'oser dire qu'on peut lui plaire sans l'aimer.
Un si bas, si honteux, si faux christianisme
Ne vaut pas des Platons l'éclairé paganisme;
Et chérir les vrais biens, sans en savoir l'auteur,
Vaut mieux que, sans l'aimer, connoître un créateur.
Expliquons-nous pourtant. Par cette ardeur si sainte,
Que je veux qu'en un cœur amene enfin la crainte,
Je n'entends pas ici ce doux saisissement,
Ces transports pleins de joie et de ravissement

Qui font des bienheureux la juste récompense,
Et qu'un cœur rarement goûte ici par avance.
Dans nous l'amour de Dieu, fécond en saints desirs,
N'y produit pas toujours de sensibles plaisirs.
Souvent le cœur qui l'a ne le sait pas lui-même :
Tel craint de n'aimer pas, qui sincerement aime;
Et tel croit au contraire être brûlant d'ardeur,
Qui n'eut jamais pour Dieu que glace et que froideur.
C'est ainsi quelquefois qu'un indolent mystique,
Au milieu des péchés tranquille fanatique,
Du plus parfait amour pense avoir l'heureux don,
Et croit posséder Dieu, dans les bras du démon.

Voulez-vous donc savoir si la foi dans votre ame
Allume les ardeurs d'une sincere flamme,
Consultez-vous vous-même. A ses regles soumis,
Pardonnez-vous sans peine à tous vos ennemis?
Combattez-vous vos sens? domptez-vous vos foiblesses?
Dieu dans le pauvre est-il l'objet de vos largesses?
Enfin dans tous ses points pratiquez-vous sa loi?
Oui, dites-vous. Allez, vous l'aimez, croyez-moi.
Qui fait exactement ce que ma loi commande,
A pour moi, dit ce Dieu, *l'amour que je demande.*
Faites-le donc; et, sûr qu'il nous veut sauver tous,
Ne vous alarmez point pour quelques vains dégoûts
Qu'en sa ferveur souvent la plus sainte ame éprouve :
Marchez, courez à lui : qui le cherche le trouve.
Et plus de votre cœur il paroît s'écarter,
Plus par vos actions songez à l'arrêter.
Mais ne soutenez point cet horrible blasphême;
Qu'un sacrement reçu, qu'un prêtre, que Dieu même,
Quoi que vos faux docteurs osent vous avancer,
De l'amour qu'on lui doit puissent vous dispenser.

Mais s'il faut qu'avant tout, dans une ame chrétienne,
Diront ces grands docteurs, l'amour de Dieu survienne,
Puisque ce seul amour suffit pour nous sauver,
De quoi le sacrement viendra-t-il nous laver?

Sa vertu n'est donc plus qu'une vertu frivole?
Oh! le bel argument digne de leur école!
Quoi! dans l'amour divin en nos cœurs allumé,
Le vœu du sacrement n'est-il pas renfermé?
Un païen converti, qui croit un Dieu suprême,
Peut-il être chrétien qu'il n'aspire au baptême,
Ni le chrétien en pleurs être vraiment touché,
Qu'il ne veuille à l'Eglise avouer son péché?
Du funeste esclavage où le démon nous traîne
C'est le sacrement seul qui peut rompre la chaîne :
Aussi l'amour d'abord y court avidement;
Mais lui-même il en est l'ame et le fondement.
Lorsqu'un pécheur, ému d'une humble repentance,
Par les degrés prescrits court à la pénitence,
S'il n'y peut parvenir, Dieu sait les supposer.
Le seul amour manquant ne peut point s'excuser :
C'est par lui que dans nous la grace fructifie :
C'est lui qui nous ranime, et qui nous vivifie ;
Pour nous rejoindre à Dieu, lui seul est le lien;
Et sans lui, foi, vertus, sacremens, tout n'est rien.

 A ces discours pressans que sauroit-on répondre?
Mais approchez; je veux encor mieux vous confondre,
Docteurs. Dites-moi donc : quand nous sommes absous,
Le Saint-Esprit est-il, ou n'est-il pas, en nous?
S'il est en nous, peut-il, n'étant qu'amour lui-même,
Ne nous échauffer point de son amour suprême?
Et s'il n'est pas en nous, Satan toujours vainqueur
Ne demeure-t-il pas maître de notre cœur?
Avouez donc qu'il faut qu'en nous l'amour renaisse:
Et n'allez point, pour fuir la raison qui vous presse,
Donner le nom d'amour au trouble inanimé
Qu'au cœur d'un criminel la peur seule a formé.
L'ardeur qui justifie, et que Dieu nous envoie,
Quoiqu'ici-bas souvent inquiete et sans joie,
Est pourtant cette ardeur, ce même feu d'amour,
Dont brûle un bienheureux en l'éternel séjour.

EPITRE XII.

Dans le fatal instant qui borne notre vie,
Il faut que de ce feu notre ame soit remplie;
Et Dieu, sourd à nos cris, s'il ne l'y trouve pas,
Ne l'y rallume plus après notre trépas.
Rendez-vous donc enfin à ces clairs syllogismes;
Et ne prétendez plus, par vos confus sophismes,
Pouvoir encore aux yeux du fidele éclairé
Cacher l'amour de Dieu dans l'école égaré.
Apprenez que la gloire où le ciel nous appelle
Un jour des vrais enfans doit couronner le zele,
Et non les froids remords d'un esclave craintif,
Où crut voir Abelli 3 quelque amour négatif.
 Mais quoi! j'entends déjà plus d'un fier scholastique
Qui, me voyant ici sur ce ton dogmatique,
En vers audacieux traiter ces points sacrés,
Curieux, me demande où j'ai pris mes dégrés;
Et si, pour m'éclairer sur ces sombres matieres,
Deux cents auteurs extraits m'ont prêté leurs lumieres.
Non. Mais pour décider que l'homme, qu'un chrétien
Est obligé d'aimer l'unique auteur du bien,
Le Dieu qui le nourrit, le Dieu qui le fit naître,
Qui nous vint par sa mort donner un second être,
Faut-il avoir reçu le bonnet doctoral;
Avoir extrait Gamache, Isambert et du Val 4?
Dieu, dans son livre saint, sans chercher d'autre ouvrage,
Ne l'a-t-il pas écrit lui-même à chaque page?
De vains docteurs encore, ô prodige honteux!
Oseront nous en faire un problème douteux!
Viendront traiter d'erreur digne de l'anathême
L'indispensable loi d'aimer Dieu pour lui-même,
Et, par un dogme faux dans nos jours enfanté,
Des devoirs du chrétien rayer la charité!
 Si j'allois consulter chez eux le moins sévere,
Et lui disois: Un fils doit-il aimer son pere?
Ah! peut-on en douter? diroit-il brusquement.
Et quand je leur demande en ce même moment:

EPITRE XII.

L'homme, ouvrage d'un Dieu seul bon et seul aimable,
Doit-il aimer ce Dieu, son père véritable?
Leur plus rigide auteur n'ose le décider,
Et craint, en l'affirmant, de se trop hasarder!
   Je ne m'en puis défendre; il faut que je t'écrive
La figure bizarre, et pourtant assez vive,
Que je sus l'autre jour employer dans son lieu,
Et qui déconcerta ces ennemis de Dieu.
Au sujet d'un écrit qu'on nous venoit de lire,
Un d'entre eux m'insulta sur ce que j'osai dire
Qu'il faut, pour être absous d'un crime confessé,
Avoir pour Dieu du moins un amour commencé.
Ce dogme, me dit-il, est un pur calvinisme.
O ciel! me voilà donc dans l'erreur, dans le schisme,
Et partant réprouvé! Mais, poursuivis-je alors,
Quand Dieu viendra juger les vivans et les morts,
Et des humbles agneaux, objets de sa tendresse,
Séparera des boucs la troupe pécheresse,
A tous il nous dira, sévère ou gracieux,
Ce qui nous fit impurs ou justes à ses yeux.
Selon vous donc, à moi réprouvé, bouc infâme,
Va brûler, dira-t-il, en l'éternelle flamme,
Malheureux qui soutins que l'homme dût m'aimer;
Et qui, sur ce sujet trop prompt à déclamer,
Prétendis qu'il falloit, pour fléchir ma justice,
Que le pécheur, touché de l'horreur de son vice,
De quelque ardeur pour moi sentît les mouvemens,
Et gardât le premier de mes commandemens!
Dieu, si je vous en crois, me tiendra ce langage:
Mais à vous, tendre agneau, son plus cher héritage,
Orthodoxe ennemi d'un dogme si blâmé,
Venez, vous dira-t-il, venez, mon bien aimé:
Vous qui, dans les détours de vos raisons subtiles
Embarrassant les mots d'un des plus saints conciles,
Avez délivré l'homme, ô l'utile docteur!
De l'importun fardeau d'aimer son créateur;

Entrez au ciel, venez, comblé de mes louanges,
Du besoin d'aimer Dieu désabuser les Anges.
A de tels mots, si Dieu pouvoit les prononcer,
Pour moi je répondrois, je crois, sans l'offenser : (che,
Oh! que pour vous mon cœur moins dur et moins farou-
Seigneur; n'a-t-il, hélas! parlé comme ma bouche!
Ce seroit ma réponse à ce Dieu fulminant.
Mais vous, de ses douceurs objet fort surprenant,
Je ne sais pas comment, ferme en votre doctrine,
Des ironiques mots de sa bouche divine
Vous pourriez sans rougeur et sans confusion,
Soutenir l'amertume et la dérision.
 L'audace du docteur, par ce discours frappée,
Demeura sans réplique à ma prosopopée.
Il sortit tout-à-coup, et, murmurant tout bas
Quelques termes d'aigreur que je n'entendis pas,
S'en alla chez Binsfeld, ou chez Basile Pouce 6,
Sur l'heure à mes raisons chercher une réponse.

---

1 Il possédoit à fond dix-sept langues, et les parloit, la plupart, avec facilité.

2 Luther, Moine allemand.

3 Docteur en théologie. *Voyez la note* 12, *du Ch. IV, du Lutrin.*

4 Trois célèbres Docteurs de Sorbonne et Professeurs en théologie.

5 Le *Concile de Trente.*

6 Deux défenseurs de la fausse Attrition; le premier étoit Chanoine de Treves, et l'autre étoit de l'Ordre de Saint-Augustin.

AVERTISSEMENT.

C'est à M. Despréaux principalement que la France est redevable de cette justesse et de cette solidité qui se font remarquer dans les ouvrages de nos bons écrivains. Ce sont ses premières productions qui ont le plus contribué à bannir l'affectation et le mauvais goût. Mais c'était peu pour lui d'avoir corrigé les poëtes par sa critique, s'il ne les avoit encore instruits par ses préceptes. Dans cette vue, il forma le dessein de composer un art poëtique.

Le célèbre M. Patru, à qui il communiqua son dessein, ne crut pas qu'il fût possible de l'exécuter avec succès. Il convenoit qu'on pouvoit bien expliquer les regles générales de la poësie, à l'exemple d'Horace ; mais pour les regles particulieres, ce détail ne lui paroissoit pas propre à être mis en vers françois; et il eut assez mauvaise opinion de notre poësie, pour la croire incapable de se soutenir dans des matieres aussi seches que le sont de simples préceptes.

Néanmoins les difficultés que ce judicieux critique prévoyoit, bien loin d'effrayer notre poëte, ne servirent qu'à l'animer, et à lui donner une plus grande idée de son entreprise. Il commença dès-lors à travailler à son Art Poëtique, et quelque tems après il en alla réciter le commencement à son ami, qui, voyant la noble audace avec laquelle notre Auteur entroit en matiere, changea de sentiment, et l'exhorta bien sérieusement à continuer.

L'Art Poëtique passe communément pour le chef-d'œuvre de notre Auteur. Trois choses principalement le rendent considérable : la difficulté de l'entreprise, la beauté des vers et l'utilité de l'ouvrage.

On peut même lui donner une autre louange que sa modestie lui faisoit rejeter : c'est qu'il y a plus d'ordre dans sa poëtique, que dans celle d'Horace ; et qu'il est entré bien plus avant que cet ancien dans le détail des regles de la poësie.

L'ART POËTIQUE.

CHANT PREMIER.

Dans ce premier Chant, l'Auteur donne des regles générales pour la poësie ; mais ces regles n'appartiennent point si proprement à cet art, qu'elles ne puissent aussi être pratiquées utilement dans les autres genres d'écriture. Une courte digression renferme l'histoire de la poësie françoise, depuis Villon jusqu'à Malherbe.

C'est en vain qu'au Parnasse un téméraire auteur
Pense de l'art des vers atteindre la hauteur :
S'il ne sent point du ciel l'influence secrete,
Si son astre en naissant ne l'a formé poëte,
Dans son génie étroit il est toujours captif ;
Pour lui Phébus est sourd, et Pégase est rétif.
O vous donc qui, brûlant d'une ardeur périlleuse,
Courez du bel esprit la carriere épineuse,
N'allez pas sur des vers sans fruit vous consumer,
Ni prendre pour génie un amour de rimer :
Craignez d'un vain plaisir les trompeuses amorces,
Et consultez long-tems votre esprit et vos forces.
La nature, fertile en esprits excellens,
Sait entre les auteurs partager les talens :
L'un peut tracer en vers une amoureuse flamme ;
L'autre, d'un trait plaisant aiguiser l'épigramme :
Malherbe d'un héros peut vanter les exploits ;
Racan, chanter Philis, les bergers et les bois.
Mais souvent un esprit qui se flatte et qui s'aime,
Méconnoît son génie, et s'ignore soi-même :
Ainsi tel[1], autrefois qu'on vit avec Faret[2]
Charbonner de ses vers les murs d'un cabaret,

S'en va, mal à propos, d'une voix insolente,
Chanter du peuple Hébreu la fuite triomphante,
Et, poursuivant Moïse au travers des déserts,
Court avec Pharaon se noyer dans les mers.

   Quelque sujet qu'on traite, ou plaisant, ou sublime,
Que toujours le bon sens s'accorde avec la rime :
L'un l'autre vainement ils semblent se haïr ;
La rime est une esclave, et ne doit qu'obéir.
Lorsqu'à la bien chercher d'abord on s'évertue,
L'esprit à la trouver aisément s'habitue ;
Au joug de la raison sans peine elle fléchit,
Et, loin de la gêner, la sert et l'enrichit.
Mais, lorsqu'on la néglige, elle devient rebelle ;
Et pour la rattraper le sens court après elle.
Aimez donc la raison : que toujours vos écrits
Empruntent d'elle seule et leur lustre et leur prix.

   La plupart, emportés d'une fougue insensée,
Toujours loin du droit sens vont chercher leur pensée :
Ils croiroient s'abaisser, dans leurs vers monstrueux,
S'ils pensoient ce qu'un autre a pu penser comme eux.
Evitons ces excès. Laissons à l'Italie
De tous ces faux brillans l'éclatante folie.
Tout doit tendre au bon sens : mais, pour y parvenir,
Le chemin est glissant et pénible à tenir ;
Pour peu qu'on s'en écarte, aussi-tôt on se noie.
La raison pour marcher n'a souvent qu'une voie.

   Un auteur quelquefois trop plein de son objet
Jamais sans l'épuiser n'abandonne un sujet.
S'il rencontre un palais, il m'en dépeint la face ;
Il me promène après de terrasse en terrasse ;
Ici s'offre un perron ; là règne un corridor ;
Là ce balcon s'enferme en un balustre d'or.
Il compte des plafonds les ronds et les ovales :
Ce ne sont que festons, ce ne sont qu'astragales[3].
Je saute vingt feuillets pour en trouver la fin ;
Et je me sauve à peine au travers du jardin.

Fuyez de ces auteurs l'abondance stérile ;
Et ne vous chargez point d'un détail inutile.
Tout ce qu'on dit de trop est fade et rebutant,
L'esprit rassasié le rejette à l'instant.
Qui ne sait se borner, ne sut jamais écrire.
　Souvent la peur d'un mal nous conduit dans un pire :
Un vers étoit trop foible ; et vous le rendez dur :
J'évite d'être long ; et je deviens obscur :
L'un n'est point trop fardé ; mais sa muse est trop nue :
L'autre a peur de ramper ; il se perd dans la nue.
　Voulez-vous du public mériter les amours ?
Sans cesse en écrivant variez vos discours.
Un style trop égal et toujours uniforme
En vain brille à nos yeux, il faut qu'il nous endorme.
On lit peu ces auteurs, nés pour nous ennuyer,
Qui toujours sur un ton semblent psalmodier.
　Heureux qui, dans ses vers, sait d'une voix légere
Passer du grave au doux, du plaisant au sévere !
Son livre, aimé du ciel, et chéri des lecteurs,
Est souvent chez Barbin entouré d'acheteurs.
　Quoi que vous écriviez, évitez la bassesse :
Le style le moins noble a pourtant sa noblesse.
Au mépris du bon sens, le burlesque effronté
Trompa les yeux d'abord, plut par sa nouveauté :
On ne vit plus en vers que pointes triviales ;
Le Parnasse parla le langage des halles :
La licence à rimer alors n'eut plus de frein ;
Apollon travesti [4] devint un Tabarin [5].
Cette contagion infecta les provinces,
Du clerc et du bourgeois passa jusques aux princes :
Le plus mauvais plaisant eut ses approbateurs ;
Et, jusqu'à d'Assouci [6], tout trouva des lecteurs.
Mais de ce style enfin la cour désabusée
Dédaigna de ces vers l'extravagance aisée,
Distingua le naïf du plat et du bouffon,
Et laissa la province admirer le Typhon [7].

Que ce style jamais ne souille votre ouvrage.
Imitons de Marot l'élégant badinage,
Et laissons le burlesque aux plaisans du Pont-Neuf.
 Mais n'allez point aussi, sur les pas de Brébeuf,
Même en une Pharsale, entasser sur les rives
De morts et de mourans cent montagnes plaintives.
Prenez mieux votre ton. Soyez simple avec art,
Sublime sans orgueil, agréable sans fard.
 N'offrez rien au lecteur que ce qui peut lui plaire.
Ayez pour la cadence une oreille sévere :
Que toujours dans vos vers le sens coupant les mots
Suspende l'hémistiche, en marque le repos.
 Gardez qu'une voyelle à courir trop hâtée,
Ne soit d'une voyelle en son chemin heurtée.
 Il est un heureux choix de mots harmonieux.
Fuyez des mauvais sons le concours odieux ;
Le vers le mieux rempli, la plus noble pensée,
Ne peut plaire à l'esprit quand l'oreille est blessée.
 Durant les premiers ans du Parnasse François,
Le caprice tout seul faisoit toutes les loix.
La rime, au bout des mots assemblés sans mesure,
Tenoit lieu d'ornemens, de nombre et de césure.
Villon sut le premier, dans ces siecles grossiers,
Débrouiller l'art confus de nos vieux romanciers.
Marot bientôt après fit fleurir les Ballades,
Tourna des Triolets, rima des Mascarades,
A des refrains réglés asservit les Rondeaux,
Et montra pour rimer des chemins tout nouveaux.
Ronsard, qui le suivit, par une autre méthode,
Réglant tout, brouilla tout, fit un art à sa mode,
Et toutefois long-tems eut un heureux destin.
Mais sa muse, en françois parlant grec et latin,
Vit dans l'âge suivant, par un retour grotesque,
Tomber de ses grands mots le faste pédantesque.
Ce poëte orgueilleux, trébuché de si haut,
Rendit plus retenus Desportes et Bertaut[2].

Enfin Malherbe vint; et, le premier en France,
Fit sentir dans les vers une juste cadence,
D'un mot mis en sa place enseigna le pouvoir,
Et réduisit la muse aux regles du devoir.
Par ce sage écrivain la langue réparée
N'offrit plus rien de rude à l'oreille épurée.
Les stances avec grace apprirent à tomber,
Et le vers sur le vers n'osa plus enjamber.
Tout reconnut ses loix; et ce guide fidele
Aux auteurs de ce tems sert encor de modele.
Marchez donc sur ses pas; aimez sa pureté,
Et de son tour heureux imitez la clarté.
Si le sens de vos vers tarde à se faire entendre,
Mon esprit aussitôt commence à se détendre;
Et, de vos vains discours prompt à se détacher,
Ne suit point un auteur qu'il faut toujours chercher.

 Il est certains esprits, dont les sombres pensées
Sont d'un nuage épais toujours embarrassées;
Le jour de la raison ne le sauroit percer.
Avant donc que d'écrire, apprenez à penser.
Selon que notre idée est plus ou moins obscure,
L'expression la suit, ou moins nette, ou plus pure.
Ce que l'on conçoit bien s'énonce clairement,
Et les mots pour le dire arrivent aisément.

 Surtout qu'en vos écrits la langue révérée
Dans vos plus grands excès vous soit toujours sacrée.
En vain vous me frappez d'un son mélodieux,
Si le terme est impropre, ou le tour vicieux :
Mon esprit n'admet point un pompeux barbarisme,
Ni d'un vers ampoulé l'orgueilleux solécisme.
Sans la langue, en un mot, l'auteur le plus divin
Est toujours, quoi qu'il fasse, un méchant écrivain.

 Travaillez à loisir, quelque ordre qui vous presse,
Et ne vous piquez point d'une folle vîtesse :
Un style si rapide, et qui court en rimant,
Marque moins trop d'esprit, que peu de jugement.

J'aime mieux un ruisseau qui, sur la molle arene,
Dans un pré plein de fleurs lentement se promene,
Qu'un torrent débordé qui, d'un cours orageux,
Roule, plein de gravier, sur un terrein fangeux.
Hâtez-vous lentement ; et, sans perdre courage,
Vingt fois sur le métier remettez votre ouvrage :
Polissez-le sans cesse et le repolissez ;
Ajoutez quelquefois, et souvent effacez.
   C'est peu qu'en un ouvrage où les fautes fourmillent
Des traits d'esprit semés de tems en tems pétillent :
Il faut que chaque chose y soit mise en son lieu ;
Que le début, la fin, répondent au milieu ;
Que d'un art délicat les pieces assorties,
N'y forment qu'un seul tout de diverses parties ;
Que jamais du sujet le discours s'écartant
N'aille chercher trop loin quelque mot éclatant.
   Craignez-vous pour vos vers la censure publique ?
Soyez-vous à vous-même un sévere critique :
L'ignorance toujours est prête à s'admirer.
   Faites-vous des amis prompts à vous censurer ;
Qu'ils soient de vos écrits les confidens sinceres,
Et de tous vos défauts les zélés adversaires :
Dépouillez devant eux l'arrogance d'auteur,
Mais sachez de l'ami discerner le flatteur :
Tel vous semble applaudir, qui vous raille et vous joue.
Aimez qu'on vous conseille, et non pas qu'on vous loue.
   Un flatteur aussitôt cherche à se récrier :
Chaque vers qu'il entend le fait extasier.
Tout est charmant, divin ; aucun mot ne le blesse :
Il trépigne de joie, il pleure de tendresse :
Il vous comble par-tout d'éloges fastueux.
La vérité n'a point cet air impétueux.
   Un sage ami, toujours rigoureux, inflexible,
Sur vos fautes jamais ne vous laisse paisible :
Il ne pardonne point les endroits négligés ;
Il renvoie en leur lieu les vers mal arrangés ;

CHANT I.

Il réprime des mots l'ambitieuse emphase ;
Ici le sens le choque, et plus loin c'est la phrase :
Votre construction semble un peu s'obscurcir :
Ce terme est équivoque ; il le faut éclaircir.
C'est ainsi que vous parle un ami véritable.
Mais souvent sur ses vers un auteur intraitable
A les protéger tous se croit intéressé,
Et d'abord prend en main le droit de l'offensé.
De ce vers, direz-vous, l'expression est basse.
Ah ! Monsieur, pour ce vers je vous demande grace.
Répondra-t-il d'abord. Ce mot me semble froid,
Je le retrancherois. C'est le plus bel endroit !
Ce tour ne me plaît pas. Tout le monde l'admire !
Ainsi toujours constant à ne se point dédire,
Qu'un mot dans son ouvrage ait paru vous blesser,
C'est un titre chez lui pour ne point l'effacer.
Cependant, à l'entendre, il chérit la critique :
Vous avez sur ses vers un pouvoir despotique.
Mais tout ce beau discours dont il vient vous flatter
N'est rien qu'un piège adroit pour vous les réciter.
Aussitôt il vous quitte ; et, content de sa muse,
S'en va chercher ailleurs quelque fat qu'il abuse :
Car souvent il en trouve. Ainsi qu'en sots auteurs,
Notre siecle est fertile en sots admirateurs ;
Et sans ceux que fournit la ville et la province,
Il en est chez le duc, il en est chez le prince.
L'ouvrage le plus plat a, chez les courtisans,
De tout tems rencontré de zélés partisans ;
Et, pour finir enfin par un trait de satire,
Un sot trouve toujours un plus sot qui l'admire.

CHANT II.

Dans ce second Chant et dans le troisieme, notre Auteur explique le détail de la poësie françoise, et donne le caractere et les regles particulieres de chaque poëme. Le second Chant est employé à décrire l'Idylle ou l'Eglogue, l'Elégie, l'Ode, le Sonnet, l'Epigramme, le Rondeau, la Ballade, le Madrigal, la Satire et le Vaudeville. L'Auteur a su varier ici son style avec tant d'art et tant d'habileté, qu'en parcourant toutes les différentes especes de poësies, il emploie précisément le style qui convient à chaque espece en particulier.

Telle qu'une bergere, au plus beau jour de fête,
De superbes rubis ne charge point sa tête,
Et, sans mêler à l'or l'éclat des diamans,
Cueille en un champ voisin ses plus beaux ornemens;
Telle, aimable en son air, mais humble dans son style,
Doit éclater sans pompe une élégante Idylle.
Son tour simple et naïf n'a rien de fastueux,
Et n'aime point l'orgueil d'un vers présomptueux.
Il faut que sa douceur flatte, chatouille, éveille,
Et jamais de grands mots n'épouvante l'oreille.

Mais souvent dans ce style un rimeur aux abois
Jette là, de dépit, la flûte et le hautbois;
Et, follement pompeux, dans sa verve indiscrete,
Au milieu d'une Eglogue entonne la trompette.
De peur de l'écouter Pan fuit dans les roseaux;
Et les Nymphes, d'effroi, se cachent sous les eaux.

Au contraire cet autre, abject en son langage,
Fait parler ses bergers comme on parle au village.
Ses vers plats et grossiers, dépouillés d'agrément,
Toujours baisent la terre, et rampent tristement:
On diroit que Ronsard [1], sur ses *Pipeaux rustiques*,
Vient encor fredonner ses Idylles gothiques,
Et changer, sans respect de l'oreille et du son,
Lycidas en Pierrot, et Philis en Toinon.

Entre ces deux excès la route est difficile.
Suivez, pour la trouver, Théocrite et Virgile :
Que leurs tendres écrits, par les Graces dictés,
Ne quittent point vos mains, jour et nuit feuilletés.
Seuls dans leurs doctes vers ils pourront vous apprendre
Par quel art sans bassesse un auteur peut descendre ;
Chanter Flore, les champs, Pomone, les vergers;
Au combat de la flûte animer deux bergers ;
Des plaisirs de l'amour vanter la douce amorce;
Changer Narcisse en fleur, couvrir Daphné d'écorce;
Et par quel art encor l'Eglogue quelquefois
Rend dignes d'un consul la campagne et les bois [2].
Telle est de ce poëme et la force et la grace.

 D'un ton un peu plus haut, mais pourtant sans audace,
La plaintive Elégie, en longs habits de deuil,
Sait, les cheveux épars, gémir sur un cercueil.
Elle peint des amans la joie et la tristesse;
Flatte, menace, irrite, apaise une maîtresse.
Mais, pour bien exprimer ces caprices heureux,
C'est peu d'être poëte, il faut être amoureux.
 Je hais ces vains auteurs dont la muse forcée
M'entretient de ses feux, toujours froide et glacée ;
Qui s'affligent par art, et, fous de sens rassis,
S'érigent, pour rimer, en amoureux transis.
Leurs transports les plus doux ne sont que phrases vaines:
Ils ne savent jamais que se charger de chaînes,
Que bénir leur martyre, adorer leur prison,
Et faire quereller le sens et la raison.
Ce n'étoit pas jadis sur ce ton ridicule
Qu'amour dictoit les vers que soupiroit Tibulle,
Ou que, du tendre Ovide animant les doux sons,
Il donnoit de son art les charmantes leçons.
Il faut que le cœur seul parle dans l'Elégie.
 L'Ode, avec plus d'éclat, et non moins d'énergie,
Elevant jusqu'au ciel son vol ambitieux,
Entretient dans ses vers commerce avec les Dieux.

Aux Athletes dans Pise elle ouvre la barriere,
Chante un vainqueur poudreux au bout de la carriere;
Mene Achille sanglant aux bords du Simoïs,
Ou fait fléchir l'Escaut sous le joug de Louis.
Tantôt, comme une abeille ardente à son ouvrage,
Elle s'en va de fleurs dépouiller le rivage :
Elle peint les festins, les danses et les ris;
Vante un baiser cueilli sur les levres d'Iris,
Qui mollement résiste, et, par un doux caprice,
Quelquefois le refuse, afin qu'on le ravisse [3].
Son style impétueux souvent marche au hasard :
Chez elle un beau désordre est un effet de l'art.

   Loin ces rimeurs craintifs dont l'esprit phlegmatique
Garde dans ses fureurs un ordre didactique;
Qui, chantant d'un héros les progrès éclatans,
Maigres historiens, suivront l'ordre des tems.
Ils n'osent un moment perdre un sujet de vue :
Pour prendre Dole, il faut que Lille soit rendue;
Et que leur vers exact, ainsi que Mezeray,
Ait fait déjà tomber les remparts de Courtray.
Apollon de son feu leur fut toujours avare.

   On dit, à ce propos, qu'un jour ce Dieu bizarre,
Voulant pousser à bout tout les rimeurs François,
Inventa du sonnet les rigoureuses loix;
Voulut qu'en deux quatrains de mesure pareille
La rime avec deux sons frappât huit fois l'oreille;
Et qu'ensuite six vers artistement rangés
Fussent en deux tercets par le sens partagés.
Sur-tout de ce poëme il bannit la licence :
Lui-même en mesura le nombre et la cadence;
Défendit qu'un vers foible y pût jamais entrer,
Ni qu'un mot déjà mis osât s'y remontrer.
Du reste il l'enrichit d'une beauté suprême :
Un sonnet sans défaut vaut seul un long poëme.
Mais en vain mille auteurs y pensent arriver;
Et cet heureux phénix est encore à trouver.

A peine dans Gombaut, Mainard et Malleville 4,
En peut-on admirer deux ou trois entre mille.
Le reste, aussi peu lu que ceux de Pelletier,
N'a fait de chez Sercy 5, qu'un saut chez l'épicier.
Pour enfermer son sens dans la borne prescrite
La mesure est toujours trop longue ou trop petite.

   L'Epigramme plus libre, en son tour plus borné,
N'est souvent qu'un bon mot de deux rimes orné.
Jadis de nos auteurs les pointes ignorées
Furent de l'Italie en nos vers attirées.
Le vulgaire, ébloui de leur faux agrément,
A ce nouvel appas courut avidement.
La faveur du public excitant leur audace,
Leur nombre impétueux inonda le Parnasse :
Le Madrigal d'abord en fut enveloppé ;
Le Sonnet orgueilleux lui-même en fut frappé ;
La Tragédie 6 en fit ses plus cheres délices ;
L'Élégie en orna ses douloureux caprices ;
Un héros sur la scene eut soin de s'en parer ;
Et sans pointe un amant n'osa plus soupirer ;
On vit tous les bergers, dans leurs plaintes nouvelles,
Fideles à la pointe encor plus qu'à leurs belles ;
Chaque mot eut toujours deux visages divers :
La prose la reçut aussi bien que les vers ;
L'avocat au Palais en hérissa son style,
Et le docteur 7 en chair en sema l'Evangile.

   La raison outragée enfin ouvrit les yeux,
La chassa pour jamais des discours sérieux ;
Et, dans tous ces écrits la déclarant infame,
Par grace lui laissa l'entrée en l'Epigramme,
Pourvu que sa finesse, éclatant à propos,
Roulât sur la pensée, et non pas sur les mots.
Ainsi de toutes parts les désordres cesserent.
Toutefois à la cour les Turlupins 8 resterent,
Insipides plaisans, Bouffons infortunés,
D'un jeu de mots grossier partisans surannés.

Ce n'est pas quelquefois qu'une muse un peu fine
Sur un mot, en passant, ne joue et ne badine,
Et d'un sens détourné n'abuse avec succès ;
Mais fuyez sur ce point un ridicule excès ;
Et n'allez pas toujours d'une pointe frivole
Aiguiser par la queue une Epigramme folle.
 Tout poëme est brillant de sa propre beauté.
Le Rondeau, né gaulois, a la naïveté.
La Ballade, asservie à ses vieilles maximes,
Souvent doit tout son lustre au caprice des rimes.
 Le Madrigal, plus simple, et plus noble en son tour,
Respire la douceur, la tendresse et l'amour.
 L'ardeur de se montrer, et non pas de médire,
Arma la Vérité du vers de la Satire.
Lucile le premier osa la faire voir ;
Aux vices des Romains présenta le miroir ;
Vengea l'humble vertu, de la richesse altiere,
Et l'honnête homme à pied, du faquin en litiere.
 Horace à cette aigreur mêla son enjoûment :
On ne fut plus ni fat ni sot impunément ;
Et malheur à tout nom qui, propre à la censure,
Put entrer dans un vers sans rompre la mesure.
 Perse, en ses vers obscurs mais serrés et pressans,
Affecta d'enfermer moins de mots que de sens.
 Juvénal, élevé dans les cris de l'école,
Poussa jusqu'à l'excès sa mordante hyperbole.
Ses ouvrages, tout pleins d'affreuses vérités,
Etincellent pourtant de sublimes beautés :
Soit que sur un écrit arrivé de Caprée
Il brise de Séjan la statue adorée ;
Soit qu'il fasse au conseil courir les sénateurs,
D'un tyran soupçonneux pâles adulateurs ;
Ou que, poussant à bout la luxure latine,
Aux portefaix de Rome ils vende Messaline 9.
Ses écrits pleins de feu par-tout brillent aux yeux.
 De ces maîtres savans disciple ingénieux,

CHANT II.

Regnier, seul parmi nous formé sur leurs modeles,
Dans son vieux style encore a des graces nouvelles.
Heureux, si ses discours, craints du chaste lecteur,
Ne se sentoient des lieux où fréquentoit l'auteur;
Et si du son hardi de ses rimes cyniques,
Il n'alarmoit souvent les oreilles pudiques !
 Le latin, dans les mots, brave l'honnêteté:
Mais le lecteur françois veut être respecté;
Du moindre sens impur la liberté l'outrage,
Si la pudeur des mots n'en adoucit l'image.
Je veux dans la Satire un esprit de candeur,
Et fuis un effronté qui prêche la pudeur.
 D'un trait de ce poëme, en bons mots si fertile,
Le François, né malin, forma le Vaudeville;
Agréable indiscret, qui, conduit par le chant,
Passe de bouche en bouche, et s'accroît en marchant.
La liberté françoise en ses vers se déploie:
Cet enfant de plaisir veut naître dans la joie.
Toutefois n'allez pas, goguenard dangereux,
Faire Dieu le sujet d'un badinage affreux:
A la fin tous ces jeux, que l'athéisme éleve,
Conduisent tristement le plaisant à la Greve [10].
Il faut, même en chansons, du bon sens et de l'art:
Mais pourtant on a vu le vin et le hasard
Inspirer quelquefois une muse grossiere,
Et fournir, sans génie, un couplet à Liniere.
Mais pour un vain bonheur qui vous a fait rimer,
Gardez qu'un sot orgueil ne vous vienne enfumer.
Souvent l'auteur altier de quelque chansonnette
Au même instant prend droit de se croire poëte:
Il ne dormira plus qu'il n'ait fait un sonnet;
Il met tous les matins six impromptus au net.
Encore est-ce un miracle, en ses vagues furies,
Si bientôt, imprimant ses sottes rêveries,
Il ne se fait graver au-devant du recueil,
Couronné de lauriers par la main de Nanteuil [11].

CHANT III.

Les regles de la Tragédie, de la Comédie et du poëme Epique, font la matiere du troisieme Chant. Il est le plus beau de tous, soit par la grandeur du sujet, soit par la maniere dont l'Auteur l'a traité.

Il n'est point de serpent, ni de monstre odieux,
Qui, par l'art imité, ne puisse plaire aux yeux:
D'un pinceau délicat l'artifice agréable
Du plus affreux objet fait un objet aimable.
Ainsi, pour nous charmer, la Tragédie en pleurs,
D'OEdipe tout sanglant fit parler les douleurs,
D'Oreste parricide exprima les alarmes,
Et, pour nous divertir, nous arracha des larmes.
 Vous donc qui, d'un beau feu pour le théâtre épris,
Venez en vers pompeux y disputer le prix,
Voulez-vous sur la scene étaler des ouvrages
Où tout Paris en foule apporte ses suffrages,
Et qui, toujours plus beaux plus ils sont regardés,
Soient au bout de vingt ans encor redemandés.
Que dans tous vos discours la passion émue
Aille chercher le cœur, l'échauffe et le remue.
Si d'un beau mouvement l'agréable fureur
Souvent ne nous remplit d'une douce *terreur*,
Ou n'excite en notre ame une *pitié* charmante,
En vain vous étalez une scène savante:
Vos froids raisonnemens ne feront qu'attiédir
Un spectateur toujours paresseux d'applaudir,
Et qui, des vains efforts de votre rhétorique
Justement fatigué, s'endort, ou vous critique.
Le secret est d'abord de plaire et de toucher:
Inventez des ressorts qui puissent m'attacher.
 Que dès les premiers vers l'action préparée
Sans peine du sujet aplanisse l'entrée.

CHANT III.

Je me ris d'un acteur qui, lent à s'exprimer,
De ce qu'il veut, d'abord, ne sait pas m'informer ;
Et qui, débrouillant mal une pénible intrigue,
D'un divertissement me fait une fatigue.
J'aimerois mieux encor qu'il déclinât son nom,
Et dit, je suis Oreste, ou bien Agamemnon [2],
Que d'aller, par un tas de confuses merveilles,
Sans rien dire à l'esprit, étourdir les oreilles :
Le sujet n'est jamais assez tôt expliqué.

Que le lieu de la scene y soit fixe et marqué.
Un rimeur, sans péril, delà les Pyrénées,
Sur la scene en un jour renferme des années.
Là souvent le héros d'un spectacle grossier,
Enfant au premier acte, est barbon au dernier.
Mais nous, que la raison à ses regles engage,
Nous voulons qu'avec art l'action se ménage ;
Qu'en un lieu, qu'en un jour, un seul fait accompli
Tienne jusqu'à la fin le théâtre rempli.

Jamais au spectateur n'offrez rien d'incroyable :
Le vrai peut quelquefois n'être pas vraisemblable.
Une merveille absurde est pour moi sans appas :
L'esprit n'est point ému de ce qu'il ne croit pas.
Ce qu'on ne doit point voir, qu'un récit nous l'expose :
Les yeux en le voyant saisiroient mieux la chose ;
Mais il est des objets que l'art judicieux
Doit offrir à l'oreille, et reculer des yeux.

Que le trouble, toujours croissant de scene en scene,
A son comble arrivé se débrouille sans peine.
L'esprit ne se sent point plus vivement frappé
Que lorsqu'en un sujet d'intrigue enveloppé
D'un secret tout à coup la vérité connue
Change tout, donne à tout une face imprévue.

La Tragédie, informe et grossiere en naissant,
N'étoit qu'un simple chœur, où chacun en dansant,
Et du Dieu des raisins entonnant les louanges,
S'efforçoit d'attirer de fertiles vendanges.

Là, le vin et la joie éveillant les esprits,
Du plus habile chantre un bouc étoit le prix.
 Thespis fut le premier qui, barbouillé de lie,
Promena par les bourgs 3 cette heureuse folie;
Et, d'acteurs mal ornés chargeant un tombereau,
Amusa les passans d'un spectacle nouveau.
 Eschyle dans le chœur jeta les personnages,
D'un masque plus honnête habilla les visages,
Sur les ais d'un théâtre en public exhaussé,
Fit paroître l'acteur d'un brodequin chaussé.
 Sophocle enfin, donnant l'essor à son génie,
Accrut encor la pompe, augmenta l'harmonie,
Intéressa le chœur dans toute l'action,
Des vers trop raboteux polit l'expression,
Lui donna chez les Grecs cette hauteur divine
Où jamais n'atteignit la foiblesse latine.
 Chez nos dévots aïeux le théâtre abhorré
Fut long-tems dans la France un plaisir ignoré.
De pélerins, dit-on, une troupe grossiere
En public à Paris y monta la premiere;
Et, sottement zélée en sa simplicité,
Joua les Saints, la Vierge, et Dieu, par piété.
Le savoir, à la fin dissipant l'ignorance,
Fit voir de ce projet la dévote imprudence.
On chassa ces docteurs prêchans sans mission;
On vit renaître Hector, Andromaque, Ilion.
Seulement, les acteurs laissant le masque antique,
Le violon tint lieu de chœur et de musique.
 Bientôt l'amour, fertile en tendres sentimens,
S'empara du théâtre ainsi que des romans.
De cette passion la sensible peinture
Est pour aller au cœur la route la plus sûre.
Peignez donc, j'y consens, les héros amoureux;
Mais ne m'en formez pas des bergers doucereux.
Qu'Achille aime autrement que Thyrsis et Phileuc;
N'allez pas d'un Cyrus nous faire un Artamene;

Et que l'amour souvent, de remords combattu,
Paroisse une foiblesse et non une vertu.
  Des héros de roman fuyez les petitesses :
Toutefois aux grands cœurs donnez quelques foiblesses.
Achille déplairoit moins bouillant et moins prompt :
J'aime à lui voir verser des pleurs pour un affront.
A ces petits défauts marqués dans sa peinture,
L'esprit avec plaisir reconnoît la nature.
Qu'il soit sur ce modele en vos écrits tracé :
Qu'Agamemnon soit fier, superbe, intéressé ;
Que pour ses Dieux Enée ait un respect austere.
Conservez à chacun son propre caractere.
Des siecles, des pays, étudiez les mœurs :
Les climats font souvent les diverses humeurs.
  Gardez donc de donner, ainsi que dans Clélie,
L'air ni l'esprit françois à l'antique Italie ;
Et, sous des noms romains faisant notre portrait,
Peindre Caton galant, et Brutus dameret.
Dans un roman frivole aisément tout s'excuse :
C'est assez qu'en courant la fiction amuse ;
Trop de rigueur alors seroit hors de saison :
Mais la scene demande une exacte raison ;
L'étroite bienséance y veut être gardée.
  D'un nouveau personnage inventez-vous l'idée ?
Qu'en tout avec soi-même il se montre d'accord,
Et qu'il soit jusqu'au bout tel qu'on l'a vu d'abord.
  Souvent, sans y penser, un écrivain qui s'aime
Forme tous ses héros semblables à soi-même :
Tout a l'humeur gasconne en un auteur gascon ;
Calprenede et Juba[4] parlent du même ton.
  La nature est en nous plus diverse et plus sage ;
Chaque passion parle un différent langage :
La colere est superbe, et veut des mots altiers ;
L'abattement s'explique en des termes moins fiers.
  Que devant Troie en flamme Hécube désolée
Ne vienne pas pousser une plainte ampoulée,

Ni sans raison décrire en quel affreux pays
Par sept bouches l'Euxin reçoit le Tanaïs [5].
Tous ces pompeux amas d'expressions frivoles
Sont d'un déclamateur amoureux des paroles.
Il faut dans la douleur que vous vous abaissiez:
Pour me tirer des pleurs, il faut que vous pleuriez.
Ces grands mots dont alors l'acteur emplit sa bouche
Ne partent point d'un cœur que sa misere touche.

 Le théâtre, fertile en censeurs pointilleux,
Chez nous pour se produire est un champ périlleux.
Un auteur n'y fait pas de faciles conquêtes;
Il trouve à le siffler des bouches toujours prêtes:
Chacun le peut traiter de fat et d'ignorant;
C'est un droit qu'à la porte on achete en entrant.
Il faut qu'en cent façons, pour plaire, il se replie;
Que tantôt il s'éleve, et tantôt s'humilie;
Qu'en nobles sentimens il soit par-tout fécond;
Qu'il soit aisé, solide, agréable, profond;
Que de traits surprenans sans cesse il nous réveille;
Qu'il coure dans ses vers de merveille en merveille;
Et que tout ce qu'il dit, facile à retenir,
De son ouvrage en nous laisse un long souvenir.
Ainsi la Tragédie agit, marche, et s'explique.

 D'un air plus grand encor la poësie Epique,
Dans le vaste récit d'une longue action,
Se soutient par la fable, et vit de fiction.
Là pour nous enchanter tout est mis en usage;
Tout prend un corps, une ame, un esprit, un visage.
Chaque vertu devient une divinité:
Minerve est la prudence, et Vénus la beauté;
Ce n'est plus la vapeur qui produit le tonnerre,
C'est Jupiter armé pour effrayer la terre;
Un orage terrible aux yeux des matelots,
C'est Neptune en courroux qui gourmande les flots;
Echo n'est plus un son qui dans l'air retentisse;
C'est une nymphe en pleurs qui se plaint de Narcisse.

CHANT III.

Ainsi, dans cet amas de nobles fictions,
Le poëte s'égaie en mille inventions,
Orne, éleve, embellit, agrandit toutes choses,
Et trouve sous sa main des fleurs toujours écloses.
Qu'Enée et ses vaisseaux, par le vent écartés,
Soient aux bords Africains d'un orage emportés;
Ce n'est qu'une aventure ordinaire et commune,
Qu'un coup peu surprenant des traits de la fortune.
Mais que Junon, constante en son aversion,
Poursuive sur les flots les restes d'Ilion;
Qu'Eole en sa faveur, les chassant d'Italie,
Ouvre aux vents mutinés les prisons d'Eolie;
Que Neptune en courroux s'élevant sur la mer
D'un mot calme les flots, mette la paix dans l'air,
Délivre les vaisseaux, des syrtes les arrache:
C'est là ce qui surprend, frappe, saisit, attache.
Sans tous ces ornemens le vers tombe en langueur;
La poésie est morte, ou rampe sans vigueur;
Le poëte n'est plus qu'un orateur timide,
Qu'un froid historien d'une fable insipide.

C'est donc bien vainement que nos auteur déçus,
Bannissant de leurs vers ces ornemens reçus,
Pensent faire agir Dieu, ses saints et ses prophetes,
Comme ces Dieux éclos du cerveau des poëtes;
Mettent à chaque pas le lecteur en enfer;
N'offrent rien qu'Astaroth, Belzébuth, Lucifer.
De la foi d'un chrétien les mysteres terribles
D'ornemens égayés ne sont point susceptibles:
L'évangile à l'esprit n'offre de tous côtés
Que pénitence à faire, et tourmens mérités;
Et de vos fictions le mélange coupable
Même à ses vérités donne l'air de la fable.
Et quel objet enfin à présenter aux yeux
Que le diable toujours hurlant contre les cieux?
Qui de votre héros veut rabaisser la gloire,
Et souvent avec Dieu balance la victoire!

Le Tasse, dira-t-on, l'a fait avec succès.
Je ne veux point ici lui faire son procès :
Mais, quoique notre siecle à sa gloire publie,
Il n'eût point de son livre illustré l'Italie,
Si son sage héros, toujours en oraison,
N'eût fait que mettre enfin Satan à la raison ;
Et si Renaud, Argant, Tancrede et sa maîtresse,
N'eussent de son sujet égayé la tristesse.
 Ce n'est pas que j'approuve, en un sujet chrétien
Un auteur follement idolâtre et païen.
Mais, dans une profane et riante peinture,
De n'oser de la fable employer la figure ;
De chasser les Tritons de l'empire des eaux ;
D'ôter à Pan sa flûte, aux Parques leurs ciseaux ;
D'empêcher que Caron, dans la fatale barque,
Ainsi que le berger ne passe le monarque :
C'est d'un scrupule vain s'alarmer sottement,
Et vouloir aux lecteurs plaire sans agrément.
Bientôt ils défendront de peindre la Prudence,
De donner à Thémis ni bandeau ni balance ;
De figurer aux yeux la Guerre au front d'airain,
Ou le Tems qui s'enfuit une horloge à la main ;
Et partout des discours, comme une idolâtrie,
Dans leur faux zele iront chasser l'allégorie.
Laissons-les s'applaudir de leur pieuse erreur.
Mais pour nous, bannissons une vaine terreur ;
Et, fabuleux chrétiens, n'allons point, dans nos songes
Du Dieu de vérité faire un Dieu de mensonges.
 La fable offre à l'esprit mille agrémens divers :
Là tous les noms heureux semblent nés pour les vers
Ulysse, Agamemnon, Oreste, Idoménée,
Hélène, Ménélas, Pâris, Hector, Énée.
Oh ! le plaisant projet d'un poëte ignorant,
Qui de tant de héros va choisir Childebrand ?!
D'un seul nom quelquefois le son dur ou bizarre
Rend un poëme entier ou burlesque ou barbare.

Voulez-vous long-tems plaire, et jamais ne lasser?
Faites choix d'un héros propre à m'intéresser;
En valeur éclatant, en vertus magnifique;
Qu'en lui, jusqu'aux défauts, tout se montre héroïque :
Que ses faits surprenans soient dignes d'être ouïs,
Qu'il soit tel que César, Alexandre ou Louis;
Non tel que Polynice et son perfide frere [10] :
On s'ennuie aux exploits d'un conquérant vulgaire.

N'offrez point un sujet d'incidens trop chargé.
Le seul courroux d'Achille, avec art ménagé,
Remplit abondamment une Iliade entiere :
Souvent trop d'abondance appauvrit la matiere.

Soyez vif et pressé dans vos narrations :
Soyez riche et pompeux dans vos descriptions.
C'est là qu'il faut des vers étaler l'élégance :
N'y présentez jamais de basse circonstance.
N'imitez pas ce fou qui, décrivant les mers,
Et peignant, au milieu de leurs flots entr'ouverts,
L'Hébreu sauvé du joug de ses injustes maîtres,
Met, pour le voir passer, les poissons aux fenêtres [11];
Peint le petit enfant qui *va, saute, revient,*
Et joyeux à sa mere offre un caillou qu'il tient.
Sur de trop vains objets c'est arrêter la vue.

Donnez à votre ouvrage une juste étendue.
Que le début soit simple et n'ait rien d'affecté.
N'allez pas dès l'abord, sur Pégase monté,
Crier à vos lecteurs d'une voix de tonnerre:
Je chante le vainqueur des vainqueurs de la terre [12].
Que produira l'auteur après tous ces grands cris?
La montagne en travail enfante une souris.
Oh! que j'aime bien mieux cet auteur plein d'adresse
Qui, sans faire d'abord de si haute promesse,
Me dit d'un ton aisé, doux, simple, harmonieux:
Je chante les combats et cet homme pieux
Qui, des bords Phrygiens conduit dans l'Ausonie,
Le premier aborda les champs de Lavinie.

Sa muse en arrivant ne met pas tout en feu,
Et, pour donner beaucoup, ne nous promet que peu.
Bientôt vous la verrez, prodiguant les miracles,
Du destin des Latins prononcer les oracles ;
Du Styx et d'Achéron peindre les noirs torrens,
Et déjà les Césars dans l'Elisée errans.

 De figures sans nombre égayez votre ouvrage ;
Que tout y fasse aux yeux une riante image :
On peut être à la fois et pompeux et plaisant ;
Et je hais un sublime ennuyeux et pesant.
J'aime mieux Arioste, et ses fables comiques,
Que ces auteurs toujours froids et mélancoliques
Qui dans leur sombre humeur se croiroient faire affront
Si les graces jamais leur dérideroient le front.

 On diroit que pour plaire, instruit par la nature,
Homere ait à Vénus dérobé sa ceinture.
Son livre est d'agrémens un fertile trésor :
Tout ce qu'il a touché se convertit en or :
Tout reçoit dans ses mains une nouvelle grace ;
Par-tout il divertit, et jamais il ne lasse.
Une heureuse chaleur anime ses discours :
Il ne s'égare point en de trop longs détours.
Sans garder dans ses vers un ordre méthodique,
Son sujet de soi-même et s'arrange et s'explique :
Tout, sans faire d'apprêts, s'y prépare aisément ;
Chaque vers, chaque mot court à l'événement.
Aimez donc ses écrits, mais d'un amour sincere :
C'est avoir profité que de savoir s'y plaire.

 Un poëme excellent, où tout marche et se suit,
N'est pas de ces travaux qu'un caprice produit :
Il veut du tems, des soins ; et ce pénible ouvrage
Jamais d'un écolier ne fut l'apprentissage.
Mais souvent parmi nous un poëte sans art,
Qu'un beau feu quelquefois échauffa par hasard,
Enflant d'un vain orgueil son esprit chimérique,
Fierement prend en main la trompette héroïque :

Sa muse déréglée, en ses vers vagabonds,
Ne s'éleve jamais que par sauts et par bonds;
Et son feu, dépourvu de sens et de lecture,
S'éteint à chaque pas faute de nourriture.
Mais en vain le public, prompt à le mépriser,
De son mérite faux le veut désabuser;
Lui-même, applaudissant à son maigre génie,
Se donne par ses mains l'encens qu'on lui dénie:
Virgile, au prix de lui, n'a point d'invention;
Homere n'entend point la noble fiction.
Si contre cet arrêt le siecle se rebelle,
A la Postérité d'abord il en appelle:
Mais, attendant qu'ici le bon sens de retour
Ramene triomphans ses ouvrages au jour,
Leurs tas au magasin, cachés à la lumiere,
Combattent tristement les vers et la poussiere.
Laissons-les donc entre eux s'escrimer en repos;
Et, sans nous égarer, suivons notre propos.
   Des succès fortunés du spectacle tragique
Dans Athenes naquit la comédie antique.
Là le Grec, né moqueur, par mille jeux plaisans
Distilla le venin de ses traits médisans.
Aux accès insolens d'une bouffonne joie
La sagesse, l'esprit, l'honneur, furent en proie.
On vit par le public un poëte avoué
S'enrichir aux dépens du mérite joué;
Et Socrate par lui, dans *un chœur de nuées* [13],
D'un vil amas de peuple attirer les huées.
Enfin de la licence on arrêta le cours:
Le magistrat, des loix emprunta le secours,
Et, rendant par édit les poëtes plus sages,
Défendit de marquer les noms et les visages.
Le théâtre perdit son antique fureur:
La comédie apprit à rire sans aigreur,
Sans fiel et sans venin sut instruire et reprendre,
Et plut innocemment dans les vers de Ménandre.

Chacun, peint avec art dans ce nouveau miroir,
S'y vit avec plaisir, ou crut ne s'y point voir :
L'avare, des premiers, rit du tableau fidele
D'un avare souvent tracé sur son modele ;
Et mille fois un fat finement exprimé
Méconnut le portrait sur lui-même formé.

 Que la nature donc soit votre étude unique,
Auteurs qui prétendez aux honneurs du comique.
Quiconque voit bien l'homme, et, d'un esprit profond,
De tant de cœurs cachés a pénétré le fond ;
Qui sait bien ce que c'est qu'un prodigue, un avare,
Un honnête homme, un fat, un jaloux, un bizarre,
Sur une scene heureuse il peut les étaler,
Et les faire à nos yeux vivre, agir et parler.
Présentez-en par-tout les images naïves ;
Que chacun y soit peint des couleurs les plus vives.
La nature, féconde en bizarres portraits,
Dans chaque ame est marquée à de différens traits ;
Un geste la découvre, un rien la fait paroître :
Mais tout esprit n'a pas des yeux pour la connoître.

 Le tems, qui change tout, change aussi nos humeurs :
Chaque âge a ses plaisirs, son esprit et ses mœurs.

 Un jeune homme, toujours bouillant dans ses caprices,
Est prompt à recevoir l'impression des vices ;
Est vain dans ses discours, volage en ses desirs,
Rétif à la censure, et fou dans les plaisirs.

 L'âge viril, plus mûr, inspire un air plus sage,
Se pousse auprès des Grands, s'intrigue, se ménage,
Contre les coups du sort songe à se maintenir,
Et loin dans le présent regarde l'avenir.

 La vieillesse chagrine incessamment amasse ;
Garde, non pas pour soi, les trésors qu'elle entasse ;
Marche en tous ses desseins d'un pas lent et glacé ;
Toujours plaint le présent, et vante le passé ;
Inhabile aux plaisirs dont la jeunesse abuse,
Blâme en eux les douceurs que l'âge lui refuse.

Ne faites point parler vos acteurs au hasard,
Un vieillard en jeune homme, un jeune homme en vieillard.
Etudiez la cour, et connoissez la ville :
L'une et l'autre est toujours en modeles fertile.
C'est par-là que Moliere, illustrant ses écrits,
Peut-être de son art eût remporté le prix,
Si, moins ami du peuple, en ses doctes peintures
Il n'eût point fait souvent grimacer ses figures,
Quitté, pour le bouffon, l'agréable et le fin,
Et sans honte à Térence allié Tabarin :
Dans ce sac ridicule où Scapin s'enveloppe,
Je ne reconnois plus l'auteur du Misanthrope.

Le comique, ennemi des soupirs et des pleurs,
N'admet point en ses vers de tragiques douleurs ;
Mais son emploi n'est pas d'aller, dans une place,
De mots sales et bas charmer la populace :
Il faut que ses acteurs badinent noblement ;
Que son nœud bien formé se dénoue aisément ;
Que l'action, marchant où la raison la guide,
Ne se perde jamais dans une scene vuide ;
Que son style humble et doux se releve à propos :
Que ses discours, par-tout fertiles en bons mots,
Soient pleins de passions finement maniées,
Et les scenes toujours l'une à l'autre liées.
Aux dépens du bon sens gardez de plaisanter.
Jamais de la nature il ne faut s'écarter.
Contemplez de quel air un pere dans Térence
Vient d'un fils amoureux gourmander l'imprudence ;
De quel air cet amant écoute ses leçons,
Et court chez sa maîtresse oublier ces chansons.
Ce n'est pas un portrait, une image semblable ;
C'est un amant, un fils, un pere véritable.

J'aime sur le théâtre un agréable auteur
Qui, sans se diffamer aux yeux du spectateur,
Plaît par la raison seule, et jamais ne la choque :
Mais pour un faux plaisant à grossiere équivoque,

Qui pour me divertir n'a que la saleté,
Qu'il s'en aille, s'il veut, sur deux traiteaux monté,
Amusant le Pont-Neuf de ses sornettes fades,
Aux laquais assemblés jouer ses mascarades.

CHANT IV.

Dans le quatrieme Chant, l'Auteur revient aux préceptes généraux. Il s'attache à former les poëtes, et leur donne d'utiles instructions sur la connoissance et l'usage des divers talens, sur le choix qu'ils doivent faire d'un censeur éclairé, sur leurs mœurs, sur leur conduite particuliere. Il explique ensuite, par forme de digression, l'histoire de la poësie, son origine, son progrès, sa perfection et sa décadence.

Dans Florence jadis vivoit un médecin,
Savant hableur, dit-on, et célebre assassin.
Lui seul y fit long-tems la publique misere :
Là le fils orphelin lui redemande un pere ;
Ici le frere pleure un frere empoisonné :
L'un meurt vuide de sang, l'autre plein de séné :
Le rhume à son aspect se change en pleurésie,
Et par lui la migraine est bientôt frénésie.
Il quitte enfin la ville, en tous lieux détesté.
De tous ses amis morts un seul ami resté
Le mene en sa maison de superbe structure.
C'étoit un riche abbé, fou de l'architecture.
Le médecin d'abord semble né dans cet art,
Déjà de bâtimens parle comme Mansard [1] :
D'un salon qu'on éleve, il condamne la face ;
Au vestibule obscur il marque une autre place ;
Approuve l'escalier tourné d'autre façon.
Son ami le conçoit, et mande son maçon.
Le maçon vient, écoute, approuve et se corrige.
Enfin, pour abréger un si plaisant prodige,

CHANT IV.

Notre assassin renonce à son art inhumain;
Et désormais la regle et l'équerre à la main,
Laissant de Galien la science suspecte,
De méchant médecin devient bon architecte.

Son exemple est pour nous un précepte excellent.
Soyez plutôt maçon, si c'est votre talent,
Ouvrier estimé dans un art nécessaire,
Qu'écrivain du commun, et poëte vulgaire.
Il est dans tout autre art des degrés différens,
On peut avec honneur remplir les seconds rangs;
Mais, dans l'art dangereux de rimer et d'écrire,
Il n'est point de degrés du médiocre au pire :
Qui dit froid écrivain, dit détestable auteur.
Boyer est à Pinchêne égal pour le lecteur ;
On ne lit guere plus Rampale et Ménardiere,
Que Magnon, du Souhait, Corbin, et La Morliere.
Un fou du moins fait rire, et peut nous égayer :
Mais un froid écrivain ne sait rien qu'ennuyer.
J'aime mieux Bergerac et sa burlesque audace,
Que ces vers où Motin se morfond et nous glace [a].

Ne vous enivrez point des éloges flatteurs
Qu'un amas quelquefois de vains admirateurs
Vous donne en ces réduits, prompts à crier : Merveille !
Tel écrit [3] récité se soutint à l'oreille,
Qui, dans l'impression au grand jour se montrant,
Ne soutient pas des yeux le regard pénétrant.
On sait de cent auteurs l'aventure tragique :
Et Gombaut tant loué garde encor la boutique.

Ecoutez tout le monde, assidu consultant :
Un fat quelquefois ouvre un avis important.
Quelques vers toutefois qu'Apollon vous inspire,
En tous lieux aussitôt ne courez pas les lire.
Gardez-vous d'imiter ce rimeur furieux [4]
Qui de ses vains écrits lecteur harmonieux,
Aborde en récitant quiconque le salue,
Et poursuit de ses vers les passans dans la rue.

Il n'est temple si saint des anges respecté
Qui soit contre sa muse un lieu de sûreté.

Je vous l'ai déjà dit, aimez qu'on vous censure ;
Et, souple à la raison, corrigez sans murmure.
Mais ne vous rendez pas dès qu'un sot vous reprend.
Souvent dans son orgueil un subtil ignorant
Par d'injustes dégoûts combat toute une piece,
Blâme des plus beaux vers la noble hardiesse.
On a beau réfuter ses vains raisonnemens ;
Son esprit se complaît dans ses faux jugemens ;
Et sa foible raison, de clarté dépourvue,
Pense que rien n'échappe à sa débile vue.
Ses conseils sont à craindre ; et, si vous les croyez,
Pensant fuir un écueil, souvent vous vous noyez.

Faites choix d'un censeur solide et salutaire
Que la raison conduise et le savoir éclaire,
Et dont le crayon sûr d'abord aille chercher
L'endroit que l'on sent faible et qu'on se veut cacher.
Lui seul éclaircira vos doutes ridicules,
De votre esprit tremblant levera les scrupules.
C'est lui qui vous dira par quel transport heureux
Quelquefois dans sa course un esprit vigoureux
Trop resserré par l'art, sort des regles prescrites,
Et de l'art même apprend à franchir leurs limites.
Mais ce parfait censeur se trouve rarement.
Tel excelle à rimer qui juge sottement :
Tel s'est fait par ses vers distinguer dans la ville,
Qui jamais de Lucain n'a distingué Virgile.

Auteurs, prêtez l'oreille à mes instructions.
Voulez-vous faire aimer vos riches fictions ?
Qu'en savantes leçons votre muse fertile
Par-tout joigne au plaisant le solide et l'utile.
Un lecteur sage fuit un vain amusement,
Et veut mettre à profit son divertissement.
Que votre ame et vos mœurs, peintes dans vos ouvra- (ges,
N'offrent jamais de vous que de nobles images.

CHANT IV.

Je ne puis estimer ces dangereux auteurs
Qui de l'honneur, en vers, infames déserteurs,
Trahissant la vertu sur un papier coupable,
Aux yeux de leurs lecteurs rendent le vice aimable.
  Je ne suis pas pourtant de ces tristes esprits
Qui, bannissant l'amour de tous chastes écrits,
D'un si riche ornement veulent priver la scene ;
Traitent d'empoisonneurs et Rodrigue et Chimene.
L'amour le moins honnête exprimé chastement
N'excite point en nous de honteux mouvement.
Didon a beau gémir et m'étaler ses charmes ;
Je condamne sa faute en partageant ses larmes.
  Un auteur vertueux, dans ses vers innocens,
Ne corrompt point le cœur en chatouillant les sens:
Son feu n'allume point de criminelle flamme.
Aimez donc la vertu, nourrissez-en votre ame :
En vain l'esprit est plein d'une noble vigueur ;
Le vers se sent toujours des bassesses du cœur.
  Fuyez sur-tout, fuyez ces basses jalousies,
Des vulgaires esprits malignes frénésies.
Un sublime écrivain n'en peut être infecté ;
C'est un vice qui suit la médiocrité.
Du mérite éclatant cette sombre rivale
Contre lui chez les Grands incessamment cabale ;
Et, sur les pieds en vain tâchant de se hausser,
Pour s'égaler à lui cherche à le rabaisser.
Ne descendons jamais dans ces lâches intrigues :
N'allons point à l'honneur par de honteuses brigues.
  Que les vers ne soient pas votre éternel emploi.
Cultivez vos amis, soyez homme de foi :
C'est peu d'être agréable et charmant dans un livre ;
Il faut savoir encore et converser et vivre.
  Travaillez pour la gloire, et qu'un sordide gain
Ne soit jamais l'objet d'un illustre écrivain.
Je sais qu'un noble esprit peut, sans honte et sans crime
Tirer de son travail un tribut légitime :

Mais je ne puis souffrir ces auteurs renommés
Qui, dégoûtés de gloire, et d'argent affamés,
Mettent leur Apollon aux gages d'un libraire,
Et font d'un art divin un métier mercenaire.
    Avant que la Raison, s'expliquant par la voix,
Eût instruit les humains, eût enseigné des loix,
Tous les hommes suivoient la grossiere nature,
Dispersés dans les bois couroient à la pâture ;
La force tenoit lieu de droit et d'équité ;
Le meurtre s'exerçoit avec impunité.
Mais du discours enfin l'harmonieuse adresse
De ces sauvages mœurs adoucit la rudesse,
Rassembla les humains dans les forêts épars,
Enferma les cités de murs et de remparts,
De l'aspect du supplice effraya l'insolence,
Et sous l'appui des loix mit la foible innocence.
Cet ordre fut, dit-on, le fruit des premiers vers.
De là sont nés ces bruits reçus dans l'univers,
Qu'aux accens dont Orphée emplit les monts de Thrace
Les tigres amollis dépouilloient leur audace ;
Qu'aux accords d'Amphion les pierres se mouvoient,
Et sur les murs Thébains en ordre s'élevoient.
L'Harmonie, en naissant, produisit ces miracles.
Depuis, le ciel en vers fit parler les oracles ;
Du sein d'un prêtre, ému d'une divine horreur,
Apollon par des vers exhala sa fureur.
Bientôt ressuscitant les héros des vieux âges,
Homere aux grands exploits anima les courages.
Hésiode à son tour, par d'utiles leçons,
Des champs trop paresseux vint hâter les moissons.
En mille écrits fameux la sagesse tracée
Fut, à l'aide des vers, aux mortels annoncée ;
Et par-tout des esprits ses préceptes vainqueurs,
Introduits par l'oreille, entrerent dans les cœurs.
Pour tant d'heureux bienfaits, les muses révérées
Furent d'un juste encens dans la Grece honorées;

Et leur art, attirant le culte des mortels,
A sa gloire en cent lieux vit dresser des autels.
Mais enfin, l'indigence amenant la bassesse,
Le Parnasse oublia sa premiere noblesse.
Un vil amour du gain, infectant les esprits,
De mensonges grossiers souilla tous les écrits;
Et par-tout, enfantant mille ouvrages frivoles,
Trafiqua du discours, et vendit les paroles.

   Ne vous flétrissez point par un vice si bas.
Si l'or seul a pour vous d'invincibles appas,
Fuyez ces lieux charmans qu'arrose le Permesse:
Ce n'est point sur ses bords qu'habite la richesse.
Aux plus savans auteurs, comme aux plus grands guer-
Apollon ne promet qu'un nom et des lauriers. (riers

   Mais quoi ? dans la disette une muse affamée
Ne peut pas, dira-t-on, subsister de fumée ;
Un auteur qui, pressé d'un besoin importun,
Le soir entend crier ses entrailles à jeun,
Goûte peu d'Hélicon les douces promenades:
Horace a bu son saoul, quand il voit les Ménades;
Et, libre du souci qui trouble Colletet,
N'attend pas pour dîner le succès d'un sonnet.

   Il est vrai : mais enfin cette affreuse disgrace
Rarement parmi nous afflige le Parnasse.
Et que craindre en ce siecle, où toujours les beaux arts
D'un astre favorable éprouvent les regards ;
Où d'un prince éclairé la sage prévoyance
Fait par-tout au mérite ignorer l'indigence?

   Muses, dictez sa gloire à tous vos nourrissons:
Son nom vaut mieux pour eux que toutes vos leçons.
Que Corneille, pour lui rallumant son audace,
Soit encor le Corneille et du Cid et d'Horace:
Que Racine, enfantant des miracles nouveaux,
De ses héros sur lui forme tous les tableaux:
Que de son nom, chanté par la bouche des belles,
Benserade en tous lieux amuse les ruelles:

Que Segrais dans l'églogue en charme les forêts ;
Que pour lui l'épigramme aiguise tous ses traits.
Mais quel heureux auteur, dans une autre Énéide,
Aux bords du Rhin tremblant conduira cet Alcide ?
Quelle savante lyre au bruit de ses exploits
Fera marcher encor les rochers et les bois ;
Chantera le Batave, éperdu dans l'orage,
Soi-même se noyant pour sortir du naufrage ;
Dira les bataillons sous Mastricht enterrés,
Dans ces affreux assauts du soleil éclairés ?
 Mais tandis que je parle, une gloire nouvelle
Vers ce vainqueur rapide aux Alpes vous appelle :
Déjà Dole et Salins sous le joug ont ployé ;
Besançon fume encor sous son roc foudroyé.
Où sont ces grands guerriers dont les fatales ligues
Devoient à ce torrent opposer tant de digues ?
Est-ce encore en fuyant qu'ils pensent l'arrêter,
Fiers du honteux honneur d'avoir su l'éviter ?
Que de remparts détruits ! que de villes forcées !
Que de moissons de gloire en courant amassées !
 Auteurs, pour les chanter redoublez vos transports :
Le sujet ne veut pas de vulgaires efforts.
 Pour moi, qui, jusqu'ici nourri dans la satire,
N'ose encor manier la trompette et la lyre,
Vous me verrez pourtant, dans ce champ glorieux,
Vous animer du moins de la voix et des yeux ;
Vous offrir ces leçons, que ma muse au Parnasse
Rapporta, jeune encor, du commerce d'Horace ;
Seconder votre ardeur, échauffer vos esprits,
Et vous montrer de loin la couronne et le prix.
Mais aussi pardonnez, si, plein de ce beau zele,
De tous vos pas fameux observateur fidele,
Quelquefois du bon or je sépare le faux,
Et des auteurs grossiers j'attaque les défauts :
Censeur un peu fâcheux, mais souvent nécessaire,
Plus enclin à blâmer, que savant à bien faire.

NOTES DE L'ART POËTIQUE.

CHANT PREMIER.

1 Saint Amand, auteur du *Moïse sauvé*.

2 Ami de Saint-Amand, et auteur du livre intitulé: *Honnête Homme*.

3 Vers de Scuderi dans le poëme d'*Alaric*.

4 Allusion au *Virgile travesti* de Scarron.

5 Grossier bouffon d'un Charlatan du XVIIe siecle.

6 Pitoyable auteur qui a composé l'*Ovide en belle humeur*.

7 Ou la *Gigantomachie*, Poëme burlesque de Scarron.

8 Deux Poëtes estimés dans leur temps.

9 Scuderi disoit toujours, pour s'excuser de travailler si vite, qu'il avoit ordre de finir.

CHANT II.

1 Ronsard, dans ses Eglogues, appelle Henri II, *Henriot*; Charles IX, *Carlin*; Catherine de Médicis, *Catin*, etc. Il emploie aussi les noms de *Pierrot*, *Margot*, et autres semblables.

2 *Si canimus Sylvas, Sylvæ sint Consule dignæ*. Virg.

3 Horace, Ode XII, liv. II.

4 Trois Académiciens célebres.

5 Libraire du Palais.

6 *La Sylvie* de Mairet.

7 Le petit P. *André*, Augustin.

8 *Turlupin* est le nom d'un Comédien de Paris, qui divertissoit le peuple par de méchantes pointes et des jeux de mots, qu'on a appelés *turlupinades*.

9 Satire X, v. 60. — Sat. IV, v. 74. — Sat. VI, v. 114.

10 Allusion à la triste fin d'un auteur nommé *Petit*, qui fut pendu et brulé, pour des vers impies.

11 Fameux Graveur.

CHANT III.

1 *OEdipe*, Tragédie de Sophocle; *Oreste*, Tragédie d'Euripide.

2 Il y a de pareils exemples dans Euripide.

3 Les Bourgs de l'Attique.

4 Héros de *Cléopâtre*, Roman du sieur de la Calprenede.

5 Sénèque le tragique; *Troade*, Sc. I.

6 L'Auteur avoit en vue Saint-Sorlin des Marets, qui a écrit contre la *Fable*.

7 *La Jérusalem délivrée* du Tasse.

8 *Roland le Furieux* de l'Arioste.

9 Héros d'un Poeme héroïque, intitulé : *les Sarrazins chassés de France;* composé par le sieur de Sainte-Garde.

10 Voyez la *Thébaïde* de Stace.

11 Saint-Amand, dans son *Moïse sauvé*, dit :
 Les Poissons ébahis les regardent passer.

12 *Alaric*, Poëme de Scuderi.

13 *Les Nuées*, Comédie d'Aristophane.

CHANT IV.

1 Célèbre Architecte.

2 Boyer a donné un volume de *Poésies chrétiennes;* Rampale, des *Idylles;* la Ménardiere, une *Poëtique;* Maignon, un Poëme fort long, intitulé : *l'Encyclopédie;* Du Souhait, une Traduction en prose de *l'Iliade;* Corbin, une Traduction mot à mot de la *Bible;* La Morliere, des *Sonnets;* Bergerac, un *Voyage de la Lune;* et Motin des *Poésies fugitives*.

3 *La Pucelle* de Chapelain.

4 Du Perrier récita de ses vers à l'auteur malgré lui dans une église. (*Note de Boileau*).

LE LUTRIN,

POËME HEROÏ-COMIQUE.

AVIS AU LECTEUR (1).

Il seroit inutile maintenant de nier que le Poëme suivant a été composé à l'occasion d'un différent assez léger, qui s'émut dans une des plus célèbres églises de Paris, entre le Trésorier et le Chantre. Mais c'est tout ce qu'il y a de vrai. Le reste, depuis le commencement jusqu'à la fin, est une pure fiction ; et tous les personnages y sont non-seulement inventés, mais j'ai eu soin de les faire d'un caractere directement opposé au caractère de ceux qui desservent cette église, dont la plupart, et principalement les Chanoines, sont tous gens non-seulement d'une fort grande probité, mais de beaucoup d'esprit, et entre lesquels il y en a tel à qui je demanderois aussi volontiers son sentiment sur mes ouvrages, qu'à beaucoup de Messieurs de l'Académie. Il ne faut donc pas s'étonner si personne n'a été offensé de l'impression de ce Poëme, puisqu'il n'y a en effet personne qui y soit véritablement attaqué. Un prodigue ne s'avise guere de s'offenser de voir rire d'un avare, ni un dévot de voir tourner en ridicule un libertin. Je ne dirai point comment je fus engagé à travailler à cette bagatelle sur une espece de défi (2), qui me fut fait en riant par feu M. le Premier Président

---

(1) L'Auteur publia en 1674 les quatre premiers Chants du Lutrin, avec une Préface, dans laquelle il expliquoit fort au long, mais avec quelque déguisement, à quelle occasion il avoit composé ce Poëme. Dans l'édition de 1683, il supprima cette Préface, et en donna une autre, dont celle que l'on voit ici faisoit partie.

(2) Le démêlé du Trésorier et du Chantre, parut si plai-

de Lamoignon, qui est celui que j'y peins sous le nom d'Ariste. Ce détail, à mon avis, n'est pas fort nécessaire. Mais je croirois me faire un trop grand tort, si je laissois échapper cette occasion d'apprendre à ceux qui l'ignorent, que ce grand personnage, durant sa vie, m'a honoré de son amitié. Je commençai à le connoître dans le tems que mes Satires faisoient le plus de bruit; et l'accès obligeant qu'il me donna dans son illustre maison, fit avantageusement mon apologie contre ceux qui vouloient m'accuser alors de libertinage et de mauvaises mœurs. C'étoit un homme d'un savoir étonnant, et passionné admirateur de tous les bons livres de l'antiquité; et c'est ce qui lui fit plus aisément souffrir mes ouvrages, où il crut entrevoir quelque goût des anciens. Comme sa piété étoit sincere, elle étoit aussi fort gaie, et n'avoit rien d'embarrassant. Il ne s'effraya point du nom de Satire que portoient ces ouvrages, où il ne vit en effet que des vers et des auteurs attaqués. Il me loua même plusieurs fois d'avoir purgé, pour ainsi dire, ce genre de Poësie de la saleté qui lui avoit été jusqu'alors comme affectée. J'eus donc le bonheur de ne lui être pas désagréable. Il m'appela à tous ses plaisirs et à tous ses divertissemens; c'est-à-dire, à ses lectures et à ses promenades. Il me favorisa même quelquefois de sa plus étroite confidence, et me fit voir à fond son ame entiere. Et que n'y vis-je point! Quel trésor surprenant de probité et de justice! Quel fonds inépuisable de piété et de zele! Bien que sa vertu jettât un fort grand éclat au-dehors, c'étoit tout autre chose au dedans, et on voyoit bien qu'il avoit soin d'en tempérer les rayons, pour ne pas blesser les yeux d'un siecle aussi corrompu que le

---

sant à M. le Premier Président de Lamoignon, qu'il proposa à M. Despréaux d'en faire le sujet d'un Poëme, que l'on pourroit intituler : *la Conquête du Lutrin*, ou *le Lutrin enlevé*; à l'exemple du Tassoni, qui avoit fait son Poëme de *la Secchia rapita*, sur un sujet presque semblable. M. Despréaux répondit qu'il ne falloit jamais défier un fou, et qu'il l'étoit assez, non-seulement pour entreprendre ce Poëme, mais encore pour le dédier à M. le Premier Président lui-même. Ce Magistrat n'en fit que rire, et l'Auteur, ayant pris cette plaisanterie pour une espece de défi, forma dès le même jour l'idée et le plan de ce Poëme, dont il fit même les premiers vers. Le plaisir que cet essai fit à M. le Premier Président encouragea M. Despréaux à continuer.

nôtre. Je fus sincerement épris de tant de qualités admirables ; et s'il eut beaucoup de bonne volonté pour moi, j'eus aussi pour lui une très-forte attache. Les soins que je lui rendis, ne furent mêlés d'aucune raison d'intérêt mercenaire : et je songeois bien plus à profiter de sa conversation que de son crédit. Il mourut dans le tems que cette amitié étoit en son plus haut point, et le souvenir de sa perte m'afflige encore tous les jours. Pourquoi faut-il que des hommes si dignes de vivre, soient si-tôt enlevés du monde, tandis que des misérables et des gens de rien arrivent à une extrême vieillesse ? Je ne m'étendrai pas davantage sur un sujet si triste : car je sens bien que si je continuois à en parler, je ne pourrois m'empêcher de mouiller peut-être de mes larmes la Préface d'un ouvrage de pure plaisanterie.

ARGUMENT.

L E Trésorier remplit la premiere dignité du Chapitre dont il est ici parlé ; et il officie avec toutes les marques de l'Episcopat. Le Chantre remplit la seconde dignité. Il y avoit autrefois dans le chœur, devant la place du Chantre, un énorme Pupitre ou Lutrin, qui le couvroit presque tout entier. Il le fit ôter. Le Trésorier voulut le remettre. De là arriva une dispute, qui fait le sujet de ce poëme.

CHANT PREMIER.

J E chante les combats, et ce Prélat terrible
Qui, par ses longs travaux et sa force invincible,
Dans une illustre église exerçant son grand cœur,
Fit placer à la fin un Lutrin dans le chœur.
C'est en vain que le Chantre, abusant d'un faux titre,
Deux fois l'en fit ôter par les mains du Chapitre :
Ce prélat, sur le banc de son rival altier
Deux fois le reportant, l'en couvrit tout entier.

Muse, redis-moi donc quelle ardeur de vengeance
De ces hommes sacrés rompit l'intelligence,
Et troubla si long-tems deux célebres rivaux.
Tant de fiel entre-t-il dans l'ame des dévots!
  Et toi, fameux héros[1], dont la sage entremise
De ce schisme naissant débarrassa l'église,
Viens d'un regard heureux animer mon projet,
Et garde-toi de rire en ce grave sujet.

  Parmi les doux plaisirs d'une paix fraternelle
Paris voyoit fleurir son antique Chapelle :
Ses chanoines vermeils et brillans de santé
S'engraissoient d'une longue et sainte oisiveté ;
Sans sortir de leurs lits, plus doux que leurs hermines,
Ces pieux fainéans faisoient chanter matines,
Veilloient à bien dîner, et laissoient en leur lieu
A des chantres gagés le soin de louer Dieu :
Quand la Discorde, encor toute noire de crimes,
Sortant des Cordeliers pour aller aux Minimes[2],
Avec cet air hideux qui fait frémir la Paix,
S'arrêta près d'un arbre[3] au pied de son Palais.
Là, d'un œil attentif contemplant son empire,
A l'aspect du tumulte elle-même s'admire.
Elle y voit par le coche et d'Evreux et du Mans
Accourir à grands flots ses fideles Normands ;
Elle y voit aborder le marquis, la comtesse,
Le bourgeois, le manant, le clergé, la noblesse ;
Et par-tout des plaideurs les escadrons épars
Faire autour de Thémis flotter ses étendarts.
Mais une église seule à ses yeux immobile
Garde au sein du tumulte une assiette tranquille :
Elle seule la brave ; elle seule aux procès
De ses paisibles murs veut défendre l'accès.
La Discorde, à l'aspect d'un calme qui l'offense,
Fait siffler ses serpens, s'excite à la vengeance :

CHANT I.

Sa bouche se remplit d'un poison odieux,
Et de longs traits de feu lui sortent par les yeux.

Quoi! dit-elle d'un ton qui fit trembler les vitres,
J'aurai pu jusqu'ici brouiller tous les chapitres,
Diviser Cordeliers, Carmes et Célestins 4 ;
J'aurai fait soutenir un siege aux Augustins 5 :
Et cette église seule, à mes ordres rebelle,
Nourrira dans son sein une paix éternelle !
Suis-je donc la Discorde? et, parmi les mortels,
Qui voudra désormais encenser mes autels ?

A ces mots, d'un bonnet couvrant sa tête énorme,
Elle prend d'un vieux Chantre et la taille et la forme :
Elle peint de bourgeons son visage guerrier,
Et s'en va de ce pas trouver le Trésorier.

Dans le réduit obscur d'une alcove enfoncée
S'élève un lit de plume à grands frais amassée :
Quatre rideaux pompeux, par un double contour,
En défendent l'entrée à la clarté du jour.
Là, parmi les douceurs d'un tranquille silence,
Regne sur le duvet une heureuse indolence :
C'est là que le Prélat, muni d'un déjeûner,
Dormant d'un léger somme, attendoit le dîner.
La jeunesse en sa fleur brille sur son visage :
Son menton sur son sein descend à double étage ;
Et son corps, ramassé dans sa courte grosseur,
Fait gémir les coussins sous sa molle épaisseur.

La déesse en entrant, qui voit la nappe mise,
Admire un si bel ordre, et reconnoît l'église ;
Et, marchant à grands pas vers le lieu du repos,
Au Prélat sommeillant elle adresse ces mots :

Tu dors, Prélat, tu dors, et là-haut 6 à ta place,
Le Chantre aux yeux du chœur étale son audace,
Chante les *Oremus*, fait des processions,
Et répand à grands flots les bénédictions 7.
Tu dors! Attends-tu donc que, sans bulle et sans titre,
Il te ravisse encor le rochet et la mître?

Sors de ce lit oiseux qui te tient attaché,
Et renonce au repos, ou bien à l'évêché.
 Elle dit, et, du vent de sa bouche profane,
Lui souffle avec ces mots l'ardeur de la chicane.
Le Prélat se réveille, et, plein d'émotion,
Lui donne toutefois la bénédiction.
 Tel qu'on voit un taureau qu'une guêpe en furie
A piqué dans les flancs aux dépens de sa vie [8],
Le superbe animal, agité de tourmens,
Exhale sa douleur en longs mugissemens :
Tel le fougueux Prélat, que ce songe épouvante,
Querelle en se levant et laquais et servante ;
Et, d'un juste courroux ranimant sa vigueur,
Même avant le dîner, parle d'aller au chœur.
Le prudent Gilotin, son aumônier fidele,
En vain par ses conseils sagement le rappelle ;
Lui montre le péril ; que midi va sonner ;
Qu'il va faire, s'il sort, refroidir le dîner.
 Quelle fureur, dit-il, quel aveugle caprice,
Quand le dîner est prêt, vous appelle à l'office ?
De votre dignité soutenez mieux l'éclat :
Est-ce pour travailler que vous êtes Prélat ?
A quoi bon ce dégoût et ce zele inutile ?
Est-il donc pour jeûner, quatre-tems ou vigile ?
Reprenez vos esprits, et souvenez-vous bien
Qu'un dîner réchauffé ne valut jamais rien.
 Ainsi dit Gilotin ; et ce ministre sage
Sur table, au même instant, fait servir le potage.
Le prélat voit la soupe, et, plein d'un saint respect,
Demeure quelque tems muet à cet aspect.
Il cede, il dîne enfin : mais, toujours plus farouche,
Les morceaux trop hâtés se pressent dans sa bouche.
Gilotin en gémit, et, sortant de fureur,
Chez tous ses partisans [9] va semer la terreur.
On voit courir chez lui leurs troupes éperdues,
Comme l'on voit marcher les bataillons de grues,

Quand le Pigmée [10] altier, redoublant ses efforts,
De l'Hebre ou du Strymon [11] vient d'occuper les bords.
A l'aspect imprévu de leur foule agréable,
Le Prélat radouci veut se lever de table :
La couleur lui renaît, sa voix change de ton ;
Il fait par Gilotin rapporter un jambon.
Lui-même le premier, pour honorer la troupe,
D'un vin pur et vermeil il fait remplir sa coupe ;
Il l'avale d'un trait : et, chacun l'imitant,
La cruche au large ventre est vuide en un instant.
Sitôt que du nectar la troupe est abreuvée,
On dessert : et soudain, la nappe étant levée,
Le Prélat, d'une voix conforme à son malheur,
Leur confie en ces mots sa trop juste douleur :
Illustres compagnons de mes longues fatigues,
Qui m'avez soutenu par vos pieuses ligues,
Et par qui, maître enfin d'un chapitre insensé,
Seul à *Magnificat* je me vois encensé ;
Souffrirez-vous toujours qu'un orgueilleux m'outrage ;
Que le Chantre à vos yeux détruise votre ouvrage :
Usurpe tous mes droits, et, s'égalant à moi,
Donne à votre lutrin et le ton et la loi ?
Ce matin même encor, ce n'est point un mensonge,
Une divinité me l'a fait voir en songe ;
L'insolent, s'emparant du fruit de mes travaux,
A prononcé pour moi le *Benedicat vos* !
Oui, pour mieux m'égorger, il prend mes propres armes.
Le Prélat à ces mots verse un torrent de larmes.
Il veut, mais vainement, poursuivre son discours ;
Ses sanglots redoublés en arrêtent le cours.
Le zélé Gilotin, qui prend part à sa gloire,
Pour lui rendre la voix fait rapporter à boire :
Quand Sidrac, à qui l'âge alonge le chemin,
Arrive dans la chambre, un bâton à la main.
Ce vieillard dans le chœur a déjà vu quatre âges :
Il sait de tous les tems les différens usages :

Et son rare savoir, de simple marguillier,
L'éleva par degrés au rang de chevecier [12].
A l'aspect du Prélat qui tombe en défaillance,
Il devine son mal, il se ride, il s'avance;
Et, d'un ton paternel réprimant ses douleurs :
　Laisse au Chantre, dit-il, la tritesse et les pleurs,
Prélat; et, pour sauver tes droits et ton empire,
Ecoute seulement ce que le Ciel m'inspire.
Vers cet endroit du chœur où le Chantre orgueilleux
Montre, assis à ta gauche, un front si sourcilleux;
Sur ce rang d'ais serrés qui forment sa clôture,
Fut jadis un lutrin [13] d'inégale structure,
Dont les flancs élargis de leur vaste contour
Ombrageoient pleinement tous les lieux d'alentour.
Derriere ce lutrin, ainsi qu'au fond d'un antre,
A peine sur son banc on discernoit le Chantre :
Tandis qu'à l'autre banc, le prélat radieux,
Découvert au grand jour, attiroit tous les yeux.
Mais un démon, fatal à cette ample machine,
Soit qu'une main la nuit eût hâté sa ruine,
Soit qu'ainsi de tout tems l'ordonnât le Destin,
Fit tomber à nos yeux le pupitre un matin.
J'eus beau prendre le Ciel et le Chantre à partie,
Il fallut l'emporter dans notre sacristie,
Où depuis trente hivers, sans gloire enseveli,
Il languit tout poudreux dans un honteux oubli.
Entends-moi donc, Prélat. Dès que l'ombre tranquille
Viendra d'un crêpe noir envelopper la ville,
Il faut que trois de nous, sans tumulte et sans bruit,
Partent à la faveur de la naissante nuit,
Et, du lutrin rompu réunissant la masse,
Aillent d'un zele adroit le remettre en sa place.
Si le Chantre demain ose le renverser,
Alors de cent arrêts tu le peux terrasser.
Pour soutenir tes droits, que le Ciel autorise,
Abîme tout plutôt : c'est l'esprit de l'église :

CHANT I.

C'est par là qu'un Prélat signale sa vigueur.
Ne borne pas ta gloire à prier dans un chœur :
Ces vertus dans Aleth [14] peuvent être en usage ;
Mais dans Paris, plaidons : c'est là notre partage.
Tes bénédictions dans le trouble croissant,
Tu pourras les répandre et par vingt et par cent ;
Et, pour braver le Chantre en son orgueil extrême,
Les répandre à ses yeux, et le bénir lui-même.

 Ce discours aussitôt frappe tous les esprits ;
Et le Prélat charmé l'approuve par des cris.
Il veut que, sur-le-champ, dans la troupe on choisisse
Les trois que Dieu destine à ce pieux office :
Mais chacun prétend part à cet illustre emploi.
Le sort, dit le Prélat, vous servira de loi,
Que l'on tire au billet ceux que l'on doit élire.
Il dit, on obéit, on se presse d'écrire.
Aussitôt trente noms, sur le papier tracés,
Sont au fond d'un bonnet par billets entassés.
Pour tirer ces billets avec moins d'artifice,
Guillaume, enfant de chœur, prête sa main novice :
Son front nouveau tondu, symbole de candeur,
Rougit, en approchant, d'une honnête pudeur.
Cependant le Prélat, l'œil au ciel, la main nue,
Bénit trois fois les noms, et trois fois les remue.
Il tourne le bonnet : l'enfant tire ; et Brontin [15]
Est le premier des noms qu'apporte le Destin.
Le Prélat en conçoit un favorable augure,
Et ce nom dans la troupe excite un doux murmure.
On se tait, et bientôt on voit paroître au jour
Le nom, le fameux nom du perruquier l'Amour [16].
Ce nouvel Adonis, à la blonde crinière,
Est l'unique souci d'Anne sa perruquière :
Ils s'adorent l'un l'autre ; et ce couple charmant
S'unit long-tems, dit-on, avant le sacrement :
Mais, depuis trois moissons, à leur saint assemblage
L'official a joint le nom de mariage.

Ce perruquier superbe est l'effroi du quartier,
Et son courage est peint sur son visage altier.
Un des noms reste encore, et le Prélat par grace
Une derniere fois les brouille et les ressasse.
Chacun croit que son nom est le dernier des trois.
Mais que ne dis-tu point, ô puissant porte-croix,
Boirude[17], sacristain, cher appui de ton maître,
Lorsqu'aux yeux du Prélat tu vis ton nom paroître !
On dit que ton front jaune, et ton teint sans couleur,
Perdit en ce moment son antique paleur ;
Et que ton corps goutteux, plein d'une ardeur guerriere,
Pour sauter au plancher fit deux pas en arriere.
Chacun bénit tout haut l'arbitre des humains,
Qui remet leur bon droit en de si bonnes mains.
Aussitôt on se leve ; et l'assemblée en foule,
Avec un bruit confus, par les portes s'écoule.
 Le Prélat resté seul calme un peu son dépit,
Et jusquos au souper se couche et s'assoupit.

CHANT II.

Cependant cet oiseau qui prône les merveilles,
Ce monstre composé de bouches et d'oreilles,
Qui, sans cesse volant de climats en climats,
Dit par-tout ce qu'il sait et ce qu'il ne sait pas ;
La Renommée enfin, cette prompte courriere,
Va d'un mortel effroi glacer la perruquiere ;
Lui dit que son époux, d'un faux zele conduit,
Pour placer un lutrin doit veiller cette nuit.
 A ce triste récit, tremblante, désolée,
Elle accourt l'œil en feu, la tête échevelée,
Et trop sûre d'un mal qu'on pense lui celer :
 Oses-tu bien encor, traître, dissimuler ?

CHANT II.

Dit-elle : et ni la foi que ta main m'a donnée,
Ni nos embrassemens qu'a suivis l'hyménée,
Ni ton épouse enfin toute prête à périr,
Ne sauroient donc t'ôter cette ardeur de courir!
Perfide! si du moins, à ton devoir fidele,
Tu veillois pour orner quelque tête nouvelle!
L'espoir d'un juste gain, consolant ma langueur,
Pourroit de ton absence adoucir la longueur.
Mais quel zele indiscret, quelle aveugle entreprise
Arme aujourd'hui ton bras en faveur d'une église?
Où vas-tu, cher époux? Est-ce que tu me fuis?
As-tu donc oublié tant de si douces nuits?
Quoi! d'un œil sans pitié vois-tu couler mes larmes?
Au nom de nos baisers jadis si pleins de charmes,
Si mon cœur, de tout tems facile à tes desirs,
N'a jamais d'un moment différé tes plaisirs;
Si, pour te prodiguer mes plus tendres caresses,
Je n'ai point exigé ni sermens, ni promesses;
Si toi seul à mon lit enfin eus toujours part;
Differe au moins d'un jour ce funeste départ.
 En achevant ces mots, cette amante enflammée
Sur un placet voisin tombe demi-pâmée.
Son époux s'en émeut, et son cœur éperdu
Entre deux passions demeure suspendu;
Mais enfin rappelant son audace premiere :
 Ma femme, lui dit-il d'une voix douce et fiere,
Je ne veux point nier les solides bienfaits
Dont ton amour prodigue a comblé mes souhaits;
Et le Rhin de ses flots ira grossir la Loire
Avant que tes faveurs sortent de ma mémoire.
Mais ne présume pas qu'en te donnant ma foi
L'Hymen m'ait pour jamais asservi sous ta loi.
Si le ciel en mes mains eût mis ma destinée,
Nous aurions fui tous deux le joug de l'Hyménée,
Et, sans nous opposer ces devoirs prétendus,
Nous goûterions encor des plaisirs défendus.

Cesse donc à mes yeux d'étaler un vain titre :
Ne m'ôte pas l'honneur d'élever un pupitre ;
Et toi-même, donnant un frein à tes desirs,
Raffermis ma vertu qu'ébranlent tes soupirs.
Que te dirai-je enfin ? C'est le ciel qui m'appelle.
Une Eglise, un Prélat m'engage en sa querelle.
Il faut partir : j'y cours. Dissipe tes douleurs,
Et ne me trouble plus par ces indignes pleurs.

 Il la quitte à ces mots. Son amante effarée
Demeure le teint pâle, et la vue égarée :
La force l'abandonne ; et sa bouche, trois fois
Voulant le rappeler, ne trouve plus de voix.
Elle fuit, et, de pleurs inondant son visage,
Seule pour s'enfermer vole au cinquieme étage.
Mais, d'un bouge prochain accourant à ce bruit,
Sa servante Alizon la rattrape et la suit.

 Les ombres cependant, sur la ville épandues,
Du faîte des maisons descendent dans les rues ;
Le souper hors du chœur chasse les chapelains,
Et de chantres buvans les cabarets sont pleins.
Le redouté Brontin, que son devoir éveille,
Sort à l'instant, chargé d'une triple bouteille
D'un vin dont Gilotin, qui savoit tout prévoir,
Au sortir du conseil eut soin de le pourvoir.
L'odeur d'un jus si doux lui rend le faix moins rude.
Il est bientôt suivi du sacristain Boirude ;
Et tous deux, de ce pas, s'en vont avec chaleur
Du trop lent perruquier réveiller la valeur.
Partons, lui dit Brontin : déjà le jour plus sombre,
Dans les eaux s'éteignant, va faire place à l'ombre.
D'où vient ce noir chagrin que je lis dans tes yeux ?
Quoi ! le pardon[1] sonnant te retrouve en ces lieux ?
Où donc est ce grand cœur dont tantôt l'alégresse
Sembloit du jour trop long accuser la paresse ?
Marche, et suis-nous du moins où l'honneur nous attend.

 Le perruquier honteux rougit en l'écoutant.

CHANT II.

Aussitôt de longs clous il prend une poignée :
Sur son épaule il charge une lourde coignée ;
Et derriere son dos, qui tremble sous le poids,
Il attache une scie en forme de carquois :
Il sort au même instant, il se met à leur tête.
A suivre ce grand chef l'un et l'autre s'apprête :
Leur cœur semble allumé d'un zele tout nouveau ;
Brontin tient un maillet ; et Boirude un marteau.
La Lune, qui du ciel voit leur démarche altiere,
Retire en leur faveur sa paisible lumiere.
La Discorde en sourit, et, les suivant des yeux,
De joie, en les voyant, pousse un cri dans les cieux.
L'air, qui gémit du cri de l'horrible Déesse,
Va jusques dans Cîteaux réveiller la Mollesse.
C'est là qu'en un dortoir elle fait son séjour :
Les plaisirs nonchalans folâtrent à l'entour ;
L'un pétrit dans un coin l'embonpoint des chanoines ;
L'autre broie en riant le vermillon des moines :
La Volupté la sert avec des yeux dévots,
Et toujours le Sommeil lui verse des pavots.
Ce soir, plus que jamais, en vain il les redouble.
La Mollesse à ce bruit se réveille, se trouble :
Quand la Nuit, qui déjà va tout envelopper,
D'un funeste récit vient encor la frapper ;
Lui conte du Prélat l'entreprise nouvelle :
Aux pieds des murs sacrés d'une sainte chapelle,
Elle a vu trois guerriers, ennemis de la paix,
Marcher à la faveur de ses voiles épais :
La Discorde en ces lieux menace de s'accroître ;
Demain avec l'aurore un lutrin va paroître,
Qui doit y soulever un peuple de mutins.
Ainsi le ciel l'écrit au livre des destins.

 A ce triste discours, qu'un long soupir acheve,
La Mollesse, en pleurant, sur un bras se releve,
Ouvre un œil languissant, et, d'une foible voix,
Laisse tomber ces mots, qu'elle interrompt vingt fois :

O Nuit! que m'as-tu dit? quel démon sur la terre
Souffle dans tous les cœurs la fatigue et la guerrre?
Hélas! qu'est devenu ce tems, cet heureux tems,
Où les rois s'honoroient du nom de fainéans,
S'endormoient sur le trône, et, me servant sans honte,
Laissoient leur sceptre aux mains ou d'un maire ou d'un
Aucun soin n'approchoit de leur paisible cour: (comte?
On reposoit la nuit, on dormoit tout le jour.
Seulement au printems, quand Flore dans les plaines
Faisoit taire des vents les bruyantes haleines,
Quatre bœufs attelés, d'un pas tranquille et lent,
Promenoient dans Paris le monarque indolent.
Ce doux siecle n'est plus. Le ciel impitoyable
A placé sur le trône un prince infatigable;
Il brave mes douceurs, il est sourd à ma voix:
Tous les jours il m'éveille au bruit de ses exploits.
Rien ne peut arrêter sa vigilante audace:
L'été n'a point de feu, l'hiver n'a point de glace [2].
J'entends à son seul nom tous mes sujets frémir.
En vain deux fois la Paix a voulu l'endormir;
Loin de moi son courage, entraîné par la Gloire,
Ne se plaît qu'à courir de victoire en victoire.
Je me fatiguerois à te tracer le cours
Des outrages cruels qu'il me fait tous les jours.
Je croyois, loin des lieux d'où ce prince m'exile,
Que l'Eglise du moins m'assuroit un asyle.
Mais en vain j'espérois y régner sans effroi:
Moines, abbés, prieurs, tout s'arme contre moi.
Par mon exil honteux la Trappe [3] est ennoblie;
J'ai vu dans Saint-Denis la réforme établie;
Le Carme, le Feuillant, s'endurcit aux travaux;
Et la regle déjà se remet dans Clairvaux [4].
Cîteaux dormoit encore; et la Sainte-Chapelle
Conservoit du vieux tems l'oisiveté fidele:
Et voici qu'un lutrin, prêt à tout renverser,
D'un séjour si chéri vient encor me chasser!

O toi, de mon repos compagne aimable et sombre,
A de si noirs forfaits prêteras-tu ton ombre ?
Ah ! Nuit, si tant de fois, dans les bras de l'Amour,
Je t'admis aux plaisirs que je cachois au jour,
Du moins ne permets pas... La Mollesse oppressée
Dans sa bouche à ce mot sent sa langue glacée ;
Et, lasse de parler, succombant sous l'effort,
Soupire, étend les bras, ferme l'œil, et s'endort.

CHANT III.

Mais la Nuit aussitôt de ses ailes affreuses
Couvre des Bourguignons les campagnes vineuses,
Revole vers Paris, et, hâtant son retour,
Déjà de Mont-Lhéry voit la fameuse tour [1].
Ses murs, dont le sommet se dérobe à la vue,
Sur la cime d'un roc s'alongent dans la nue,
Et, présentant de loin leur objet ennuyeux,
Du passant qui le fuit semblent suivre les yeux.
Mille oiseaux effrayans, mille corbeaux funebres,
De ces murs désertés habitent les ténebres.
Là, depuis trente hivers, un hibou retiré
Trouvoit contre le jour un refuge assuré.
Des désastres fameux ce messager fidele
Sait toujours des malheurs la premiere nouvelle,
Et, tout près d'en semer le présage odieux,
Il attendoit la Nuit dans ces sauvages lieux.
Aux cris qu'à son abord vers le ciel il envoie,
Il rend tous ses voisins attristés de sa joie.
La plaintive Progné de douleur en frémit ;
Et, dans les bois prochains, Philomele en gémit.
Suis-moi, lui dit la Nuit. L'oiseau plein d'alégresse
Reconnoît à ce ton la voix de sa maîtresse.
Il la suit : et tous deux, d'un cours précipité,
De Paris à l'instant abordent la cité :

Là, s'élançant d'un vol que le vent favorise,
Ils montent au sommet de la fatale Eglise.
La nuit baisse la vue, et, du haut du clocher,
Observe les guerriers, les regarde marcher.
Elle voit le barbier qui, d'une main légere,
Tient un verre de vin qui rit dans la fougere²;
Et chacun, tour à tour s'inondant de ce jus,
Célébrer, en buvant, Gilotin et Bacchus.
Ils triomphent, dit-elle, et leur ame abusée
Se promet dans mon ombre une victoire aisée :
Mais allons ; il est tems qu'ils connoissent la Nuit.
A ces mots, regardant le hibou qui la suit,
Elle perce les murs de la voûte sacrée,
Jusqu'en la sacristie elle s'ouvre une entrée,
Et, dans le ventre creux du pupitre fatal,
Va placer de ce pas le sinistre animal.

 Mais les trois champions, pleins de vin et d'audace,
Du Palais cependant passent la grande place,
Et, suivant de Bacchus les auspices sacrés,
De l'auguste Chapelle ils montent les degrés.
Ils atteignoient déjà le superbe portique
Où Ribou ³ le libraire, au fond de sa boutique,
Sous vingt fideles clefs, garde et tient en dépôt
L'amas toujours entier des écrits de Haynaut :
Quand Boirude, qui voit que le péril approche,
Les arrête, et, tirant un fusil de sa poche,
Des veines d'un caillou, qu'il frappe au même instant,
Il fait jaillir un feu qui pétille en sortant ;
Et bientôt au brasier d'une mêche enflammée,
Montre, à l'aide du soufre, une cire allumée.
Cet astre tremblotant, dont le jour les conduit,
Est pour eux un soleil au milieu de la nuit.
Le temple à sa faveur est ouvert par Boirude :
Ils passent de la nef la vaste solitude,
Et dans la sacristie entrant, non sans terreur,
En percent jusqu'au fond la ténébreuse horreur.

CHANT III.

C'est-là que du lutrin gît la machine énorme :
La troupe quelque tems en admire la forme.
Mais le barbier, qui tient les momens précieux :
Ce spectacle n'est pas pour amuser nos yeux,
Dit-il : le tems est cher, portons-le dans le temple ;
C'est là qu'il faut demain qu'un Prélat le contemple.
Et d'un bras, à ces mots, qui peut tout ébranler,
Lui-même, se courbant, s'apprête à le rouler.
Mais à peine il y touche, ô prodige incroyable !
Que du pupitre sort une voix effroyable.
Brontin en est ému, le sacristain pâlit ;
Le perruquier commence à regretter son lit.
Dans son hardi projet toutefois il s'obstine ;
Lorsque des flancs poudreux de la vaste machine
L'oiseau sort en courroux ; et, d'un cri menaçant,
Acheve d'étonner le barbier frémissant :
De ses ailes dans l'air secouant la poussiere,
Dans la main de Boirude il éteint la lumiere.
Les guerriers à ce coup demeurent confondus ;
Ils regagnent la nef, de frayeur éperdus :
Sous leurs corps tremblotans leurs genoux s'affoiblissent,
D'une subite horreur leurs cheveux se hérissent ;
Et bientôt, au travers des ombres de la nuit,
Le timide escadron se dissipe et s'enfuit.

Ainsi lorsqu'en un coin, qui leur tient lieu d'asyle,
D'écoliers libertins une troupe indocile,
Loin des yeux d'un préfet au travail assidu,
Va tenir quelquefois un brelan défendu :
Si du veillant Argus la figure effrayante,
Dans l'ardeur du plaisir à leurs yeux se présente,
Le jeu cesse à l'instant, l'asyle est déserté,
Et tout fuit à grands pas le tyran redouté.

La Discorde, qui voit leur honteuse disgrace,
Dans les airs cependant tonne, éclate, menace,
Et, malgré la frayeur dont leurs cœurs sont glacés,
S'apprête à réunir ses soldats dispersés.

Aussitôt de Sidrac elle emprunte l'image :
Elle ride son front, alonge son visage,
Sur un bâton noueux laisse courber son corps,
Dont la chicane semble animer les ressorts ;
Prend un cierge en sa main, et, d'une voix cassée,
Vient ainsi gourmander la troupe terrassée :
 Lâches, où fuyez-vous ? quelle peur vous abat ?
Aux cris d'un vil oiseau vous cédez sans combat !
Où sont ces beaux discours jadis si pleins d'audace ?
Craignez-vous d'un hibou l'impuissante grimace ?
Que feriez-vous, hélas ! si quelque exploit nouveau
Chaque jour, comme moi, vous traînoit au Barreau ;
S'il falloit, sans amis, briguant une audience,
D'un magistrat glacé soutenir la présence,
Où, d'un nouveau procès hardi solliciteur,
» Aborder sans argent un clerc de rapporteur ?
Croyez-moi, mes enfans, je vous parle à bon titre :
J'ai moi seul autrefois plaidé tout un chapitre ;
Et le Barreau n'a point de monstres si hagards,
Dont mon œil n'ait cent fois soutenu les regards.
Tous les jours sans trembler j'assiégeois leurs passages.
L'Eglise étoit alors fertile en grands courages :
Le moindre d'entre nous, sans argent, sans appui,
Eût plaidé le Prélat, et le Chantre avec lui.
Le monde, de qui l'âge avance les ruines,
Ne peut plus enfanter de ces ames divines :
Mais que vos cœurs, du moins, imitant leurs vertus,
De l'aspect d'un hibou ne soient pas abattus.
Songez quel déshonneur va souiller votre gloire,
Quand le Chantre demain entendra sa victoire.
Vous verrez tous les jours le chanoine insolent,
Au seul mot de hibou, vous sourire en parlant.
Votre ame, à ce penser, de colere murmure :
Allez donc de ce pas en prévenir l'injure :
Méritez les lauriers qui vous sont réservés,
Et ressouvenez-vous quel Prélat vous servez.

Mais déjà la fureur dans vos yeux étincelle.
Marchez, courez, volez où l'honneur vous appelle.
Que le Prélat, surpris d'un changement si prompt,
Apprenne la vengeance aussitôt que l'affront.
   En achevant ces mots, la Déesse guerriere
De son pied trace en l'air un sillon de lumiere;
Rend aux trois champions leur intrépidité,
Et les laisse tout pleins de sa divinité.
   C'est ainsi, grand Condé, qu'en ce combat célebre
Où ton bras fit trembler le Rhin, l'Escaut et l'Ebre,
Lorsqu'aux plaines de Lens nos bataillons poussés
Furent presque à tes yeux ouverts et renversés,
Ta valeur, arrêtant les troupes fugitives,
Rallia d'un regard leurs cohortes craintives;
Répandit dans leurs rangs ton esprit belliqueux,
Et força la victoire à te suivre avec eux.
   La colere à l'instant succédant à la crainte,
Ils rallument le feu de leur bougie éteinte:
Ils rentrent; l'oiseau sort: l'escadron raffermi
Rit du honteux départ d'un si foible ennemi.
Aussitôt dans le chœur la machine emportée,
Est sur le banc du Chantre à grand bruit remontée.
Ses ais demi-pourris, que l'âge a relâchés,
Sont à coups de maillet unis et rapprochés.
Sous les coups redoublés tous les bancs retentissent;
Les murs en sont émus, les voûtes en mugissent,
Et l'orgue même en pousse un long gémissement.
Que fais-tu, Chantre, hélas! dans ce triste moment?
Tu dors d'un profond somme, et ton cœur sans alarmes
Ne sait pas qu'on bâtit l'instrument de tes larmes!
Oh! que si quelque bruit, par un heureux réveil,
T'annonçoit du lutrin le funeste appareil;
Avant que de souffrir qu'on en posât la masse,
Tu viendrois en apôtre expirer dans ta place;
Et, martyr glorieux d'un point d'honneur nouveau,
Offrir ton corps aux clous et ta tête au marteau.

Mais déjà sur ton banc la machine enclavée
Est, durant ton sommeil, à ta honte élevée.
Le Sacristain acheve en deux coups de rabot;
Et le pupitre enfin tourne sur son pivot.

CHANT IV.

Les cloches, dans les airs, de leurs voix argentines,
Appeloient à grand bruit les chantres à matines;
Quand leur chef, agité d'un sommeil effrayant,
Encor tout en sueur, se réveille en criant.
Aux élans redoublés de sa voix douloureuse,
Tous ses valets tremblans quittent la plume oiseuse:
Le vigilant Girot [1] court à lui le premier.
C'est d'un maître si saint le plus digne officier;
La porte dans le chœur à sa garde est commise:
Valet souple au logis, fier huissier à l'église.
　　Quel chagrin, lui dit-il, trouble votre sommeil?
Quoi! voulez-vous au chœur prévenir le soleil?
Ah! dormez, et laissez à des chantres vulgaires,
Le soin d'aller sitôt mériter leurs salaires.
　　Ami, lui dit le Chantre encor pâle d'horreur,
N'insulte point, de grace, à ma juste terreur:
Mêle plutôt ici tes soupirs à mes plaintes,
Et tremble en écoutant le sujet de mes craintes.
Pour la seconde fois un sommeil gracieux
Avoit sous ses pavots appesanti mes yeux:
Quand, l'esprit enivré d'une douce fumée,
J'ai cru remplir au chœur ma place accoutumée.
Là, triomphant aux yeux des chantres impuissans,
Je bénissois le peuple, et j'avalois l'encens:
Lorsque du fond caché de notre sacristie
Une épaisse nuée à longs flots est sortie,
Qui, s'ouvrant à mes yeux, dans son bleuâtre éclat
M'a fait voir un serpent conduit par le Prélat.

Du corps de ce dragon, plein de soufre et de nitre,
Une tête sortoit en forme de pupitre,
Dont le triangle affreux, tout hérissé de crins,
Surpassoit en grosseur nos plus épais lutrins.
Animé par son guide, en sifflant il s'avance :
Contre moi sur mon banc je le vois qui s'élance.
J'ai crié, mais en vain : et, fuyant sa fureur,
Je me suis réveillé plein de trouble et d'horreur.

Le Chantre, s'arrêtant à cet endroit funeste,
A ses yeux effrayés laisse dire le reste.
Girot en vain l'assure, et, riant de sa peur,
Nomme sa vision l'effet d'une vapeur :
Le désolé vieillard, qui hait la raillerie,
Lui défend de parler, sort du lit en furie.
On apporte à l'instant ses somptueux habits,
Où sur l'ouate molle éclate le tabis.
D'une longue soutane il endosse la moire,
Prend ses gants violets [2], les marques de sa gloire ;
Et saisit, en pleurant, ce rochet qu'autrefois
Le Prélat trop jaloux lui rogna de trois doigts.
Aussitôt, d'un bonnet ornant sa tête grise,
Déjà l'aumusse en main il marche vers l'Eglise ;
Et, hâtant de ses ans l'importune langueur,
Court, vole, et le premier, arrive dans le chœur.

O toi qui, sur ces bords qu'une eau dormante mouille,
Vit combattre autrefois le rat et la grenouille [3] ;
Qui, par les traits hardis d'un bizarre pinceau,
Mis l'Italie en feu pour la perte d'un seau [4] ;
Muse, prête à ma bouche une voix plus sauvage,
Pour chanter le dépit, la colere, la rage,
Que le Chantre sentit allumer dans son sang,
A l'aspect du pupitre élevé sur son banc.
D'abord pâle et muet, de colere immobile,
A force de douleur, il demeura tranquille :
Mais sa voix s'échappant au travers des sanglots
Dans sa bouche à la fin fit passage à ces mots :

La voilà donc, Girot, cette hydre épouvantable
Que m'a fait voir un songe, hélas! trop véritable!
Je le vois ce dragon tout prêt à m'égorger,
Ce pupitre fatal qui me doit ombrager!
Prélat, que t'ai-je fait? quelle rage envieuse
Rend pour me tourmenter ton ame ingénieuse?
Quoi! même dans ton lit, cruel, entre deux draps,
Ta profane fureur ne se repose pas!
O ciel! quoi! sur mon banc une honteuse masse
Désormais me va faire un cachot de ma place!
Inconnu dans l'Eglise, ignoré dans ce lieu,
Je ne pourrai donc plus être vu que de Dieu!
Ah! plutôt qu'un moment cet affront m'obscurcisse,
Renonçons à l'autel, abandonnons l'office;
Et, sans lasser le ciel par des chants superflus,
Ne voyons plus un chœur où l'on ne nous voit plus.
Sortons.... Mais cependant mon ennemi tranquille
Jouira sur son banc de ma rage inutile,
Et verra dans le chœur le pupitre exhaussé
Tourner sur le pivot où sa main l'a placé!
Non, s'il n'est abattu, je ne saurois plus vivre.
A moi, Girot, je veux que mon bras m'en délivre.
Périssons, s'il le faut: mais de ses ais brisés
Entraînons, en mourant, les restes divisés.

 A ces mots, d'une main par la rage affermie,
Il saisissoit déjà la machine ennemie,
Lorsqu'en ce sacré lieu, par un heureux hasard,
Entre Jean le choriste, et le sonneur Girard [5],
Deux Manseaux renommés, en qui l'expérience
Pour les procès est jointe à la vaste science.
L'un et l'autre aussitôt prend part à son affront.
Toutefois condamnant un mouvement trop prompt,
Du lutrin, disent-ils, abattons la machine:
Mais ne nous chargeons pas tout seuls de sa ruine;
Et que tantôt, aux yeux du chapitre assemblé,
Il soit sous trente mains en plein jour accablé.

Ces mots des mains du Chantre arrachent le pupitre.
J'y consens, leur dit-il; assemblons le chapitre.
Allez donc de ce pas, par de saints hurlemens,
Vous-mêmes appeler les chanoines dormans.
Partez. Mais ce discours les surprend et les glace.
Nous! qu'en ce vain projet, pleins d'une folle audace,
Nous allions, dit Girard, la nuit nous engager!
De notre complaisance osez-vous l'exiger ? (rues,
Hé! seigneur! quand nos cris pourroient, du fond des
De leurs appartemens percer les avenues,
Réveiller ces valets autour d'eux étendus,
De leur sacré repos ministres assidus,
Et pénétrer des lits au bruit inaccessibles;
Pensez-vous, au moment que les ombres paisibles
A ces lits enchanteurs ont su les attacher,
Que la voix d'un mortel les en puisse arracher?
Deux chantres feront-ils, dans l'ardeur de vous plaire,
Ce que depuis trente ans six cloches n'ont pû faire?

Ah! je vois bien où tend tout ce discours trompeur,
Reprend le chaud vieillard : le Prélat vous fait peur.
Je vous ai vus cent fois, sous sa main bénissante,
Courber servilement une épaule tremblante.
Hé bien! allez; sous lui fléchissez les genoux :
Je saurai réveiller les chanoines sans vous.
Viens, Girot, seul ami qui me reste fidele:
Prenons du saint jeudi la bruyante crécelle 6.
Suis-moi. Qu'à son lever le soleil aujourd'hui
Trouve tout le chapitre éveillé devant lui.

Il dit. Du fond poudreux d'une armoire sacrée
Par les mains de Girot la crécelle est tirée.
Ils sortent à l'instant, et, par d'heureux efforts,
Du lugubre instrument font crier les ressorts.
Pour augmenter l'effroi, la Discorde infernale
Monte dans le Palais, entre dans la Grand'Salle;
Et, du fond de cet antre, au travers de la nuit,
Fait sortir le démon du tumulte et du bruit.

Le quartier alarmé n'a plus d'yeux qui sommeillent ;
Déjà de toutes parts les chanoines s'éveillent :
L'un croit que le tonnerre est tombé sur les toits,
Et que l'église brûle une seconde fois 7 ;
L'autre, encore agité de vapeurs plus funebres,
Pense être au Jeudi-Saint, croit que l'on dit ténebres ;
Et déjà tout confus, tenant midi sonné,
En soi-même frémit de n'avoir point dîné.
 Ainsi, lorsque tout prêt à briser cent murailles
LOUIS, la foudre en main, abandonnant Versailles,
Au retour du soleil et des zéphirs nouveaux,
Fait dans les champs de Mars déployer ses drapeaux ;
Au seul bruit répandu de sa marche étonnante,
Le Danube s'émeut, le Tage s'épouvante,
Bruxelle attend le coup qui la doit foudroyer,
Et le Batave encore est prêt à se noyer.
 Mais en vain dans leurs lits un juste effroi les presse :
Aucun ne laisse encor la plume enchanteresse.
Pour les en arracher Girot s'inquiétant
Va crier qu'au chapitre un repas les attend.
Ce mot dans tous les cœurs répand la vigilance :
Tout s'ébranle, tout sort, tout marche en diligence,
Ils courent au chapitre, et chacun se pressant
Flatte d'un doux espoir son appétit naissant.
Mais, ô d'un déjeûner vaine et frivole attente !
A peine ils sont assis, que, d'une voix dolente,
Le Chantre désolé, lamentant son malheur,
Fait mourir l'appétit et naître la douleur.
Le seul chanoine Evrard 8, d'abstinence incapable,
Ose encor proposer qu'on apporte la table.
Mais il a beau presser, aucun ne lui répond :
Quand, le premier rompant ce silence profond,
Alain 9 tousse, et se leve ; Alain, ce savant homme,
Qui de Bauny vingt fois a lu toute la Somme,
Qui possede Abelli, qui sait tout Raconis,
Et même entend, dit-on, le latin d'A-Kempis.

CHANT IV.

N'en doutez point, leur dit ce savant canoniste,
Ce coup part, j'en suis sûr, d'une main Janséniste.
Mes yeux en sont témoins ; j'ai vu moi-même hier
Entrer chez le Prélat le chapelain Garnier 10.
Arnauld, cet hérétique ardent à nous détruire,
Par ce ministre adroit tente de le séduire :
Sans doute il aura lu dans son saint Augustin 11,
Qu'autrefois saint Louis érigea ce lutrin ;
Il va vous inonder des torrens de sa plume.
Il faut, pour lui répondre, ouvrir plus d'un volume.
Consultons sur ce point quelque auteur signalé ;
Voyons si des lutrins Bauny n'a point parlé :
Etudions enfin, il en est tems encore ;
Et, pour ce grand projet, tantôt dès que l'aurore
Rallumera le jour dans l'onde enseveli,
Que chacun prenne en main le moëlleux Abelli 12.

Ce conseil imprévu de nouveau les étonne :
Sur-tout le gras Evrard d'épouvante en frissonne.
Moi! dit-il, qu'à mon âge, écolier tout nouveau,
J'aille pour un lutrin me troubler le cerveau !
O le plaisant conseil ! Non, non, songeons à vivre :
Va maigrir, si tu veux, et sécher sur un livre.
Pour moi, je lis la Bible autant que l'Alcoran.
Je sais ce qu'un fermier nous doit rendre par an ;
Sur quelle vigne à Reims 13 nous avons hypotheque :
Vingt muids rangés chez moi font ma bibliotheque.
En plaçant un pupitre on croit nous rabaisser :
Mon bras seul sans latin saura le renverser. (prouve?
Que m'importe qu'Arnauld me condamne ou m'ap-
J'abats ce qui me nuit par-tout où je le trouve :
C'est là mon sentiment. A quoi bon tant d'apprêts ?
Du reste déjeûnons, messieurs, et buvons frais.

Ce discours, que soutient l'embonpoint du visage,
Rétablit l'appétit, réchauffe le courage ;
Mais le Chantre sur-tout en paroît rassuré.
Oui, dit-il, le pupitre a déjà trop duré.

13.

Allons sur sa ruine assurer ma vengeance:
Donnons à ce grand œuvre une heure d'abstinence;
Et qu'au retour tantôt un ample déjeûner
Long-tems nous tienne à table et s'unisse au dîner.
 Aussitôt il se leve, et la troupe fidele
Par ces mots attirans sent redoubler son zéle.
Ils marchent droit au chœur d'un pas audacieux,
Et bientôt le Lutrin se fait voir à leurs yeux.
A ce terrible objet aucun d'eux ne consulte :
Sur l'ennemi commun ils fondent en tumulte:
Ils sapent le pivot, qui se défend en vain :
Chacun sur lui d'un coup veut honorer sa main.
Enfin sous tant d'efforts la machine succombe,
Et son corps entr'ouvert chancelle, éclate, et tombe :
Tel sur les monts glacés des farouches Gélons 14
Tombe un chêne battu des voisins aquilons;
Ou tel, abandonné de ses poutres usées,
Fond enfin un vieux toit sous ses tuiles brisées.
La masse est emportée, et ses ais arrachés
Sont aux yeux des mortels chez le Chantre cachés.

CHANT V.

L'Aurore cependant, d'un juste effroi troublée,
Des chanoines levés voit la troupe assemblée,
Et contemple long-tems, avec des yeux confus,
Ces visages fleuris qu'elle n'a jamais vus.
Chez Sidrac aussitôt Brontin d'un pied fidele
Du pupitre abattu va porter la nouvelle.
Le vieillard de ses soins bénit l'heureux succès,
Et sur un bois détruit bâtit mille procès.
L'espoir d'un doux tumulte échauffant son courage,
Il ne sent plus le poids ni les glaces de l'âge;

Et chez le Trésorier, de ce pas, à grand bruit,
Vient étaler au jour les crimes de la nuit.
　Au récit imprévu de l'horrible insolence,
Le Prélat hors du lit impétueux s'élance.
Vainement d'un breuvage à deux mains apporté
Gilotin avant tout le veut voir humecté :
Il veut partir à jeun. Il se peigne, il s'apprête ;
L'ivoire trop hâté deux fois rompt sur sa tête,
Et deux fois de sa main le buis tombe en morceaux :
Tel Hercule filant rompoit tous les fuseaux.
Il sort demi-paré. Mais déjà sur sa porte
Il voit de saints guerriers une ardente cohorte,
Qui tous, remplis pour lui d'une égale vigueur,
Sont prêts, pour le servir, à déserter le chœur.
Mais le vieillard condamne un projet inutile.
Nos destins sont, dit-il, écrits chez la Sibylle :
Son antre n'est pas loin : allons la consulter,
Et subissons la loi qu'elle nous va dicter.
Il dit : à ce conseil, où la raison domine,
Sur ses pas au Barreau la troupe s'achemine,
Et bientôt, dans le temple, entend, non sans frémir,
De l'antre redouté les soupiraux gémir.
　Entre ces vieux appuis dont l'affreuse Grand' Salle
Soutient l'énorme poids de sa voûte infernale,
Est un pilier fameux[1], des plaideurs respecté,
Et toujours de Normands à midi fréquenté.
Là, sur des tas poudreux de sacs et de pratique,
Hurle tous les matins une Sibylle étique :
On l'appelle Chicane ; et ce monstre odieux
Jamais pour l'équité n'eut d'oreilles ni d'yeux.
La Disette au teint blême, et la triste Famine,
Les Chagrins dévorans, et l'infâme Ruine,
Enfans infortunés de ses rafinemens,
Troublent l'air d'alentour de longs gémissemens.
Sans cesse feuilletant les loix et la coutume,
Pour consumer autrui, le monstre se consume ;

13.

Et, dévorant maisons, palais, châteaux entiers,
Rend pour des monceaux d'or de vains tas de papiers.
Sous le coupable effort de sa noire insolence,
Thémis a vu cent fois chanceler sa balance.
Incessamment il va de détour en détour :
Comme un hibou, souvent il se dérobe au jour :
Tantôt, les yeux en feu, c'est un lion superbe ;
Tantôt, humble serpent, il se glisse sous l'herbe.
En vain, pour le dompter, le plus juste des rois
Fit régler le chaos des ténébreuses loix :
Ses griffes, vainement par Pussort accourcies,
Se ralongent déjà, toujours d'encre noircies,
Et ses ruses, perçant et digues et remparts,
Par cent breches déjà rentrent de toutes parts.

 Le vieillard humblement l'aborde et le salue ;
Et faisant, avant tout, briller l'or à sa vue :
Reine des longs procès, dit-il, dont le savoir
Rend la force inutile, et les loix sans pouvoir,
Toi, pour qui dans le Mans le laboureur moissonne,
Pour qui naissent à Caen tous les fruits de l'automne,
Si, dès mes premiers ans, heurtant tous les mortels,
L'encre a toujours pour moi coulé sur tes autels,
Daigne encor me connoître en ma saison derniere.
D'un Prélat qui t'implore exauce la priere.
Un rival orgueilleux, de sa gloire offensé,
A détruit le lutrin par nos mains redressé.
Epuise en sa faveur ta science fatale :
Du digeste et du code ouvre-nous le dédale ;
Et montre-nous cet art, connu de tes amis,
Qui, dans ses propres loix, embarrasse Thémis.

 La Sibylle à ces mots, déjà hors d'elle-même,
Fait lire sa fureur sur son visage blême ;
Et, pleine du démon qui la vient oppresser,
Par ces mots étonnans tâche à le repousser :

  Chantres, ne craignez plus une audace insensée.
Je vois, je vois au chœur la masse replacée :

CHANT V.

Mais il faut des combats. Tel est l'arrêt du sort;
Et sur-tout évitez un dangereux accord.

Là bornant son discours, encor tout écumante,
Elle souffle aux guerriers l'esprit qui la tourmente,
Et dans leurs cœurs brûlans de la soif de plaider
Verse l'amour de nuire, et la peur de céder.

Pour tracer à loisir une longue requête,
A retourner chez soi leur brigade s'apprête.
Sous leurs pas diligens le chemin disparoît,
Et le pilier, loin d'eux, déjà baisse et décroît.

Loin du bruit cependant les chanoines à table
Immolent trente mêts à leur faim indomptable.
Leur appétit fougueux, par l'objet excité,
Parcourt tous les recoins d'un monstrueux pâté;
Par le sel irritant la soif est allumée:
Lorsque d'un pied léger la prompte Renommée
Semant par-tout l'effroi, vient au Chantre éperdu
Conter l'affreux détail de l'oracle rendu.
Il se leve, enflammé de muscat et de bile,
Et prétend à son tour consulter la Sibylle [3].
Evrard a beau gémir du repas déserté,
Lui-même est au Barreau par le nombre emporté.
Par les détours étroits d'une barriere oblique [4],
Ils gagnent les degrés, et le perron antique
Où sans cesse, étalant bons et méchans écrits,
Barbin [5] vend aux passans des auteurs à tout prix.

Là le Chantre à grand bruit arrive et se fait place,
Dans le fatal instant que, d'une égale audace,
Le Prélat et sa troupe, à pas tumultueux,
Descendoient du Palais l'escalier tortueux.
L'un et l'autre rival, s'arrêtant au passage,
Se mesure des yeux, s'observe, s'envisage.
Une égale fureur anime leurs esprits:
Tels deux fougueux taureaux, de jalousie épris,
Auprès d'une génisse au front large et superbe
Oubliant tous les jours le pâturage et l'herbe,

13...

A l'aspect l'un de l'autre embrasés, furieux,
Déjà, le front baissé, se menacent des yeux.
Mais Evrard, en passant coudoyé par Boirude,
Ne sait point contenir son aigre inquiétude :
Il entre chez Barbin, et, d'un bras irrité,
Saisissant du Cyrus [6] un volume écarté,
Il lance au sacristain le tome épouvantable.
Boirude fuit le coup : le volume effroyable
Lui rase le visage, et, droit dans l'estomac,
Va frapper en sifflant l'infortuné Sidrac.
Le vieillard, accablé de l'horrible Artamène,
Tombe aux pieds du Prélat, sans pouls et sans haleine.
Sa troupe le croit mort, et chacun empressé
Se croit frappé du coup dont il le voit blessé.
Aussitôt contre Evrard vingt champions s'élancent ;
Pour soutenir leur choc, les chanoines s'avancent.
La Discorde triomphe, et du combat fatal
Par un cri donne en l'air l'effroyable signal.

 Chez le libraire absent tout entre, tout se mêle :
Les livres sur Evrard fondent comme la grêle
Qui, dans un grand jardin, à coups impétueux,
Abat l'honneur naissant des rameaux fructueux.
Chacun s'arme au hasard du livre qu'il rencontre.
L'un tient l'Edit d'amour [7], l'autre en saisit la Montre [8] ;
L'un prend le seul Jonas [9] qu'on ait vu relié ;
L'autre un Tasse [10] françois, en naissant oublié.
L'élève de Barbin, commis à la boutique,
Veut en vain s'opposer à leur fureur gothique [11] ;
Les volumes, sans choix à la tête jetés,
Sur le perron poudreux [12] volent de tous côtés :
Là, près d'un Guarini [13], Térence tombe à terre ;
Là, Xénophon dans l'air heurté contre un la Serre [14].
Oh ! que d'écrits obscurs, de livres ignorés,
Furent en ce grand jour de la poudre tirés !
Vous en fûtes tirés, Almerinde et Simandre [15] :
Et toi, rebut du peuple, inconnu Caloandre [16],

CHANT VI.

Alors de tous les cœurs l'union fut détruite.
Dans mes cloîtres sacrés la Discorde introduite
Y bâtit de mon bien ses plus sûrs arsenaux ;
Traîna tous mes sujets au pied des tribunaux.
En vain à ses fureurs j'opposai mes prieres ;
L'insolente, à mes yeux, marcha sous mes bannieres.
Pour comble de misere, un tas de faux docteurs
Vint flatter les péchés de discours imposteurs ;
Infectant les esprits d'exécrables maximes,
Voulut faire à Dieu même approuver tous les crimes.
Une servile peur tint lieu de charité ;
Le besoin d'aimer Dieu passa pour nouveauté :
Et chacun à mes pieds, conservant sa malice,
N'apporta de vertu que l'aveu de son vice.
 Pour éviter l'affront de ces noirs attentats,
Je vins chercher le calme au séjour des frimats,
Sur ces monts entourés d'une éternelle glace
Où jamais au printems les hivers n'ont fait place.
Mais, jusques dans la nuit de mes sacrés déserts,
Le bruit de mes malheurs fait retentir les airs.
Aujourd'hui même encore, une voix trop fidele
M'a d'un triste désastre apporté la nouvelle :
J'apprends que, dans ce temple où le plus saint des rois[3]
Consacra tout le fruit de ses pieux exploits,
Et signala pour moi sa pompeuse largesse,
L'implacable Discorde et l'infame Mollesse,
Foulant aux pieds les loix, l'honneur et le devoir,
Usurpent en mon nom le souverain pouvoir.
Souffriras-tu, ma sœur, une action si noire ?
Quoi ! ce temple, à ta porte, élevé pour ma gloire,
Où jadis des humains j'attirois tous les vœux,
Sera de leurs combats le théâtre honteux !
Non, non ! il faut enfin que ma vengeance éclate :
Assez et trop long-tems l'impunité les flatte.
Prends ton glaive, et, fondant sur ces audacieux,
Viens aux yeux des mortels justifier les cieux.

Ainsi parle à sa sœur cette vierge enflammée :
La grace est dans ses yeux d'un feu pur allumée.
Thémis sans différer lui promet son secours,
La flâtte, la rassure, et lui tient ce discours :
 Chere et divine sœur, dont les mains secourables
Ont tant de fois séché les pleurs des misérables,
Pourquoi toi-même, en proie à tes vives douleurs,
Cherches-tu sans raison à grossir tes malheurs ?
En vain de tes sujets l'ardeur est ralentie ;
D'un ciment éternel ton Eglise est bâtie,
Et jamais de l'enfer les noirs frémissemens
N'en sauroient ébranler les fermes fondemens.
Au milieu des combats, des troubles, des querelles,
Ton nom encor chéri vit au sein des fideles.
Crois-moi, dans ce lieu même où l'on veut t'opprimer,
Le trouble qui t'étonne est facile à calmer :
Et, pour y rappeler la paix tant desirée,
Je vais t'ouvrir, ma sœur, une route assurée.
Prête-moi donc l'oreille, et retiens tes soupirs.
 Vers ce temple 4 fameux, si cher à tes desirs,
Où le ciel fut pour toi si prodigue en miracles,
Non loin de ce palais où je rends mes oracles,
Est un vaste séjour des mortels révéré,
Et de cliens soumis à toute heure entouré.
Là, sous le faix pompeux de ma pourpre honorable,
Veille aux soins de ma gloire un homme incomparable,
Ariste, dont le ciel et Louis ont fait choix
Pour régler ma balance, et dispenser mes loix.
Par lui dans le barreau sur mon trône affermie,
Je vois hurler en vain la Chicane ennemie :
Par lui la Vérité ne craint plus l'imposteur,
Et l'orphelin n'est plus dévoré du tuteur.
Mais pourquoi vainement t'en retracer l'image ?
Tu le connois assez ; Ariste est ton ouvrage.
C'est toi qui le formas dès ses plus jeunes ans :
Son mérite sans tache est un de tes présens.

CHANT VI.

Tes divines leçons, avec le lait sucées,
Allumerent l'ardeur de ses nobles pensées.
Aussi son cœur, pour toi brûlant d'un si beau feu,
N'en fit point dans le monde un lâche désaveu ;
Et son zele hardi, toujours prêt à paroître,
N'alla point se cacher dans les ombres d'un cloître.
Va le trouver, ma sœur : à ton auguste nom,
Tout s'ouvrira d'abord en sa noble maison.
Ton visage est connu de sa noble famille ;
Tout y garde tes loix, enfans, sœur, femme, fille.
Tes yeux d'un seul regard sauront le pénétrer ;
Et, pour obtenir tout, tu n'as qu'à te montrer.

Là s'arrête Thémis. La Piété charmée
Sent renaître la joie en son ame calmée.
Elle court chez Ariste ; et, s'offrant à ses yeux :
Que me sert, lui dit-elle, Ariste, qu'en tous lieux
Tu signales pour moi ton zele et ton courage,
Si la Discorde impie à ta porte m'outrage ?
Deux puissans ennemis, par elle envenimés,
Dans ces murs, autrefois si saints, si renommés,
A mes sacrés autels font un profane insulte,
Remplissent tout d'effroi, de trouble et de tumulte.
De leur crime à leurs yeux va-t-en peindre l'horreur :
Sauve-moi, sauve-les de leur propre fureur.

Elle sort à ces mots. Le héros en priere
Demeure tout couvert de feux et de lumiere.
De la céleste fille il reconnoît l'éclat,
Et mande au même instant le Chantre et le Prélat.

Muse, c'est à ce coup que mon esprit timide
Dans sa course élevée a besoin qu'on le guide ;
Pour chanter par quels soins, par quels nobles travaux,
Un mortel sut fléchir ces superbes rivaux.

Mais plutôt, toi qui fis ce merveilleux ouvrage,
Ariste, c'est à toi d'en instruire notre âge.
Seul tu peux révéler par quel art tout-puissant
Tu rendis tout-à-coup le Chantre obéissant.

Tu sais par quel conseil rassemblant le chapitre,
Lui-même, de sa main, reporta le pupitre;
Et comment le Prélat, de ses respects content,
Le fit du banc fatal enlever à l'instant 6.
Parle donc : c'est à toi d'éclaircir ces merveilles.
Il me suffit pour moi d'avoir su, par mes veilles,
Jusqu'au sixieme chant pousser ma fiction,
Et fait d'un vain pu███████ second Ilion.
Finissons. Aussi-bien, quelque ardeur qui m'inspire,
Quand je songe au héros qui me reste à décrire,
Qu'il faut parler de toi, mon esprit éperdu
Demeure sans parole, interdit, confondu.

 Ariste, c'est ainsi qu'en ce Sénat illustre
Où Thémis, par tes soins, reprend son premier lustre,
Quand, la premiere fois, un athlete nouveau
Vient combattre en champ clos aux joûtes du Barreau,
Souvent sans y penser ton auguste présence
Troublant par trop d'éclat sa timide éloquence,
Le nouveau Cicéron, tremblant, décoloré,
Cherche en vain son discours sur sa langue égaré :
En vain, pour gagner tems, dans ses transes affreuses,
Traîne d'un dernier mot les syllabes honteuses;
Il hésite, il bégaie; et le triste orateur
Demeure enfin muet aux yeux du spectateur 7.

NOTES DU LUTRIN.

CHANT PREMIER.

1 M. le Premier Président de Lamoignon.

2 Il y eut de grandes brouilleries dans ces deux couvens, pour l'élection de quelques supérieurs.

3 C'est le Mai, que la *Basoche*, c'est-à-dire, le corps des clercs du Palais, faisoit planter tous les ans au pied du grand escalier du Palais, derriere la Sainte Chapelle.

4 Dans ces couvens, il y avoit eu des brouilleries et des

CHANT V.

Dans ton repos, dit-on, saisi par Gaillerbois [17],
Tu vis le jour alors pour la premiere fois.
Chaque coup sur la chair laisse une meurtrissure :
Déja plus d'un guerrier se plaint d'une blessure.
D'un Le Vayer [18] épais Giraut est renversé :
Marineau, d'un Brébeuf [19] à l'épaule blessé,
En sent par tout le bras une douleur amere,
Et maudit la Pharsale aux provinces si chere.
D'un Pinchêne [20] *in-quarto* Dodillon étourdi
A long-tems le teint pâle et le cœur affadi.
Au plus fort du combat le chapelain Garagne [21],
Vers le sommet du front atteint d'un Charlemagne,
(Des vers de ce poëme effet prodigieux !)
Tout prêt à s'endormir, bâille, et ferme les yeux.
A plus d'un combattant la Clélie [22] est fatale :
Giraut dix fois par elle éclate et se signale.
Mais tout cede aux efforts du chanoine Fabri [23].
Ce guerrier, dans l'église aux querelles nourri,
Est robuste de corps, terrible de visage ;
Et de l'eau dans son vin n'a jamais su l'usage.
Il terrasse lui seul et Guibert et Grasset,
Et Gorillon la basse, et Grandin le fausset,
Et Gerbais l'agréable, et Guerin l'insipide [24].
    Des chantres désormais la brigade timide
S'écarte, et du Palais regagne les chemins.
Telle, à l'aspect d'un loup, terreur des champs voisins,
Fuit d'agneaux effrayés une troupe bêlante :
Ou tels devant Achille, aux campagnes du Xanthe,
Les Troyens se sauvoient à l'abri de leurs tours.
Quand Brontin à Boirude adresse ce discours :
    Illustre porte-croix, par qui notre banniere
N'a jamais en marchant fait un pas en arriere [25],
Un chanoine lui seul triomphant du Prélat
Du rochet à nos yeux ternira-t-il l'éclat ?
Non, non : pour te couvrir de sa main redoutable,
Accepte de mon corps l'épaisseur favorable.

Viens, et, sous ce rempart, à ce guerrier hautain
Fais voler ce Quinaut qui me reste à la main.
A ces mots, il lui tend le doux et tendre ouvrage.
Le sacristain, bouillant de zele et de courage,
Le prend, se cache, approche, et, droit entre les yeux
Frappe du noble écrit l'athlete audacieux.
Mais c'est pour l'ébranler une foible tempête;
Le livre sans vigueur mollit contre sa tête.
Le chanoine les voit, de colere embrasé :
Attendez, leur dit-il, couple lâche et rusé,
Et jugez si ma main, aux grands exploits novice,
Lance à mes ennemis un livre qui mollisse.
A ces mots, il saisit un vieil *Infortiat* [26],
Grossi des visions d'Accurse et d'Alciat,
Inutile ramas de gothique écriture,
Dont quatre ais mal unis formoient la couverture,
Entourée à demi d'un vieux parchemin noir,
Où pendoit à trois clous un reste de fermoir.
Sur l'ais qui le soutient auprès d'un Avicenne [27],
Deux des plus forts mortels l'ébranleroient à peine :
Le chanoine pourtant l'enleve sans effort,
Et, sur le couple pâle et déjà demi-mort,
Fait tomber à deux mains l'effroyable tonnerre.
Les guerriers de ce coup vont mesurer la terre,
Et, du bois et des clous meurtris et déchirés,
Long-tems, loin du perron, roulent sur les degrés.
   Au spectacle étonnant de leur chûte imprévue,
Le prélat pousse un cri qui pénetre la nue.
Il maudit dans son cœur le démon des combats,
Et de l'horreur du coup il recule six pas.
Mais, bientôt rappelant son antique prouesse,
Il tire du manteau sa dextre vengeresse;
Il part, et, de ses doigts saintement alongés,
Bénit tous les passans, en deux files rangés.
Il sait que l'ennemi, que ce coup va surprendre,
Désormais sur ses pieds ne l'oseroit attendre,

Et déjà voit pour lui tout le peuple en courroux
Crier aux combattans : Profanes, à genoux !
Le Chantre, qui de loin voit approcher l'orage,
Dans son cœur éperdu cherche en vain du courage :
Sa fierté l'abandonne, il tremble, il cede, il fuit.
Le long des sacrés murs sa brigade le suit :
Tout s'écarte à l'instant ; mais aucun n'en réchappe ;
Par-tout le doigt vainqueur les suit et les rattrape.
Evrard seul, en un coin prudemment retiré,
Se croyoit à couvert de l'insulte sacré :
Mais le Prélat vers lui fait une marche adroite :
Il l'observe de l'œil ; et, tirant vers la droite,
Tout d'un coup tourne à gauche, et d'un bras fortuné
Bénit subitement le guerrier consterné.
Le chanoine, surpris de la foudre mortelle,
Se dresse, et leve en vain une tête rebelle ;
Sur ses genoux tremblans il tombe à cet aspect,
Et donne à la frayeur ce qu'il doit au respect.
Dans le temple aussitôt le Prélat plein de gloire
Va goûter les doux fruits de sa sainte victoire :
Et de leur vain projet les chanoines punis
S'en retournent chez eux, éperdus, et bénis.

CHANT VI.

Tandis que tout conspire à la guerre sacrée,
La Piété sincere, aux Alpes [1] retirée,
Du fond de son désert entend les tristes cris
De ses sujets cachés dans les murs de Paris.
Elle quitte à l'instant sa retraite divine :
La Foi, d'un pas certain, devant elle chemine ;
L'Espérance au front gai l'appuie et la conduit ;
Et, la bourse à la main, la Charité la suit.

Vers Paris elle vole, et, d'une audace sainte,
Vient aux pieds de Thémis proférer cette plainte :
 Vierge, effroi des méchans, appui de mes autels,
Qui, la balance en main, regle tous les mortels,
Ne viendrai-je jamais en tes bras salutaires
Que pousser des soupirs et pleurer mes miseres !
Ce n'est donc pas assez qu'au mépris de tes loix
L'Hypocrisie ait pris et mon nom et ma voix ;
Que, sous ce nom sacré, par-tout, ses mains avares
Cherchent à me ravir crosses, mitres, tiares !
Faudra-t-il voir encor cent monstres furieux
Ravager mes États usurpés à tes yeux !
Dans les tems orageux de mon naissant empire,
Au sortir du baptême on couroit au martyre.
Chacun, plein de mon nom, ne respiroit que moi :
Le fidele, attentif aux regles de sa loi,
Fuyant des vanités la dangereuse amorce,
Aux honneurs appelé, n'y montoit que par force :
Ces cœurs, que les bourreaux ne faisoient point frémir,
A l'offre d'une mitre étoient prêts à gémir ;
Et, sans peur des travaux, sur mes traces divines
Couroient chercher le ciel au travers des épines.
Mais, depuis que l'Eglise eut, aux yeux des mortels,
De son sang en tous lieux cimenté ses autels,
Le calme dangereux succédant aux orages,
Une lâche tiédeur s'empara des courages :
De leur zele brûlant l'ardeur se ralentit ;
Sous le joug des péchés leur foi s'appesantit :
Le moine secoûa le cilice et la haire ;
Le chanoine indolent apprit à ne rien faire ;
Le Prélat, par la brigue aux honneurs parvenu,
Ne sut plus qu'abuser d'un ample revenu,
Et pour toutes vertus fit, au dos d'un carrosse,
A côté d'une mitre armorier sa crosse.
L'Ambition par-tout chassa l'Humilité ;
Dans la crasse du froc logea la Vanité [2].

divisions qui donnerent lieu, en 1667, à un arrêt du Parlement.

5 De deux en deux ans, les *Augustins du grand couvent de Paris* nommoient en chapitre trois de leurs religieux Bacheliers, pour faire leur licence en Sorbonne; il y avoit trois places fondées pour cela. En 1658, le Prieur de ce couvent, voulant favoriser quelques Bacheliers, en fit nommer neuf pour les trois licences suivantes. Ceux qui s'en virent exclus par cette élection prématurée, se pourvurent au Parlement, qui ordonna que l'on feroit une autre nomination, en présence de deux conseillers de la Cour, et du substitut du Procureur Général. Les Religieux ayant refusé d'obéir, la Cour employa la force pour faire exécuter son arrêt. On mande tous les archers, qui, après avoir investi le couvent, essaient inutilement d'enfoncer les portes, parce que les religieux les avoient fait murer par derriere. Les archers tentent d'autres voies. Les uns montent sur les toits des maisons voisines pour entrer dans le couvent, tandis que les autres travaillent à faire une ouverture dans la muraille du jardin, du côté de la rue Christine. Les Augustins, s'étant mis en défense, sonnent le tocsin, et commencent à tirer d'en bas sur les assiégeans. Ceux-ci, postés plus avantageusement, et couverts par les cheminées, tirent à leur tour sur les Moines, dont il y eut deux de tués, et autant de blessés. La brèche cependant étant faite, les religieux y portent le Saint-Sacrement, espérant arrêter par-là l'audace des assiégeans. Mais comme ils voient que cette ressource est inutile, et que l'on ne laisse pas de tirer sur eux, ils demandent à capituler, et l'on donne des otages de part et d'autre. Le principal article de la capitulation est que les assiégés auront la vie sauve. En conséquence ils abandonnent la brèche et livrent leurs portes. Les commissaires du Parlement étant entrés, firent arrêter onze de ces religieux, qui furent menés en prison à la Conciergerie. Ce fut le 23 août 1658, veille de saint-Barthélemi. Vingt-sept jours après, le cardinal Mazarin fit enlever de la Conciergerie, en vertu d'une ordonnance du roi, les onze prisonniers qui furent reconduits en triomphe, dans les carrosses du roi, jusqu'à leur couvent, au milieu des gardes-françoises, rangées en haie, depuis la conciergerie jusqu'aux Augustins. Leurs confrères allèrent les recevoir en procession, ayant des palmes à la main. Ils sonnerent les cloches, et chanterent un *Te Deum* en actions de grace.

6 La Sainte-Chapelle haute, où les chanoines font l'office, est beaucoup plus élevée que la maison du Trésorier, qui est dans la cour du Palais.

7 La bénédiction que donnoit le Chantre en l'absence du Trésorier, étoit le principal motif de la jalousie de ce dernier.

8 L'aiguillon des guêpes est garni à sa pointe, de plusieurs petits redans qui s'opposent à la sortie de l'aiguillon quand il a fait sa piqûre ; ce qui peut faire croire que la guêpe meurt aussi bien que l'abeille, après avoir piqué.

9 Les Chantres subalternes étoient dans le parti du Trésorier contre le Chantre et les autres Chanoines, parce que ceux-ci leur refusoient certains droits.

10 Les Pygmées, peuple fabuleux, n'avoient, dit-on, qu'une coudée de haut. Ils étoient en guerre continuelle avec les grues, qui les chassèrent de la ville de Géranie.

11 L'Hebre, fleuve de Thrace ; le Strymon, fleuve de l'ancienne Thrace.

12 *Marguillier*, celui qui a soin des reliques ; *Chevecier*, celui a soin des chapes et de la cire.

13 On voit encore le trou dans lequel étoit autrefois planté le pivot du Lutrin, devant le siege du Chantre : *et campos ubi Troja fuit*.....

14 Eloge très-délicat de M. *Pavillon*, alors évêque d'Aleth, dans le Bas-Languedoc.

15 Son vrai nom étoit Frontin, prêtre du diocese de Chartres, et sous-Marguillier de la Sainte-Chapelle.

16 Moliere en a peint le caractere dans son *Médecin malgré lui* ; à la fin de la 1re scene, sur ce que Despréaux lui en avoit dit. — Didier l'Amour avoit sa boutique dans la cour du Palais, sous l'escalier de la Sainte-Chapelle. C'étoit un grand et gros homme, d'assez bon air, vigoureux et bien fait ; quand il arrivoit quelque tumulte dans la cour, il y mettoit ordre sur le champ. Il avoit un grand fouet avec lequel il chassoit les enfans et les chiens qui faisoient du bruit ou qui se battoient. Ils se servoit même d'un bâton à deux bouts pour écarter les filoux et les brèteurs qui causoient du désordre, et que le grand abord du monde attiroit au Palais. Pendant les troubles de Paris, le peuple ayant mis le feu aux portes de l'Hôtel-de-Ville, le sieur l'Amour se fit faire place à travers cette populace mutinée, et

tira de l'Hôtel-de-Ville deux ou trois de ses amis qui y étoient en danger. Il épousa en secondes noces Anne Duhuisson, dont parle Boileau, avec laquelle il vécut toujours en bonne intelligence. Le mari mourut le 1er mai 1697, et la femme l'année suivante.

17 François Sirude, sous-marguillier ou sacristain de la Sainte-Chapelle portoit ordinairement la croix ou la banniere aux processions. Il devint ensuite vicaire de la Sainte-Chapelle.

CHANT II.

1 Ce sont les trois coups de cloche, par lesquels on avertit le peuple de réciter l'*Angelus*. Cet avertissement se fait le matin, à midi et le soir; on l'appelle indifféremment *Angelus*, à cause de la priere que l'on dit; ou *Pardon*, à cause des indulgences qui y sont attachées.

2 Allusion à la premiere conquête de la Franche-Comté, dont le Roi se rendit maître pendant l'hiver, en dix jours, au commencement de février 1668.

3 Abbaye de Saint-Bernard dans le Perche. Armand Bouthillier de Rancé, qui en étoit abbé commendataire, y rétablit l'étroite observance de Cîteaux en 1662.

4 Le Cardinal de la Rochefoucault, Commissaire-général pour la réformation des Ordres religieux en France, établit la réforme dans l'Abbaye de Saint-Denis, en 1633, ce qu'il avoit déjà fait aussi dans celle de Clairvaux, en 1624.

CHANT III.

1 Tour très-haute, à cinq lieues de Paris, sur le chemin d'Orléans.

2 On appelle *verres de fougere*, ceux dans la composition desquels il entre du sel tiré de la cendre de fougere. On se sert ordinairement de cette cendre, parce que la fougere est une plante fort commune, et que ses cendres contiennent beaucoup de sel alkali. Ce sel, mêlé avec du sable, qu'on fait fondre par un feu violent, fournit la matiere du verre.

3 La boutique de Jean Ribou étoit sur le troisieme perron de la Sainte-Chapelle, vis-à-vis la porte de cette église.

4 Bataille de Lens, gagnée par le Prince de Condé, contre les Espagnols et les Allemands, le 10 août 1648.

CHANT IV.

1 Brunot, valet-de-chambre du chantre, et huissier de la Sainte-Chapelle. Il étoit fâché que l'auteur ne l'eût pas désigné par son véritable nom. Fort soumis auprès de son maître, il remplissoit à l'église son emploi avec beaucoup de fierté ; sa principale fonction étoit de garder la porte du chœur.

2 En l'absence du Trésorier, le Chantre étoit en possession de faire l'office avec les ornemens pontificaux, de se faire encenser, et donnoit la bénédiction au peuple. Le Trésorier ne put souffrir que l'on partageât ainsi ses honneurs. Il obtint un arrêt du Parlement, qui le maintint dans la prérogative d'être encensé tout seul, et qui condamna le Chantre à porter un rochet plus court. Mais il ne put lui faire défendre de donner les bénédictions en son absence. C'étoit le sujet de la jalousie du Trésorier.

3 La Batrachomyomachie, Poëme d'Homère.

4 La Secchia rapita, Poëme d'Alexandre Tassoni.

5 Jean le Choriste est un personnage supposé. — Girard, sonneur de la Sainte-Chapelle, étoit mort long-tems avant la composition de ce Poëme. Il se noya dans la Seine, ayant gagé qu'il la passeroit neuf fois à la nage. Il eut un jour la témérité de monter sur les rebords du toit de la Sainte-Chapelle, une bouteille à la main ; et là, en présence d'une infinité de gens qui le regardoient d'en bas avec frayeur, il vuida d'un trait cette bouteille, et s'en retourna. Boileau, alors écolier, fut un des spectateurs.

6 Instrument de bois, en forme de moulinet, qui fait beaucoup de bruit quand on le tourne. On s'en sert, au lieu de cloches, les jeudi, vendredi et samedi saints.

7 Le toit de la Sainte-Chapelle fut brûlé en 1630.

8 L'abbé Danse. Ce chanoine aimoit également la bonne-chere et la propreté.

9 Son nom étoit Auberi. Il ne parloit jamais sans tousser une ou deux fois auparavant. Quoiqu'il fût si bien désigné, on dit qu'il lut plusieurs fois *le Lutrin* sans s'y reconnoître. Ce chanoine étoit d'un esprit médiocre, mais fort opposé aux sentimens des Jansénistes, comme on le voit par les discours que l'auteur lui fait tenir ici, et par la qualité des livres sur lesquels roulent sa science et ses lectures. —

Somme des péchés qui se commettent en tous états, par le P. Bauny, Jésuite. — *Medulla théologica*, et autres ouvrages de Louis Abelli, docteur en théologie, dont le style est dur en latin, lâche et plat en françois. — Le *Cours de Philosophie*, et beaucoup d'autres ouvrages sur différentes matieres philosophiques et théologiques de Ch.-Fr. d'Abra de Raconis, Prédicateur et Aumônier du Roi. — *L'Imitation de Jésus-Christ*; ouvrage attribué communément à Thomas A-Kempis, Chanoine régulier.

10 Louis le Fournier, Chapelain perpétuel de la Sainte-Chapelle, natif de Villeneuve au Perche. Il étoit ennemi des brigues et des cabales qui sont si communes dans les chapitres; il n'avoit donc jamais pris de parti dans les démêlés du Trésorier et du Chantre. Arnault, célèbre Docteur de Sorbonne, et qui a traduit plusieurs écrits de Saint-Augustin, l'alloit voir souvent; aussi le Chanoine Auberi regardoit ce Chapelain comme un Janséniste.

11 Le Chanoine ignorant qui parle, fait ici un terrible anachronisme; car il y a un intervalle d'environ 800 ans entre Saint Augustin et Saint Louis, fondateur de la Sainte-Chapelle, qui fut consacrée en 1248.

12. Abelli, auteur de la Moëlle théologique : *Medulla théologica*.

13 L'abbaye de Saint-Nicaise de Rheims en Champagne étoit unie au Chapitre de la Sainte-Chapelle. Comme le vin faisoit le principal revenu de cette abbaye, chaque chanoine devoit avoir tous les ans un muid de vin de Rheims; mais cela s'apprécioit, et l'on employoit cet argent aux dépenses nécessaires de la Sainte-Chapelle.

14 Peuples de Samartie, voisins du Boristhène.

CHANT V.

1 Le pilier des consultations.

2 Henri Pussort, Conseiller-d'Etat, est celui qui eut le plus de part aux ordonnances que le roi fit publier en 1667 et 1670, pour la réformation de la justice, et pour l'abbréviation des procès.

3 Le Chantre, ayant fait enlever le Lutrin qu'on avoit mis devant son siege, se pourvut aux requêtes du Palais, où il fit assigner le Trésorier et les deux sous-Marguilliers Frontin et Sirude. Le Trésorier, de son côté, s'adressa à

l'official de la Sainte-Chapelle devant qui le Chantre fut assigné à la requête du promoteur. Sur ce conflit de juridiction, l'instance fut évoquée aux requêtes du Palais, par sentence du 5 août 1667.

4 La maison du Chantre avoit son entrée au bas de l'escalier de la Chambre des comptes, vis-à-vis la porte de la Sainte-Chapelle basse. Ainsi, pour aller de là au Palais, il falloit passer *par les détours étroits d'une barriere oblique*, qui étoit plantée le long des murs de la Sainte-Chapelle, et qui servoit à ménager un passage libre derriere les carrosses, dont la cour du Palais étoit ordinairement remplie. L'espace vuide qui étoit entre la barriere et le mur conduisoit aux degrés de la Sainte-Chapelle.

5 Barbin, dont la boutique étoit sur le second perron de la Sainte-Chapelle, se piquoit de savoir vendre des livres quoique méchants.

6 *Artamene* ou *le Grand Cyrus*, roman de Mademoiselle de Scudéri. Boileau affecte de donner à ce roman les épithetes d'*épouvantable*, d'*effroyable*, d'*horrible*, parce que ces même termes y sont employés à tout propos.

7 De Regnier Desmarais.

8 De Bonnecorse.

9 Poëme de Coras.

10 Traduction de Le Clerc.

11 *Leur fureur gothique*, parce qu'en se battant à coups de livres, ils sembloient vouloir imiter les Goths, peuples barbares qui avoient détruit les sciences et les beaux arts dans toute l'Europe.

12 On l'a appelé *la plaine de Barbin*, depuis la publication de ce poëme, à cause de la bataille qui est ici décrite.

13 Guarini, auteur du *Pastor Fido*, pastorale italienne à laquelle on reproche de l'affectation et des sentimens peu naturels. Térence est la nature même.

14 La Serre, misérable écrivain, faiseur de galimatias, mis en opposition avec Xénophon, dont le style est la douceur et la netteté même.

15 *Almérinde et Simandre*, petit roman qui parut en 1646.

16 *Le Caloandre fidele*, roman italien d'Ambrosio Marini, traduit par Scudéri.

17 Pierre Tardieu, sieur de Gaillerbois, frère du lieutenant-criminel Tardieu, dont on a vu la triste fin dans la Satire X, avoit été Chanoine de la Sainte-Chapelle; mais il étoit mort dès 1656. Boileau a employé son nom parce qu'il étoit fort connu.

18 Edition des œuvres de La Mothe-Le-Vayer, en deux volumes *in-fol.* L'épithete d'*épais* désigne et la grosseur du volume et le style de l'auteur. — Giraut est un personnage imaginaire.

19 *La Pharsale* de Lucain, traduite par Brébœuf.

20 Pincheno, neveu de Voiture. L'insipidité de ses poësies est exprimée dans le vers suivant par ces mots : *Le cœur affadi.* — Dodillon avoit été un des chantres de la Sainte-Chapelle, mais il étoit mort avant l'événement du Lutrin.

21 Garagne, personnage supposé. — *Charlemagne*, poëme héroïque de Louis-le-Laboureur.

22 Roman de Mademoiselle de Scudéri, en dix volumes. — Giraut est un nom inventé.

23 Il étoit conseiller-clerc au Parlement, et se nommoit Le Febvre. C'étoit un homme extrêmement violent.

24 Guibert, Grasset, Gorillon, Grandin, Gerbais, Guérin; tous ces noms de chantres sont inventés. Cependant après la publication du Lutrin, l'auteur reçut des plaintes de quelques personnes qui portoient les mêmes noms.

25 Quelques années avant ce Poëme, la procession de Notre-Dame, et celle de la Sainte-Chapelle, s'étoient rencontrées au Marché-Neuf, le jour de la Fête-Dieu ; et aucune des deux n'avoit voulu céder le pas. La raison vouloit que Notre-Dame eût l'avantage ; mais, comme la procession de la Sainte-Chapelle étoit soutenue par les huissiers du Parlement, qui accompagnoient M. le Premier Président, celle de Notre-Dame fut contrainte de céder à la force. Ce démêlé étoit arrivé d'autres fois, et le porte-bannière de la Sainte-Chapelle avoit toujours soutenu vigoureusement son honneur et celui de son église. Pour prévenir de plus fâcheuses suites, on résolut que, le jour de la Fête-Dieu, la Sainte-Chapelle feroit sa procession à sept heures du matin, avant celle de Notre-Dame.

26 Livre de Droit, d'une grosseur énorme.

27 Auteur Arabe.

CHANT VI.

1 La Grande Chartreuse est dans les Alpes.

2 Socrate, voyant un philosophe qui affectoit de porter un habit tout déchiré : *Je vois*, dit-il, *ta vanité à travers les trous de ton manteau.*

3 Saint Louis, fondateur de la Sainte-Chapelle.

4 La Sainte-Chapelle.

5 M. de Lamoignon, Premier Président.

6 M. de Lamoignon fit comprendre au Trésorier que ce pupitre n'ayant été anciennement érigé vis-à-vis la place du chantre que pour la commodité de ses prédécesseurs, il n'étoit pas juste que l'on obligeât M. Barrin à le souffrir, s'il lui étoit incommode. Néanmoins, pour accorder quelque chose à la satisfaction du Trésorier, il fit consentir le Chantre à remettre le pupitre devant son siege, où il demeureroit un jour; et le Trésorier, à le faire enlever le lendemain : ce qui fut exécuté de part et d'autre.

7 L'orateur demeurant muet, les auditeurs ne sont plus que spectateurs.

ODES, ÉPIGRAMMES,
ET AUTRES POÉSIES.

DISCOURS SUR L'ODE.

L'ODE suivante a été composée à l'occasion (1) de ces étranges dialogues qui ont paru depuis quelque tems, où tous les plus grands écrivains de l'antiquité sont traités d'esprits médiocres, de gens à être mis en parallèles avec les Chapelains et avec les Cotins, et où, voulant faire honneur à notre siècle, on l'a en quelque sorte diffamé, en faisant voir qu'il s'y trouve des hommes capables d'écrire des choses si peu sensées. Pindare y est des plus maltraités; comme les beautés de ce poëte sont extrêmement renfermées dans sa langue, l'auteur de ces dialogues, qui vraisemblablement ne sait point de grec, et qui n'a lu Pindare que dans des traductions latines assez défectueuses, a pris pour galimatias tout ce que la foiblesse de ses lumières ne lui permettoit pas de comprendre. Il a sur-tout traité de ridicule ces endroits merveilleux, où le poëte, pour marquer un esprit entièrement hors de soi, rompt quelquefois de dessein formé la suite de son discours; et, afin de mieux entrer dans la raison, sort, s'il faut ainsi parler, de la raison même, évitant avec grand soin cet ordre méthodique et ces exactes liaisons de sens, qui ôteroient l'ame à la poésie lyrique. Le censeur, dont je parle, n'a pas pris garde qu'en attaquant ces nobles hardiesses de Pindare, il donnoit lieu de croire qu'il n'a jamais conçu le sublime des Psaumes de David, où, s'il est permis de parler de ces saints cantiques à propos de choses si profanes, il y a beaucoup de ces sens rompus, qui servent même quel-

---

(1) Parallele des anciens et des modernes, en forme de dialogues, par M. Perrault, de l'Académie Françoise. Il y en avoit trois volumes, quand M. Despréaux composa cette ode en 1693, le quatrieme ne parut qu'en 1696.

quefois à en faire sentir la divinité. Ce critique, selon toutes les apparences, n'est pas fort convaincu du précepte que j'ai avancé dans mon Art Poétique, à propos de l'Ode :

> Son style impétueux souvent marche au hasard :
> Chez elle un beau désordre est un effet de l'art.

Ce précepte effectivement, qui donne pour regle de ne point garder quelquefois de regles, est un mystere de l'Art, qu'il n'est pas aisé de faire entendre à un homme sans aucun goût, qui croit que la Clélie et nos Opéras sont les modeles du genre sublime : qui trouve Térence fade, Virgile froid, Homere de mauvais sens, et qu'une espece de bizarrerie d'esprit rend insensible à tout ce qui frappe ordinairement les hommes. Mais ce n'est pas ici le lieu de lui montrer ses erreurs. On le fera peut-être plus à propos un de ces jours dans quelque autre ouvrage.

Pour revenir à Pindare, il ne seroit pas difficile d'en faire sentir les beautés à des gens qui se seroient un peu familiarisé le grec. Mais, comme cette langue est aujourd'hui assez ignorée de la plupart des hommes, et qu'il n'est pas possible de leur faire voir Pindare dans Pindare même, j'ai cru que je ne pouvois mieux justifier ce grand poëte, qu'en tâchant de faire une Ode en françois à sa maniere, c'est-à-dire, pleine de mouvemens et de transports, où l'esprit parût plutôt entraîné du démon de la poësie, que guidé par la raison. C'est le but que je me suis proposé dans l'Ode qu'on va voir. J'ai pris pour sujet la prise de Namur, comme la plus grande action de guerre qui se soit faite de nos jours, et comme la matiere la plus propre à échauffer l'imagination d'un poëte. J'y ai jeté, autant que j'ai pu, la magnificence des mots ; et, à l'exemple des anciens poëtes dithyrambiques, j'y ai employé les figures les plus audacieuses, jusqu'à y faire un astre de la plume blanche que le Roi porte ordinairement à son chapeau, et qui est en effet comme une espece de comete fatale à nos ennemis, qui se jugent perdus dès qu'ils l'aperçoivent. Voilà le dessein de cet ouvrage. Je ne réponds pas d'y avoir réussi ; et je ne sais si le public, accoutumé aux sages emportemens de Malherbe, s'accommodera de ces saillies et de ces excès pindariques. Mais, supposé que j'y aie échoué, je m'en consolerai du moins par le commencement de cette fameuse Ode latine d'Horace, *Pindarum quisquis studet æmulari*, etc. où Horace donne assez à entendre que s'il eût voulu lui-même s'élever à la hauteur de Pindare, il se seroit cru en grand hasard de tomber.

Au reste, comme parmi les Epigrammes qui sont imprimées à la suite de cette Ode, on trouvera encore une autre petite Ode de ma façon, que je n'avois point jusqu'ici insérée dans mes écrits; je suis bien aise, pour ne me point brouiller avec les Anglois d'aujourd'ui, de faire ici ressouvenir le lecteur que les Anglois que j'attaque dans ce petit poëme, qui est un ouvrage de ma premiere jeunesse, ce sont les Anglois du tems de Cromwel.

J'ai joint aussi à ces Épigrammes un arrêt burlesque donné au Parnasse, que j'ai composé autrefois, afin de prévenir un arrêt très-sérieux, que l'Université songeoit à obtenir du Parlement, contre ceux qui enseigneroient dans les écoles de Philosophie d'autres principes que ceux d'Aristote. La plaisanterie y descend un peu bas, et est toute dans les termes de la Pratique. Mais il falloit qu'elle fût ainsi, pour faire son effet, qui fut très-heureux, et obligea, pour ainsi dire, l'Université à supprimer la Requête qu'elle alloit présenter.

Ridiculum acri
Fortiùs ac meliùs magnas plerumque secat res.

ODE
SUR LA PRISE DE NAMUR.

Quelle docte et sainte ivresse
Aujourd'hui me fait la loi?
Chastes Nymphes du Permesse,
N'est-ce pas vous que je voi?
Accourez, troupe savante;
Des sons que ma lyre enfante
Ces arbres sont réjouis.
Marquez-en bien la cadence:
Et vous, Vents, faites silence;
Je vais parler de LOUIS.

ODE SUR LA PRISE

Dans ses chansons immortelles,
Comme un Aigle audacieux,
Pindare, étendant ses aîles,
Fuit loin des vulgaires yeux.
Mais, ô ma fidele lyre!
Si, dans l'ardeur qui m'inspire,
Tu peux suivre mes transports;
Les chênes des monts de Thrace
N'ont rien ouï que n'efface
La douceur de tes accords.

Est-ce Apollon et Neptune
Qui, sur ces rocs sourcilleux,
Ont, compagnons de fortune,
Bâti ces murs orgueilleux?
De leur enceinte fameuse
La Sambre, unie à la Meuse,
Défend le fatal abord :
Et, par cent bouches horribles,
L'airain sur ces monts terribles
Vomit le fer et la mort.

Dix mille vaillans Alcides,
Les bordant de toutes parts,
D'éclairs au loin homicides
Font pétiller leurs remparts;
Et, dans son sein infidele,
Par-tout la terre y recele
Un feu prêt à s'élancer,
Qui, soudain perçant son gouffre,
Ouvre un sépulcre de soufre
A quiconque ose avancer.

Namur, devant tes murailles,
Jadis la Grece eût, vingt ans,
Sans fruit vu les funérailles
De ses plus fiers combattans.

DE NAMUR.

Quelle effroyable puissance
Aujourd'hui pourtant s'avance,
Prête à foudroyer tes monts !
Quel bruit, quel feu l'environne !
C'est Jupiter en personne,
Ou c'est le vainqueur de Mons.

N'en doute point, c'est lui-même;
Tout brille en lui, tout est roi.
Dans Bruxelles Nassau blême
Commence à trembler pour toi.
En vain il voit le Batave,
Désormais docile esclave,
Rangé sous ses étendarts :
En vain au Lion Belgique
Il voit l'Aigle Germanique
Uni sous les Léopards.

Plein de la frayeur nouvelle
Dont ses sens sont agités,
A son secours il appelle
Les peuples les plus vantés :
Ceux-là viennent du rivage
Où s'enorgueillit le Tage
De l'or qui roule en ses eaux;
Ceux-ci, des champs où la neige
Des marais de la Norvege
Neuf mois couvre les roseaux.

Mais qui fait enfler la Sambre?
Sous les Gémeaux effrayés,
Des froids torrens de Décembre
Les champs par-tout sont noyés.
Cérès s'enfuit éplorée
De voir en proie à Borée
Ses guérets d'épis chargés,
Et, sous les urnes fangeuses

Des Hyades orageuses,
Tous ses trésors submergés.

Déployez toutes vos rages,
Princes, vents, peuples, frimats;
Ramassez tous vos nuages,
Rassemblez tous vos soldats:
Malgré vous, Namur en poudre
S'en va tomber sous la foudre
Qui dompta Lille, Courtray,
Gand la superbe Espagnole,
Saint-Omer, Besançon, Dole,
Ypres, Mastricht et Cambray.

Mes présages s'accomplissent:
Il commence à chanceler.
Sous les coups qui retentissent
Ses murs s'en vont s'écrouler.
Mars en feu, qui les domine,
Souffle à grand bruit leur ruine;
Et les bombes, dans les airs
Allant chercher le tonnerre,
Semblent, tombant sur la terre,
Vouloir s'ouvrir les enfers.

Accourez, Nassau, Baviere,
De ces murs l'unique espoir:
A couvert d'une riviere,
Venez, vous pouvez tout voir.
Considérez ces approches:
Voyez grimper sur ces roches
Ces athletes belliqueux;
Et dans les eaux, dans la flamme,
LOUIS, à tout donnant l'ame,
Marcher, courir avec eux.

Contemplez dans la tempête
Qui sort de ces boulevards

DE NAMUR.

La plume qui sur sa tête
Attire tous les regards.
A cet astre redoutable
Toujours un sort favorable
S'attache dans les combats ;
Et toujours avec la gloire
Mars amenant la victoire
Vole, et le suit à grands pas.

Grands défenseurs de l'Espagne,
Montrez-vous, il en est tems.
Courage ! vers la Méhagne
Voilà vos drapeaux flottans.
Jamais ses ondes craintives
N'ont vu sur leurs foibles rives
Tant de guerriers s'amasser.
Courez donc ; qui vous retarde ?
Tout l'univers vous regarde :
N'osez-vous la traverser.

Loin de fermer le passage
A vos nombreux bataillons,
Luxembourg a du rivage
Reculé ses pavillons.
Quoi ! leur seul aspect vous glace !
Où sont ces chefs pleins d'audace,
Jadis si prompts à marcher,
Qui devoient, de la Tamise
Et de la Drave soumise,
Jusqu'à Paris nous chercher ?

Cependant l'effroi redouble
Sur les remparts de Namur :
Son gouverneur, qui se trouble,
S'enfuit sous son dernier mur.
Déjà jusques à ses portes
Je vois monter nos cohortes,

La flamme et le fer en main ;
Et sur les monceaux de piques,
De corps morts, de rocs, de briques,
S'ouvrir un large chemin.

C'en est fait. Je viens d'entendre
Sur ces rochers éperdus
Battre un signal pour se rendre.
Le feu cesse : ils sont rendus.
Dépouillez votre arrogance,
Fiers ennemis de la France ;
Et, désormais gracieux,
Allez à Liége, à Bruxelles,
Porter les humbles nouvelles
De Namur pris à vos yeux.

Pour moi, que Phébus anime
De ses transports les plus doux,
Rempli de ce Dieu sublime,
Je vais, plus hardi que vous,
Montrer que, sur le Parnasse,
Des bois fréquentés d'Horace
Ma muse dans son déclin
Sait encor les avenues,
Et des sources inconnues
A l'auteur de Saint-Paulin.

ODE *contre les Anglois.*

Quoi ! ce peuple aveugle en son crime,
Qui, prenant son Roi pour victime,
Fit du trône un théâtre affreux,
Pense-t-il que le Ciel, complice
D'un si funeste sacrifice,
N'a pour lui ni foudre ni feux ?

STANCES A M. MOLIERE.

Déjà sa flotte à pleines voiles,
Malgré les vents et les étoiles,
Veut maîtriser tout l'univers,
Et croit que l'Europe étonnée,
A son audace forcenée
Va céder l'empire des mers.

Arme-toi, France; prends la foudre:
C'est à toi de réduire en poudre
Ces sanglans ennemis des loix.
Suis la victoire qui t'appelle,
Et vas sur ce peuple rebelle
Venger la querelle des Rois.

Jadis on vit ces parricides,
Aidés de nos soldats perfides,
Chez nous au comble de l'orgueil,
Briser tes plus fortes murailles,
Et, par le gain de vingt batailles,
Mettre tous tes peuples en deuil.

Mais bientôt le Ciel en colere,
Par la main d'une humble bergere
Renversant tous leurs bataillons,
Borna leurs succès et nos peines:
Et leurs corps, pourris dans nos plaines,
N'ont fait qu'engraisser nos sillons.

STANCES, à M. Moliere, sur la Comédie de l'École des Femmes.

En vain mille jaloux esprits,
Moliere, osent avec mépris
Censurer ton plus bel ouvrage:
Sa charmante naïveté

S'en va pour jamais, d'âge en âge,
Divertir la postérité.

Que tu ris agréablement !
Que tu badines savamment !
Celui qui sut vaincre Numance,
Qui mit Carthage sous sa loi,
Jadis sous le nom de Térence,
Sut-il mieux badiner que toi ?

Ta muse avec utilité
Dit plaisamment la vérité ;
Chacun profite à ton école :
Tout en est beau, tout en est bon ;
Et ta plus burlesque parole
Est souvent un docte sermon.

Laisse gronder tes envieux :
Ils ont beau crier en tous lieux
Qu'en vain tu charmes le vulgaire,
Que tes vers n'ont rien de plaisant.
Si tu savois un peu moins plaire,
Tu ne leur déplairois pas tant.

SONNET *sur la mort d'une parente.*

Parmi les doux transports d'une amitié fidele,
Je voyais près d'Iris couler mes heureux jours :
Iris que j'aime encore, et que j'aimai toujours,
Brûloit des mêmes feux dont je brûlois pour elle :

Quand, par l'ordre du Ciel, une fievre cruelle
M'enleva cet objet de mes tendres amours ;
Et, de tous mes plaisirs interrompant le cours,
Me laissa de regrets une suite éternelle.

Ah ! qu'un si rude coup étonna mes esprits !
Que je versai de pleurs ! que je poussai de cris !

De combien de douleurs ma douleur fut suivie!

Iris, tu fus alors moins à plaindre que moi:
Et, bien qu'un triste sort t'ai fait perdre la vie,
Hélas! en te perdant j'ai perdu plus que toi.

AUTRE SONNET *sur le même sujet.*

Nourri dès le berceau près de la jeune Orante,
Et non moins par le cœur que par le sang lié,
A ses jeux innocens enfant associé,
Je goûtois les douceurs d'une amitié charmante:

Quand un faux Esculape, à cervelle ignorante,
A la fin d'un long mal vainement pallié,
Rompant de ses beaux jours le fil trop délié,
Pour jamais me ravit mon aimable parente.

Oh! qu'un si rude coup me fit verser de pleurs!
Bientôt, la plume en main, signalant mes douleurs,
Je demandai raison d'un acte si perfide.

Oui, j'en fis dès quinze ans ma plainte à l'univers;
Et l'ardeur de venger ce barbare homicide
Fut le premier démon qui m'inspira des vers.

ÉPIGRAMMES.

I. *A un Médecin.*

Oui, j'ai dit dans mes vers qu'un célebre assassin,
Laissant de Galien la science infertile,
D'ignorant médecin devint maçon habile:
Mais de parler de vous je n'eus jamais dessein,
  Perrault ; ma muse est trop correcte.
Vous êtes, je l'avoue, ignorant médecin ;
  Mais non pas habile architecte.

II. *A M. Racine.*

Racine, plains ma destinée.
C'est demain la triste journée
Où le prophete Des Marais,
Armé de cette même foudre
Qui mit le Port-Royal en poudre,
Va me percer de mille traits.
C'en est fait, mon heure est venue.
Non que ma muse, soutenue
De tes judicieux avis,
N'ait assez de quoi le confondre :
Mais, cher ami, pour lui répondre,
Hélas ! il faut lire Clovis !

III. *Contre Saint-Sorlin.*

Dans le Palais, hier Bilain
Vouloit gager contre Ménage
Qu'il étoit faux que Saint-Sorlin
Contre Arnauld eût fait un ouvrage.
Il en a fait, j'en sais le tems,
Dit un des plus fameux libraires.
Attendez.... c'est depuis vingt ans.
On en tira cent exemplaires.
C'est beaucoup ! dis-je en m'approchant,
La piece n'est pas si publique.
Il faut compter, dit le marchand,
Tout est encor dans ma boutique.

IV. *A Messieurs Pradon et Bonnecorse.*

Venez, Pradon et Bonnecorse,
Grands écrivains de même force,
De vos vers recevoir le prix :
Venez prendre dans mes écrits
La place que vos noms demandent.
Liniere et Perrin vous attendent.

V. *Contre l'Abbé Cotin.*

En vain par mille et mille outrages
Mes ennemis, dans leurs ouvrages,
Ont cru me rendre affreux aux yeux de l'univers.
Cotin, pour décrier mon style,
A pris un chemin plus facile:
C'est de m'attribuer ses vers.

VI. *Contre le même.*

A quoi bon tant d'efforts, de larmes et de cris,
Cotin, pour faire ôter ton nom de mes ouvrages?
Si tu veux du public éviter les outrages,
Fais effacer ton nom de tes propres écrits.

VII. *Contre un Athée.*

Alidor, assis dans sa chaise,
Médisant du Ciel à son aise,
Peut bien médire aussi de moi.
Je ris de ses discours frivoles :
On sait fort bien que ses paroles
Ne sont pas articles de foi.

VIII. *Vers en style de Chapelain.*

Maudit soit l'auteur dur, dont l'âpre et rude verve,
Son cerveau tenaillant, rima malgré Minerve;
Et, de son lourd marteau martelant le bon sens,
A fait de méchans vers douze fois douze cens!

IX. *Epitaphe.*

Ci gît, justement regretté,
Un savant homme sans science,
Un Gentilhomme sans naissance,
Un très-bon homme sans bonté.

X. *A Climene.*

Tout me fait peine,
Et depuis un jour
Je crois, Climene,
Que j'ai de l'amour.
Cette nouvelle
Vous met en courroux.
Tout beau, cruelle;
Ce n'est pas pour vous.

XI.

De six amans contens et non jaloux,
Qui tour-à-tour servoient madame Claude,
Le moins volage étoit Jean, son époux :
Un jour pourtant, d'humeur un peu trop chaude,
Serroit de près sa servante aux yeux doux,
Lorsqu'un des six lui dit : Que faites-vous?
Le jeu n'est sûr avec cette Ribaude.
Ah! voulez-vous, Jean-Jean, nous gâter tous!

XII. *Imitation de Martial.*

Paul, ce grand médecin, l'effroi de son quartier,
Qui causa plus de maux que la peste et la guerre,
Est Curé maintenant, et met les gens en terre.
   Il n'a point changé de métier.

XIII. *Sur une harangue d'un Magistrat, dans laquelle les Procureurs étoient fort maltraités.*

Lorsque, dans ce sénat à qui tout rend hommage,
   Vous haranguez en vieux langage,
   Paul, j'aime à vous voir, en fureur,
   Gronder maint et maint procureur;

Car leurs chicanes sans pareilles
Méritent bien ce traitement;
Mais que vous ont fait nos oreilles,
Pour les traiter si durement?

XIV. *Sur l'Agésilas de M. Corneille.*

J'ai vu l'Agésilas.
Hélas!

XV. *Sur l'Attila du même Auteur.*

Après l'Agésilas,
Hélas!
Mais après l'Attila,
Hola.

XVI. *Sur la maniere de réciter du poete Santeuil.*

Quand j'aperçois sous ce portique
Ce moine au regard fanatique
Lisant ses vers audacieux,
Faits pour les habitans des Cieux,
Ouvrir une bouche effroyable,
S'agiter, se tordre les mains;
Il me semble en lui voir le diable,
Que Dieu force à loüer les Saints.

XVII. *A la Fontaine de Bourbon.*

Oui, vous pouvez chasser l'humeur apoplectique,
Rendre le mouvement au corps paralytique,
Et guérir tous les maux les plus invétérés.
Mais quand je lis ces vers par votre onde inspirés,
Il me paroît, admirable fontaine,
Que vous n'eûtes jamais la vertu d'Hippocrene.

XVIII. *L'amateur d'Horloges.*

Sans cesse autour de six pendules,
De deux montres, de trois cadrans,
Lubin, depuis trente et quatre ans,
Occupe ses soins ridicules.
Mais à ce métier, s'il vous plaît,
A-t-il acquis quelque science ?
Sans doute ; et c'est l'homme de France
Qui sait le mieux l'heure qu'il est.

XIX. *Sur ce qu'on avoit lu à l'Académie des vers contre Homere et contre Virgile.*

Clio vint l'autre jour se plaindre au Dieu des vers
    Qu'en certain lieu de l'univers
On traitoit d'auteurs froids, de poëtes stériles,
    Les Homeres et les Virgiles.
Cela ne sauroit être, on s'est moqué de vous,
    Reprit Apollon en courroux :
Où peut-on avoir dit une telle infamie ?
Est-ce chez les Hurons, chez les Topinambous ?
C'est à Paris. C'est donc à l'hôpital des fous ?
    Non, c'est au Louvre, en pleine Académie.

XX. *Sur le même sujet.*

J'ai traité de Topinambous
    Tous ces beaux censeurs, je l'avoue ;
Qui, de l'antiquité si follement jaloux,
Aiment tout ce qu'on hait, blâment tout ce qu'on loue :
    Et l'Académie, entre nous,
    Souffrant chez soi de si grands fous,
    Me semble un peu Topinamboue.

XXI. *Sur le même sujet.*

Ne blâmez pas Perrault de condamner Homere,
    Virgile, Aristote, Platon,

Il a pour lui monsieur son frere,
G...N...Lavau, Caligula, Néron,
Et le gros Charpentier, dit-on.

XXII. *A M. Perrault sur le même sujet.*

Pour quelque vain discours sottement avancé
Contre Homere, Platon, Cicéron ou Virgile,
Caligula par-tout fut traité d'insensé,
Néron de furieux, Adrien d'imbécile.
 Vous donc qui, dans la même erreur,
Avec plus d'ignorance et non moins de fureur,
Attaquez ces Héros de la Grece et de Rome,
 Perrault, fussiez-vous Empereur,
 Comment voulez-vous qu'on vous nomme?

XXIII. *Sur le même sujet.*

D'où vient que Cicéron, Platon, Virgile, Homere,
Et tous ces grands Auteurs que l'univers révere,
Traduits dans vos écrits nous paroissent si sots?
Perrault, c'est qu'en prêtant à ces esprits sublimes
Vos façons de parler, vos bassesses, vos rimes,
 Vous les faites tous des Perraults.

XXIV. *Au même.*

 Ton oncle, dis-tu, l'assassin
  M'a guéri d'une maladie :
La preuve qu'il ne fut jamais mon médecin,
  C'est que je suis encore en vie.

XXV. *Au même.*

Le bruit court que Bacchus, Junon, Jupiter, Mars,
 Apollon le Dieu des beaux arts,
Les Ris mêmes, les Jeux, les Graces et leur mere,
 Et tous les Dieux enfans d'Homere,
 Résolus de venger leur pere,

Jettent déjà sur vous de dangereux regards.
Perrault, craignez enfin quelque triste aventure.
Comment soutiendrez-vous un choc si violent?

   Il est vrai, Visé vous assure
   Que vous avez pour vous Mercure;
   Mais c'est le Mercure galant.

XXVI. *Parodie burlesque de la premiere Ode de Pindare, à la louange de M. Perrault.*

  Malgré son fatras obscur,
  Souvent Brébeuf étincelle.
  Un vers noble, quoique dur,
  Peut s'offrir dans la pucelle.
  Mais, ô ma lyre fidele!
  Si du parfait ennuyeux
  Tu veux trouver le modele,
  Ne cherche point dans les Cieux.
  D'astre au soleil préférable;
  Ni, dans la foule innombrable
  De tant d'écrivains divers
  Chez Coignard rongés des vers,
  Un poëte comparable
  A l'auteur inimitable
  De Peau-d'âne mis en vers.

XXVII. *Sur la réconciliation de l'Auteur et de M. Perrault.*

  Tout le trouble poëtique
  A Paris s'en va cesser;
  Perrault l'anti-Pindarique
  Et Despréaux l'Homérique
  Consentent de s'embrasser.
  Quelque aigreur qui les anime,
   Quand, malgré l'emportement,

Comme eux l'un l'autre on s'estime,
L'accord se fait aisément.
Mon embarras est comment
On pourra finir la guerre.
De Pradon et du parterre.

XXVIII. *Aux RR. PP. Jésuites, Auteurs du Journal de Trévoux.*

Mes révérends Peres en Dieu,
Et mes confreres en satire,
Dans vos écrits, en plus d'un lieu,
Je vois qu'à mes dépens vous affectez de rire.
Mais ne craignez-vous point que, pour rire de vous,
Relisant Juvénal, refeuilletant Horace,
Je ne ranime encor ma satirique audace?
Grands Aristarques de Trévoux,
N'allez point de nouveau faire courir aux armes
Un athlete tout prêt à prendre son congé,
Qui, par vos traits malins au combat rengagé,
Peut encore aux rieurs faire verser des larmes.
Apprenez un mot de Regnier,
Notre célebre devancier:
Corsaires attaquant corsaires
Ne font pas, dit-il, *leurs affaires*.

XXIX. *Aux mêmes.*

Non, pour montrer que Dieu veut être aimé de nous,
Je n'ai rien emprunté de Perse ni d'Horace,
Et je n'ai point suivi Juvénal à la trace.
Car, bien qu'en leurs écrits ces auteurs, mieux que vous,
Attaquent les erreurs dont nos âmes sont ivres,
La nécessité d'aimer Dieu
Ne s'y trouve jamais prêchée en aucun lieu,
Mes Peres, non plus qu'en vos livres.

XXX. *Sur le livre des Flagellans. Aux mêmes.*

Non, le livre des Flagellans
N'a jamais condamné, lisez-le bien, mes Peres,
 Ces rigidités salutaires
Que, pour ravir le ciel, saintement violens,
Exercent sur leurs corps tant de Chrétiens austeres.
Il blâme seulement cet abus odieux
 D'étaler et d'offrir aux yeux
Ce que leur doit toujours cacher la bienséance;
Et combat vivement la fausse piété
Qui, sous couleur d'éteindre en nous la volupté,
Par l'austérité même et par la pénitence
Sait allumer le feu de la lubricité.

XXXI. *Le Bûcheron et la Mort.*

Le dos chargé de bois, et le corps tout en eau,
Un pauvre Bûcheron, dans l'extrême vieillesse,
Marchoit en haletant de peine et de détresse.
Enfin, las de souffrir, jetant là son fardeau,
Plutôt que de s'en voir accablé de nouveau,
Il souhaite la Mort, et cent fois il l'appelle.
La Mort vint à la fin : que veux-tu ? cria-t-elle.
Qui ? moi ! dit-il alors prompt à se corriger :
 Que tu m'aides à me charger.

XXXII. *Le Débiteur reconnoissant.*

 Je l'assistai dans l'indigence,
 Il ne me rendit jamais rien.
 Mais, quoiqu'il me dût tout son bien,
 Sans peine il souffroit ma présence.
 O la rare reconnoisance !

ÉPIGRAMMES.

XXXIII. *Enigme.*

Du repos des humains implacable ennemie,
J'ai rendu mille amans envieux de mon sort.
Je me repais de sang, et je trouve ma vie
Dans les bras de celui qui recherche ma mort.

XXXIV. *Vers pour mettre au-devant de la Macarise, roman allégorique de M. l'Abbé d'Aubignac, où l'on expliquoit toute la morale des Stoïciens.*

Lâches partisans d'Epicure,
Qui, brûlant d'une flamme impure,
Du Portique fameux fuyez l'austérité,
Souffrez qu'enfin la raison vous éclaire.
Ce roman plein de vérité
Dans la vertu la plus sévère
Vous peut faire aujourd'hui trouver la volupté.

XXXV. *Sur un portrait de Rossinante, cheval de Don Quichotte.*

Tel fut ce roi des bons chevaux,
Rossinante, la fleur des coursiers d'Ibérie,
Qui, trottant jour et nuit et par monts et par vaux,
Galopa, dit l'Histoire, une fois en sa vie.

XXXVI. *Vers à mettre en chant.*

Voici les lieux charmans où mon ame ravie
Passoit à contempler Sylvie
Ces tranquilles momens si doucement perdus.
Que je l'aimois alors! que je la trouvois belle!
Mon cœur, vous soupirez au nom de l'infidele :
Avez-vous oublié que vous ne l'aimez plus?

C'est ici que souvent, errant dans les prairies,
    Ma main des fleurs les plus chéries
Lui faisoit des présens si tendrement reçus.
Que je l'aimois alors ! que je la trouvois belle !
Mon cœur, vous soupirez au nom de l'infidele :
Avez-vous oublié que vous ne l'aimez plus ?

XXXVII. *Chanson à boire.*

Philosophes rêveurs, qui pensez tout savoir,
Ennemis de Bacchus, rentrez dans le devoir :
    Vos esprits s'en font trop accroire.
Allez, vieux fous, allez apprendre à boire.
    On est savant quand on boit bien :
    Qui ne sait boire, ne sait rien.

XXXVIII. *Chanson faite à Bàville.*

Que Bàville me semble aimable,
Quand des magistrats le plus grand
Permet que Bacchus à sa table
Soit notre premier Président !

Trois muses, en habit de ville,
Y président à ses côtés :
Et ses arrêts par Arbouville
Sont à plein verre exécutés.

Si Bourdaloüe un peu sévere
Nous dit : Craignez la volupté;
Escobar, lui dit-on, mon pere,
Nous la permet pour la santé.

Contre ce docteur authentique
Si du jeûne il prend l'intérêt,
Bacchus le déclare hérétique,
Et janséniste, qui pis est.

XXXIX. *Sur Homere.*

Ἤειδον μὲν ἐγών· ἐχάραττε δὲ Θεῖος Ὅμηρος.

*Cantabam quidem ego : scribebat autem
Divus Homerus.*

Quand, la derniere fois, dans le sacré vallon,
La troupe des neuf Sœurs, par l'ordre d'Apollon,
  Lut l'Iliade et l'Odyssée ;
Chacune à les louer se montrant empressée :
Apprenez un secret qu'ignore l'univers,
  Leur dit alors le Dieu des vers :
Jadis avec Homere, aux rives du Permesse,
Dans ce bois de lauriers où seul il me suivoit,
Je les fis toutes deux, plein d'une douce ivresse.
  Je chantois, Homere écrivoit.

XL. *Vers pour mettre sous le buste du Roi.*

C'est ce Roi si fameux dans la paix, dans la guerre,
Qui seul fait à son gré le destin de la terre.
Tout reconnoît ses loix, ou brigue son appui.
De ses nombreux combats le Rhin frémit encore,
Et l'Europe en cent lieux a vu fuir devant lui
Tous ces héros si fiers que l'on voit aujourd'hui
Faire fuir l'Ottoman au-delà du Bosphore.

XLI. *Vers faits pour mettre au bas du portrait de Monseigneur le Duc du Maine.*

  Quel est cet Apollon nouveau
  Qui, presque au sortir du berceau,
  Vient régner sur notre Parnasse ?
  Qu'il est brillant ! qu'il a de grace !
Du plus grand des héros je reconnois le fils :
Il est déjà tout plein de l'esprit de son pere ;
  Et le feu des yeux de sa mere
  A passé jusqu'en ses écrits.

XLII. *Vers pour mettre au bas du portrait de Mademoiselle de Lamoignon.*

Aux sublimes vertus nourrie en sa famille,
    Cette admirable et sainte fille
En tous lieux signala son humble piété ;
Jusqu'aux climats où naît et finit la clarté,
Fit ressentir l'effet de ses soins secourables ;
Et, jour et nuit pour Dieu pleine d'activité,
Consuma son repos, ses biens et sa santé,
A soulager les maux de tous les misérables.

XLIII. *A Madame la Présidente de Lamoignon, sur le portrait du Pere Bourdaloue, qu'elle m'avoit envoyé.*

Du plus grand orateur dont la chaire se vante
M'envoyer le portrait, illustre Présidente,
C'est me faire un présent qui vaut mille présens.
J'ai connu Bourdaloue ; et dès mes jeunes ans
Je fis de ses sermons mes plus cheres délices.
Mais lui, de son côté, lisant mes vains caprices,
Des censeurs de Trévoux n'eut point pour moi les yeux.
Ma franchise sur-tout gagna sa bienveillance.
Enfin, après Arnauld, ce fut l'illustre en France
Que j'admirai le plus, et qui m'aima le mieux.

XLIV. *Vers pour mettre au bas du portrait de Tavernier, le célebre voyageur.*

De Paris à Delli, du couchant à l'aurore,
Ce fameux voyageur courut plus d'une fois :
De l'Inde et de l'Hydaspe il fréquenta les rois ;
Et sur les bords du Gange on le révere encore.
En tous lieux sa vertu fut son plus sûr appui ;
Et, bien qu'en nos climats de retour aujourd'hui,
    En foule à nos yeux il présente

Les plus rares trésors que le soleil enfante,
Il n'a rien rapporté de si rare que lui.

XLV. *Vers pour mettre au bas du portrait de mon pere.*

Ce Greffier doux et pacifique
De ses enfans au sang critique
N'eut point le talent redouté :
Mais, fameux par sa probité,
Reste de l'or du siecle antique,
Sa conduite, dans le Palais
Par-tout pour exemple citée,
Mieux que leur plume si vantée
Fit la satire des Rolets.

XLVI. *Epitaphe de la mere de l'Auteur.*

Epouse d'un mari doux, simple, officieux,
Par la même douceur je sus plaire à ses yeux :
Nous ne sûmes jamais ni railler ni médire.
Passant, ne t'enquiers point si de cette bonté
  Tous mes enfans ont hérité ;
Lis seulement ces vers, et garde-toi d'écrire.

XLVII. *Sur un frere aîné que j'avois, et avec qui j'étois brouillé.*

De mon frere, il est vrai, les écrits sont vantés ;
  Il a cent belles qualités :
Mais il n'a point pour moi d'affection sincere.
  En lui je trouve un excellent auteur,
Un poëte agréable, un très-bon orateur :
  Mais je n'y trouve point de frere.

XLVIII. *Vers pour mettre sous le portrait de M. de la Bruyere, au-devant de son livre des Caracteres du tems.*

Tout esprit orgueilleux qui s'aime
Par mes leçons se voit guéri,

Et dans mon livre si chéri
Apprend à se haïr soi-même.

XLIX. *Epitahe de M. Arnauld, Docteur de Sorbonne.*

Au pied de cet autel de structure grossiere,
Gît sans pompe, enfermé dans une vile biere,
Le plus savant mortel qui jamais ait écrit,
Arnauld, qui, sur la grace instruit par Jésus-Christ,
Combattant pour l'Eglise, a, dans l'Eglise même,
Souffert plus d'un outrage et plus d'un anathême.
Plein du feu qu'en son cœur souffla l'Esprit divin,
Il terrassa Pélage, il foudroya Calvin,
De tous les faux docteurs confondit la morale.
Mais, pour fruit de son zele, on l'a vu rebuté,
En cent lieux opprimé par leur noire cabale,
Errant, pauvre, banni, proscrit, persécuté;
Et même par sa mort leur fureur mal éteinte
N'auroit jamais laissé ses cendres en repos,
Si Dieu lui-même ici de son ouaille sainte
A ces loups dévorans n'avoit caché les os.

L. *Vers pour mettre au bas du portrait de M. Hamon.*

Tout brillant de savoir, d'esprit et d'éloquence,
Il courut au désert chercher l'obscurité,
Aux pauvres consacra ses biens et sa science;
Et, trente ans, dans le jeûne et dans l'austérité,
    Fit son unique volupté
    Des travaux de la pénitence.

LI. *Vers pour mettre au bas du portrait de M. Racine.*

Du théâtre François l'honneur et la merveille,
Il sut ressusciter Sophocle en ses écrits;
Et, dans l'art d'enchanter les cœurs et les esprits,
Surpasser Euripide, et balancer Corneille.

LII. *Vers pour mettre au bas de mon portrait.*

Au joug de la raison asservissant la rime,
Et, même en imitant, toujours original,
J'ai su dans mes écrits, docte, enjoué, sublime,
Rassembler en moi Perse, Horace et Juvénal.

LIII. *Réponse aux vers du portrait.*

Oui, le Verrier, c'est là mon fidele portrait ;
    Et le graveur, en chaque trait,
A sû très-finement tracer sur mon visage
De tout faux bel-esprit l'ennemi redouté.
Mais, dans les vers pompeux qu'au bas de cet ouvrage
Tu me fais prononcer avec tant de fierté,
    D'un ami de la vérité
    Qui peut reconnoître l'image ?

LIV. *Pour un autre portrait du même.*

    Ne cherchez point comment s'appelle
    L'écrivain peint dans ce tableau :
A l'air dont il regarde et montre la Pucelle,
    Qui ne reconnoîtroit Boileau ?

LV. *Vers pour mettre au bas d'une méchante gravure qu'on a faite de moi.*

Du célebre Boileau tu vois ici l'image.
Quoi ! c'est là, diras-tu, ce critique achevé !
D'où vient le noir chagrin qu'on lit sur son visage ?
    C'est de se voir si mal gravé.

LVI. *Sur mon buste de marbre, fait par M. Girardon, premier sculpteur du Roi.*

    Grace au Phidias de notre âge,
Me voilà sûr de vivre autant que l'univers :
Et, ne connût-on plus ni mon nom ni mes vers,
Dans ce marbre fameux taillé sur mon visage,
De Girardon toujours on vantera l'ouvrage.

AVERTISSEMENT AU LECTEUR.

Madame de Montespan et Madame de Thianges sa sœur, lasses des opéra de Monsieur Quinault, proposerent au Roi d'en faire faire un par Monsieur Racine, qui s'engagea assez légerement à leur donner cette satisfaction, ne songeant pas dans ce moment-là à une chose dont il étoit plusieurs fois convenu avec moi, qu'on ne peut jamais faire un bon opéra, parce que la musique ne sauroit narrer; que les passions n'y peuvent être peintes dans toute l'étendue qu'elles demandent; que d'ailleurs elle ne sauroit souvent mettre en chant les expressions vraiment sublimes et courageuses. C'est ce que je lui représentai, quand il me déclara son engagement; et il m'avoua que j'avois raison; mais il étoit trop avancé pour reculer. Il commença dès lors en effet un opéra, dont le sujet étoit la chûte de Phaéton. Il en fit même quelques vers qu'il récita au Roi, qui en parut content. Mais comme Monsieur Racine n'entreprenoit cet ouvrage qu'à regret, il me témoigna résolument qu'il ne l'acheveroit point que je n'y travaillasse avec lui, et me déclara avant tout, qu'il falloit que j'en composasse le prologue. J'eus beau lui représenter mon peu de talent pour ces sortes d'ouvrages, et que je n'avois jamais fait de vers d'amourette; il persista dans sa résolution, et me dit qu'il me le feroit ordonner par le Roi. Je songeai donc en moi-même à voir de quoi je serois capable, en cas que je fusse absolument obligé de travailler à un ouvrage si opposé à mon génie et à mon inclination. Ainsi, pour m'essayer, je traçai, sans en rien dire à personne, non pas même à Monsieur Racine, le canevas d'un prologue, et j'en composai une premiere scene. Le sujet de cette scene étoit une dispute de la Poésie et de la Musique, qui se querelloient sur l'excellence de leur art, et étoient enfin toutes prêtes à se séparer, lorsque tout-à-coup, la Déesse des accords, je veux dire l'Harmonie, descendoit du Ciel avec tous ses charmes et tous ses agrémens, et les réconcilioit. Elle devoit dire ensuite la raison qui la faisoit venir sur la terre, qui n'étoit autre que de divertir le Prince de l'univers le plus digne d'être servi, et à qui elle devoit le plus, puisque c'étoit lui qui la maintenoit dans la France, où elle régnoit en toutes choses. Elle ajoutoit ensuite que, pour empêcher que quelque audacieux ne vînt troubler, en s'élevant contre un si grand Prince, la gloire dont elle jouissoit avec lui, elle vouloit que dès aujourd'hui même, sans perdre de tems, on représentât sur la scene, la chûte de l'ambitieux Phaéton. Aussitôt tous les poëtes et tous les musiciens, par son ordre, se retiroient et s'alloient habiller. Voilà le sujet de mon prologue, auquel je travaillai trois ou quatre jours avec un assez grand dégoût, tandis que M. Racine de son côté, avec non moins de dégoût, continuoit à disposer le plan de son opéra, sur lequel je lui prodiguois mes conseils. Nous étions occupés à ce misérable travail, dont je ne sais si nous nous serions bien tirés, lorsque tout-à-coup un heureux incident nous tira d'affaire. L'incident fut que Monsieur Quinault s'étant présenté au Roi, les larmes aux yeux, et lui ayant remontré l'affront qu'il alloit recevoir, s'il ne travailloit plus au divertissement de Sa Majesté, le Roi touché de compassion, déclara franchement aux Dames dont j'ai parlé, qu'il ne pouvoit se résoudre à lui donner ce déplaisir. *Sic nos servavit Apollo.* Nous retournâmes donc, Monsieur Racine et moi, à notre premier emploi, et il ne fut plus mention de notre opéra, dont il ne resta que quelques vers de Monsieur Racine, qu'on n'a point trouvés dans ses papiers après sa mort, et que vraisemblablement il avoit supprimés par délicatesse de conscience, à cause qu'il y étoit parlé d'amour. Pour moi, comme il n'étoit point question d'amourette dans la scene que j'avois composée, non-seulement je n'ai pas jugé à propos de la supprimer, mais je la donne ici au public, persuadé qu'elle fera plaisir aux lecteurs, qui ne seront peut-être pas fâchés de voir de quelle maniere je m'y étois pris pour adoucir l'amertume et la force de ma poésie satirique, et pour me jeter dans le style doucereux. C'est de quoi ils pourront juger par le fragment que je leur présente ici, et que je leur présente avec d'autant plus de confiance, qu'étant fort court, s'il ne les divertit, il ne leur laissera pas du moins le tems de s'ennuyer.

PROLOGUE.

LA POÉSIE, LA MUSIQUE.

LA POÉSIE.

Quoi! par de vains accords et des sons impuissans,
Vous croyez exprimer tout ce que je sais dire?

LA MUSIQUE.

Aux doux transports qu'Apollon vous inspire
Je crois pouvoir mêler la douceur de mes chants.

LA POÉSIE.

Oui, vous pouvez aux bords d'une fontaine
Avec moi soupirer une amoureuse peine,
Faire gémir Thyrsis, faire plaindre Climene.
Mais quand je fais parler les héros et les Dieux,
Vos chants audacieux
Ne me sauroient prêter qu'une cadence vaine:
Quittez ce soin ambitieux.

LA MUSIQUE.

Je sais l'art d'embellir vos plus rares merveilles.

LA POÉSIE.

On ne veut plus alors entendre votre voix.

LA MUSIQUE.

Pour entendre mes sons, les rochers et les bois
Ont jadis trouvé des oreilles.

LA POÉSIE.

Ah! c'en est trop, ma sœur, il faut nous séparer.
Je vais me retirer:
Nous allons voir sans moi ce que vous saurez faire.

LA MUSIQUE.

Je saurai divertir et plaire;
Et mes chants moins forcés n'en seront que plus doux.

PROLOGUE.

La Poésie.
Hé bien, ma sœur, séparons-nous.
La Musique.
Séparons-nous.
La Poésie.
Séparons-nous.
Chœur de Poetes et de Musiciens.
Séparons-nous, séparons-nous.
La Poésie.
Mais quelle puissance inconnue
Malgré moi m'arrête en ces lieux ?
La Musique.
Quelle divinité sort du sein de la nue ?
La Poésie.
Quels chants mélodieux
Font retentir ici leur douceur infinie ?
La Musique.
Ah ! c'est la divine Harmonie,
Qui descend des Cieux !
La Poésie.
Qu'elle étale à nos yeux
De graces naturelles !
La Musique
Quel bonheur imprévu la fait ici revoir !
La Poésie et la Musique.
Oublions nos querelles,
Il faut nous accorder pour la bien recevoir.
Chœur de Poetes et de Musiciens.
Oublions nos querelles,
Il faut nous accorder pour la bien recevoir.

POÉSIES LATINES.

In novum Causidicum, rustici Lictoris filium.

EPIGRAMMA.

Dum puer iste fero natus Lictore perorat,
 Et clamat medio, stante parente, foro,
Quæris cur sileat circumfusa undique turba?
 Non stupet ob natum, sed timet illa patrem.

In Marullum, versibus Phaleucis antea malè laudatum.

Nostri quid placeant minùs Phaleuci,
Jamdudum tacitus, Marulle, quæro,
Cùm nec sint stolidi, nec inficeti,
Nec pingui nimiùm fluant Minervâ.
Tuas sed celebrant, Marulle, laudes :
O versus stolidos et inficetos !

SATIRA.

Quid numeris iterum me balbutire Latinis
Longè Alpes citra natum de patre Sicambro,
Musa, jubes? Istuc puero mihi profuit olim,
Verba mihi sævo nuper dictata magistro
Cùm pedibus certis conclusa referre docebas.
Utile tunc Smetium manibus sordescere nostris :
Et mihi sæpe udo volvendus pollice textor
Præbuit adsutis contexere carmina pannis.
Sic Maro, sic Flaccus, sic nostro sæpe Tibullus
Carmine disjecti, vano pueriliter ore
Bullatas nugas sese stupuere loquentes....
....

CHAPELAIN DÉCOËFFÉ,

ou

PARODIE DE QUELQUES SCENES DU CID,

SUR CHAPELAIN, CASSAIGNE ET LA SERRE,

SCENE PREMIERE.

LA SERRE, CHAPELAIN.

LA SERRE.

Enfin vous l'emportez, et la faveur du Roi
Vous accable de dons qui n'étoient dûs qu'à moi.
On voit rouler chez vous tout l'or de la Castille.

CHAPELAIN.

Les trois fois mille francs qu'il met dans ma famille
Témoignent mon mérite, et font connoître assez
Qu'on ne hait pas mes vers, pour être un peu forcés.

LA SERRE.

Pour grands que soient les Rois, ils sont ce que nous som-
Ils se trompent en vers comme les autres hommes : (mes ;
Et ce choix sert de preuve à tous les courtisans,
Qu'à de méchans auteurs ils font de beaux présens.

CHAPELAIN.

Ne parlons point du choix dont votre esprit s'irrite :
La cabale l'a fait plutôt que le mérite.
Vous choisissant peut-être on eût pu mieux choisir ;
Mais le Roi m'a trouvé plus propre à son desir.
A l'honneur qu'il m'a fait ajoutez-en un autre :
Unissons désormais ma cabale à la vôtre.
J'ai mes prôneurs aussi, quoiqu'un peu moins fréquens
Depuis que mes sonnets ont détrompé les gens.
Si vous me célébrez, je dirai que la Serre

Volume sur volume incessamment desserre;
Je parlerai de vous avec Monsieur Colbert,
Et vous éprouverez si mon amitié sert :
Ma niece même en vous peut rencontrer un gendre.

La Serre.

A de plus hauts partis Phlipote peut prétendre;
Et le nouvel éclat de cette pension
Lui doit bien mettre au cœur une autre ambition.
Exerce nos rimeurs, et vante notre prince;
Va te faire admirer chez les gens de province;
Fais marcher en tous lieux les rimeurs sous ta loi;
Sois des flatteurs l'amour, et des railleurs l'effroi :
Joins à ces qualités celle d'une ame vaine:
Montre-leur comme il faut endurcir une veine,
Au métier de Phébus bander tous les ressorts,
Endosser nuit et jour un rouge juste-au-corps;
Pour avoir de l'encens donner une bataille,
Ne laisser de sa bourse échapper une maille;
Sur-tout sers-leur d'exemple, et ressouviens-toi bien
De leur former un style aussi dur que le tien.

Chapelain.

Pour s'instruire d'exemple, en dépit de Liniere,
Ils liront seulement ma Jeanne toute entière :
Là, dans un long tissu d'amples narrations,
Ils verront comme il faut berner les nations,
Duper d'un grave ton gens de robe et d'armée,
Et sur l'erreur des sots bâtir sa renommée.

La Serre.

L'exemple de la Serre a bien plus de pouvoir;
Un auteur dans ton livre apprend mal son devoir:
Et qu'a fait après tout ce grand nombre de pages,
Que ne puisse égaler un de mes cent ouvrages?
Si tu fus grand flatteur, je le suis aujourd'hui,
Et ce bras de la presse est le plus ferme appui.
Bilaine et de Serci sans moi seroient des drilles;
Mon nom seul au Palais nourrit trente familles;

Les marchands fermeroient leurs boutiques sans moi,
Et s'ils ne m'avoient plus ils n'auroient plus d'emploi.
Chaque heure, chaque instant fait sortir de ma plume
Cahiers dessus cahiers, volume sur volume.
Mon valet, écrivant ce que j'aurois dicté,
Feroit un livre entier, marchant à mon côté.
Et, loin de ces durs vers qu'à mon style on préfere,
Il deviendroit auteur en me regardant faire.

Chapelain.

Tu me parles en vain de ce que je connois ;
Je t'ai vu rimailler et traduire sous moi :
Si j'ai traduit Gusman, si j'ai fait sa préface,
Ton galimatias a bien rempli ma place.
Enfin, pour m'épargner ces discours superflus,
Si je suis grand flatteur, tu l'es et tu le fus ;
Tu vois bien cependant qu'en cette concurrence
Un monarque entre nous met de la différence.

La Serre.

Ce que je méritois tu me l'as emporté.

Chapelain.

Qui l'a gagné sur toi l'avoit mieux mérité.

La Serre.

Qui sait mieux composer en est bien le plus digne.

Chapelain.

En être refusé n'en est pas un bon signe.

La Serre.

Tu l'a gagné par brigue, étant vieux courtisan.

Chapelain.

L'éclat de mes grands vers fut seul mon partisan.

La Serre.

Parlons-en mieux : le Roi fait honneur à ton âge.

Chapelain.

Le Roi, quand il en fait, le mesure à l'ouvrage.

PARODIE.
LA SERRE.
Et par-là je devois emporter ces ducats.
CHAPELAIN.
Qui ne les obtient point ne les mérite pas.
LA SERRE.
Ne les mérite pas, moi ?
CHAPELAIN.
Toi.
LA SERRE.
Ton insolence,
Téméraire vieillard, aura sa récompense.
Il lui arrache sa perruque.
CHAPELAIN.
Acheve, et prends ma tête après un tel affront,
Le premier dont ma muse a vu rougir son front.
LA SERRE.
Et que penses-tu faire avec tant de foiblesse ?
CHAPELAIN.
O Dieu ! mon Apollon en ce besoin me laisse.
LA SERRE.
Ta perruque est à moi ; mais tu serois trop vain
Si ce sale trophée avoit souillé ma main.
Adieu, fais lire au peuple, en dépit de Liniere,
De tes fameux travaux l'histoire toute entiere ;
D'un insolent discours ce juste châtiment
Ne lui servira pas d'un petit ornement.
CHAPELAIN.
Rends-moi donc ma perruque.
LA SERRE.
elle est trop malhonnête.
De tes lauriers sacrés vas te couvrir la tête.

CHAPELAIN.

Rends la calotte au moins.

LA SERRE.

va, va, tes cheveux d'ours
Ne pourroient sur ta tête encor durer trois jours.

SCENE II.
CHAPELAIN *seul*.

O RAGE! ô désespoir! ô perruque ma mie!
N'as-tu donc tant vécu que pour cette infamie?
N'as-tu trompé l'espoir de tant de perruquiers,
Que pour voir en un jour flétrir tant de lauriers?
Nouvelle pension fatale à ma calotte!
Précipice élevé qui te jette en la crotte!
Cruel ressouvenir de tes honneurs passés!
Services de vingt ans en un jour effacés!
Faut-il de ton vieux poil voir triompher la Serre,
Et te mettre crottée, ou te laisser à terre?
La Serre, sois d'un roi maintenant régalé;
Ce haut rang n'admet pas un poëte pelé;
Et ton jaloux orgueil, par cet affront insigne,
Malgré le choix du roi, m'en a su rendre indigne.
Et toi, de mes travaux glorieux instrument,
Mais d'un esprit de glace inutile ornement,
Plume jadis vantée, et qui dans cette offense
M'as servi de parade et non pas de défense,
Va, quitte désormais le dernier des humains,
Passe pour me venger en de meilleures mains.
Si Cassaigne a du cœur, et s'il est mon ouvrage,
Voici l'occasion de montrer son courage;
Son esprit est le mien, et le mortel affront
Qui tombe sur mon chef rejaillit sur son front.

SCENE III.

CHAPELAIN, CASSAIGNE.

CHAPELAIN.

Cassaigne, as-tu du cœur?
CASSAIGNE.
Tout autre que mon maître
L'éprouveroit sur l'heure.
CHAPELAIN.
Ah! c'est comme il faut être!
Digne ressentiment à ma douleur bien doux!
Je reconnois ma verve à ce noble courroux.
Ma jeunesse revit en cette ardeur si prompte.
Mon disciple, mon fils, viens réparer ma honte,
Viens me venger.
CASSAIGNE.
De quoi?
CHAPELAIN.
D'un affront si cruel,
Qu'à l'honneur de tous deux il porte un coup mortel;
D'une insulte.... le traître eût payé la perruque
Un quart d'écu du moins sans mon âge caduque.
Ma plume, que mes doigts ne peuvent soutenir,
Je la remets aux tiens pour écrire et punir.
Va contre un insolent faire un bon gros ouvrage;
C'est dedans l'encre seul qu'on lave un tel outrage :
Rime, ou creve. Au surplus, pour ne point te flatter,
Je te donne à combattre un homme à redouter;
Je l'ai vu fort poudreux, au milieu des libraires,
Se faire un beau rempart de deux mille exemplaires.
CASSAIGNE.
Son nom? c'est perdre tems en discours superflus.

CHAPELAIN.

Donc, pour te dire encor quelque chose de plus,
Plus enflé que Boyer, plus bruyant qu'un tonnerre;
C'est....

CASSAIGNE.

De grace, achevez.

CHAPELAIN.

Le terrible la Serre.

CASSAIGNE.

Le....

CHAPELAIN.

Ne replique point, je connois ton fatras;
Combats sur ma parole, et tu l'emporteras.
Donnant pour des cheveux ma Pucelle en échange,
J'en vais chercher, barbouille, écris, rime, et nous venge.

SCENE IV.

CASSAIGNE seul.

Percé jusques au fond du cœur
D'une insulte imprévue aussi-bien que mortelle,
Misérable vengeur d'une sotte querelle,
D'un avare écrivain chétif imitateur,
Je demeure stérile, et ma veine abattue,
Inutilement sue.
Si près de voir couronner mon ardeur,
O la peine cruelle!
En cet affront la Serre est le tondeur,
Et le tondu, pere de la Pucelle.

Que je sens de rudes combats!
Comme ma pension, mon honneur me tourmente!
Il faut faire un poëme, ou bien perdre une rente.
L'un échauffe mon cœur, l'autre retient mon bras;

PARODIE.

Réduit au triste choix ou de trahir mon maître,
Ou d'aller à Bicêtre,
Des deux côtés mon mal est infini.
O la peine cruelle !
Faut il laisser un la Serre impuni ?
Faut-il venger l'auteur de la Pucelle ?

Auteur, perruque, honneur, argent,
Impitoyable loi, cruelle tyrannie,
Je vois gloire perdue, ou pension finie.
D'un côté je suis lâche, et de l'autre indigent.
Cher et chétif espoir d'une veine flatteuse,
Et tout ensemble gueuse,
Noir instrument, unique gagne-pain,
Et ma seule ressource,
M'es-tu donné pour venger Chapelain ?
M'es-tu donné pour me couper la bourse ?

Il vaut mieux courir chez Conrard,
Il peut me conserver ma gloire et ma finance,
Mettant ces deux rivaux en bonne intelligence.
On sait comme en traités excelle ce vieillard ;
S'il n'en vient pas à bout, que Sapho la pucelle
Vuide notre querelle.
Si pas un d'eux ne me veut secourir,
Et si l'on me balotte,
Cherchons la Serre, et, sans tant discourir,
Traitons du moins, et payons la calotte.

Traiter sans tirer ma raison !
Rechercher un marché si funeste à ma gloire !
Souffrir que Chapelain impute à ma mémoire
D'avoir mal soutenu l'honneur de sa toison !
Respecter un vieux poil, dont mon ame égarée
Voit la perte assurée !
N'écoutons plus ce dessein négligent
Qui passeroit pour crime.

Allons, ma main, du moins sauvons l'argent,
Puisqu'aussi-bien il faut perdre l'estime.

Oui, mon esprit s'étoit déçu.
Autant que mon honneur, mon intérêt me presse.
Que je meure en rimant, ou meure de détresse,
J'aurai mon style dur comme je l'ai reçu.
Je m'accuse déjà de trop de négligence.
    Courons à la vengeance ;
  Et, tout honteux d'avoir tant de froideur,
    Rimons à tire d'aile,
Puisqu'aujourd'hui la Serre est le tondeur,
Et le tondu, pere de la Pucelle.

SCENE V.
CASSAIGNE, LA SERRE.

CASSAIGNE.

A Moi, la Serre, un mot.

LA SERRE.

Parle.

CASSAIGNE.

Ote-moi d'un doute.
Connois-tu Chapelain ?

LA SERRE.

Oui.

CASSAIGNE.

Parlons bas, écoute.
Sais-tu que ce vieillard fut la même vertu,
Et l'effroi des lecteurs de son tems, le sais-tu ?

LA SERRE.

Peut-être.

CASSAIGNE.

La froideur qu'en mon style je porte,
Sais-tu que je la tiens de lui seul ?

PARODIE.

LA SERRE.
       Que m'importe ?

CASSAIGNE.
A quatre vers d'ici je te le fais savoir.

LA SERRE.
Jeune présomptueux !

CASSAIGNE.
      Parle sans t'émouvoir,
Je suis jeune, il est vrai ; mais, aux ames bien nées,
La rime n'attend pas le nombre des années.

LA SERRE.
Mais t'attaquer à moi, qui t'a rendu si vain ?
Toi, qu'on ne vit jamais une plume à la main.

CASSAIGNE.
Mes pareils avec toi sont digne de combattre,
Et pour des coups d'essai veulent des Henri-Quatre.

LA SERRE.
Sais-tu bien qui je suis ?

CASSAIGNE.
      Oui, tout autre que moi
En comptant tes écrits, pourroit trembler d'effroi.
Mille et mille papiers dont ta table est couverte
Semblent porter écrit le destin de ma perte.
J'attaque en téméraire un gigantesque auteur ;
Mais j'aurai trop de force ayant assez de cœur.
Je veux venger mon maître, et ta plume indomtable
Pour ne se point lasser n'est point infatigable.

LA SERRE.
Ce Phébus qui paroît aux discours que tu tiens
Souvent par tes écrits se découvrit aux miens,
Et, te voyant encor tout frais sorti de classe,
Je disois : Chapelain lui laissera sa place.

Je sais ta pension, et suis ravi de voir
Que ces bons mouvemens excitent ton devoir;
Qu'il te font sans raison mettre rime sur rime,
Etayer d'un pédant l'agonisante estime,
Et que, voulant pour singe un écolier parfait,
Il ne se trompoit point au choix qu'il avoit fait.
Mais je sens que pour toi ma pitié s'intéresse,
J'admire ton audace, et je plains ta jeunesse:
Ne cherche point à faire un coup d'essai fatal;
Dispense un vieux routier d'un combat inégal;
Trop peu de gain pour moi suivroit cette victoire,
A moins d'un gros volume, on compose sans gloire;
Et j'aurois le regret de voir que tout Paris
Te croiroit accablé du poids de mes écrits.

CASSAIGNE.

D'une indigne pitié ton orgueil s'accompagne;
Qui pele Chapelain craint de tondre Cassaigne.

LA SERRE.

Retire-toi d'ici.

CASSAIGNE.

Hâtons-nous de rimer.

LA SERRE.

Es-tu si près d'écrire?

CASSAIGNE.

Es-tu las d'imprimer?

LA SERRE.

Viens, tu fais ton devoir. L'écolier est un traître,
Qui souffre sans cheveux la tête de son maître.

LA MÉTAMORPHOSE

De la Perruque de CHAPELAIN *en Comete.*

La plaisanterie que l'on va voir est une suite de la Parodie précédente. Elle fut imaginée par les mêmes Auteurs, à l'occasion de la comete qui parut à la fin de l'année 1664. Ils étoient à table chez M. Hessein, frere de l'illustre Madame de la Sabliere.

On feignoit que Chapelain, ayant été décoëffé par La Serre, avoit laissé sa perruque à calotte dans le ruisseau où La Serre l'avoit jetée.

> Dans un ruisseau bourbeux la calotte enfoncée,
> Parmi de vieux chiffons alloit être entassée,
> Quand Phébus l'aperçut, et, du plus haut des airs,
> Jetant sur les railleurs un regard de travers,
> Quoi, dit-il, je verrai cette antique calotte,
> D'un sale chiffonnier remplir l'indigne hotte?

Ici devoit être la description de cette fameuse perruque,

> Qui de tous ses travaux la compagne fidelle,
> A vu naître Gusman et mourir la Pucelle;
> Et qui, de front en front passant à ses neveux,
> Devoit avoir plus d'ans qu'elle n'eut de cheveux.

Enfin Apollon changeoit cette perruque en comete. « Je veux, *disoit ce Dieu,* que tous ceux qui naîtront » sous ce nouvel astre soient poëtes,

> Et qu'ils fassent des vers même en dépit de moi.

Furetiere, l'un des Auteurs de la piece, remarqua pourtant que cette métamorphose manquoit de justesse en un point : « C'est, *dit-il,* que les cometes ont » des cheveux, et que la perruque de Chapelain est si

» usée qu'elle n'en a plus. » Cette badinerie n'a jamais été achevée.

Chapelain souffrit, dit-on, avec beaucoup de patience, les satires que l'on fit contre sa perruque. On lui a attribué l'épigramme suivante, qui n'est pas de lui :

> Railleurs, en vain vous m'insultez,
> Et la piece vous emportez ;
> En vain vous découvrez ma nuque ;
> J'aime mieux la condition
> D'être défroqué de perruque,
> Que défroqué de pension.

DISCOURS SUR LA SATIRE (1).

Quand je donnai la premiere fois mes Satires au Public, je m'étois bien préparé au tumulte que l'impression de mon livre a excité sur le Parnasse. Je savois que la nation des poëtes, et sur-tout des mauvais poëtes (2), est une nation farouche qui prend feu aisément, et que ces esprits avides de louanges ne digéreroient pas facilement une raillerie quelque douce qu'elle pût être. Aussi oserai-je dire, à mon avantage, que j'ai regardé avec des yeux assez stoïques les libelles diffamatoires qu'on a publiés contre moi. Quelques calomnies dont on ait voulu me noircir, quelques faux bruits qu'on ait semés de ma personne, j'ai pardonné sans peine ces petites vengeances au déplaisir d'un auteur irrité qui se voyoit attaqué par l'endroit le plus sensible d'un poëte, je veux dire par ses ouvrages.

Mais j'avoue que j'ai été un peu surpris du chagrin bizarre de certains lecteurs, qui, au lieu de se divertir d'une querelle du Parnasse dont ils pouvoient être spectateurs indifférens, ont mieux aimé prendre parti et s'affliger avec les ridicules, que de se réjouir avec les honnêtes gens. C'est pour les consoler que j'ai composé ma neuvieme satire, où je pense avoir montré assez clairement que, sans blesser l'état ni sa

---

1 Ce discours parut pour la premiere fois en 1666, avec la Satire IX.

2 Ceci regarde particulierement Cotin, qui avoit publié une Satire contre l'auteur.

conscience, on peut trouver de méchans vers méchans, et s'ennuyer de plein droit à la lecture d'un sot livre. Mais puisque ces messieurs ont parlé de la liberté que je me suis donnée de nommer, comme d'un attentat inouï et sans exemples, et que des exemples ne se peuvent pas mettre en rimes, il est bon d'en dire ici un mot, pour les instruire d'une chose qu'eux seuls veulent ignorer, et leur faire voir qu'en comparaison de tous mes confreres les satiriques, j'ai été un poëte fort retenu.

Et pour commencer par Lucilius, inventeur de la satire, quelle liberté, ou plutôt quelle licence ne s'est-il point donnée dans ses ouvrages ! Ce n'étoient point seulement des poëtes et des auteurs qu'il attaquoit ; c'étoient des gens de la premiere qualité de Rome ; c'étoient des personnes consulaires. Cependant Scipion et Lélius ne jugerent pas ce poëte, tout déterminé rieur qu'il étoit, indigne de leur amitié : et vraisemblablement, dans les occasions, ils ne lui refuserent pas leurs conseils sur ses écrits, non plus qu'à Térence. Ils ne s'aviserent point de prendre le parti de Lupus et de Métellus, qu'il avoit joués dans ses Satires ; et ils ne crurent pas lui donner rien du leur en lui abandonnant tous les ridicules de la république :

> Num Lælius, et qui
> Duxit ab oppressa meritum Carthagine nomen,
> Ingenio offensi, aut læso doluere Metello,
> Famosisve Lupo cooperto versibus ?
>
> Horat. sat. I, lib. ij, v. 65.

En effet Lucilius n'épargnoit ni petits ni grands ; et souvent des nobles et des patriciens il descendoit jusqu'à la lie du peuple.

> Primores populi arripuit, populumque tributim.
> *Ibidem.*

On me dira que Lucilius vivoit dans une république, où ces sortes de libertés peuvent être permises. Voyons donc Horace, qui vivoit sous un empereur, dans les commencemens d'une monarchie, où il est bien plus dangereux de rire qu'en un autre tems. Qui ne nomme-t-il point dans ses Satires ? et Fabius le grand causeur, et Tigellius le fantasque, et Nasidiénus le ridicule, et Nomentanus le débauché, et tout ce qui vient au bout de sa plume. On me répondra que ce sont des noms supposés. Oh la belle réponse ! comme si ceux qu'il attaque n'étoient pas des gens connus d'ailleurs : comme si l'on ne savoit pas que Fabius étoit un chevalier romain qui avoit composé un livre de droit ; que Tigellius fut en son tems un musicien chéri d'Auguste ; que Nasidiénus Rufus étoit un ridicule célèbre dans Rome ; que Cassius Nomentanus étoit un des plus fameux débauchés de l'Italie. Certainement il faut que ceux qui parlent de la sorte n'aient pas fort lu les anciens, et ne soient pas fort instruits des affaires de la cour d'Auguste. Horace ne se contente pas d'appeler les gens par leur nom ; il a si peur qu'on ne les méconnoisse, qu'il a soin de rapporter jusqu'à leur surnom, jusqu'au métier qu'ils faisoient, jusqu'aux charges qu'ils avoient exercées. Voyez, par exemple, comme il parle d'Aufidius Luscus, préteur de Fondi :

> Fundos, Aufidio Lusco prætore, libenter
> Linquimus, insani ridentes præmia scribæ,
> Prætextam, et latum clavum, etc.
>   Sat. V, lib. j, v. 35.

« Nous abandonnâmes, dit-il, avec joie le bourg de
» Fondi, dont étoit préteur un certain Aufidius Lus-
» cus ; mais ce ne fut pas sans avoir bien ri de la folie
» de ce préteur, auparavant commis, qui faisoit l
» sénateur et l'homme de qualité. »

Peut-on désigner un homme plus précisément? et les circonstances seules ne suffisoient-elles pas pour le faire reconnoître? On me dira peut-être qu'Aufidius étoit mort alors : mais Horace parle là d'un voyage fait depuis peu. Et puis, comment mes censeurs répondront-ils à cet autre passage?

Turgidus Alpinus jugulat dum Memnona, dumque
Diffingit Rheni luteum caput, hæc ego ludo.
Sat. X, lib. j, v. 36.

« Pendant, dit Horace, que ce poëte enflé d'Alpi-
» nus égorge Memnon dans son poëme, et s'em-
» bourbe dans la description du Rhin, je me joue en
» ces Satires. »

Alpinus vivoit donc du temps qu'Horace se jouoit en ces Satires; et si Alpinus en cet endroit est un nom supposé, l'auteur du poëme de Memnon pouvoit-il s'y méconnoître? Horace, dira-t-on, vivoit sous le regne du plus poli de tous les empereurs. Mais vivons-nous sous un regne moins poli? et veut-on qu'un prince qui a tant de qualités communes avec Auguste soit moins dégoûté que lui des méchans livres, et plus rigoureux envers ceux qui les blâment?

Examinons pourtant Perse, qui écrivoit sous le regne de Néron. Il ne raille pas simplement les ouvrages des poëtes de son tems : il attaque les vers de Néron même. Car enfin tout le monde sait, et toute la cour de Néron le savoit, que ces quatre vers, *Torva Mimalloneis*, etc., dont Perse fait une raillerie si amere dans sa premiere satire, étoient des vers de Néron. Cependant on ne remarque point que Néron, tout Néron qu'il étoit, ait fait punir Perse; et ce tyran, ennemi de la raison, et amoureux, comme on sait, de ses ouvrages, fut assez galant homme pour entendre raillerie sur ses vers, et ne crut pas que l'empereur, en cette occasion, dût prendre les intérêts du poëte.

Pour Juvénal, qui florissoit sous Trajan, il est un peu plus respectueux envers les grands seigneurs de son siecle. Il se contente de répandre l'amertume de ses Satires sur ceux du regne précédent : mais, à l'égard des auteurs, il ne les va point chercher hors de son siecle. A peine est-il entré en matiere, que le voilà en mauvaise humeur contre tous les écrivains de son tems. Demandez à Juvénal ce qui l'oblige de prendre la plume. C'est qu'il est las d'entendre et la *Théséide* de Codrus, et l'*Oreste* de celui-ci, et le *Télephe* de cet autre, et tous les poëtes enfin, comme il dit ailleurs, qui récitoient leurs vers au mois d'août, *et augusto recitantes mense poëtas*. Tant il est vrai que le droit de blâmer les auteurs est un droit ancien, passé en coutume parmi tous les satiriques, et souffert dans tous les siecles.

Que s'il faut venir des anciens aux modernes, Regnier, qui est presque notre seul poëte satirique, a été véritablement un peu plus discret que les autres. Cela n'empêche pas néanmoins qu'il ne parle hardiment de Gallet, ce célebre joueur, *qui assignoit ses créanciers sur sept et quatorze*; et du sieur de Provins, *qui avoit changé son balandran* (1) *en manteau court*; et du Cousin, *qui abandonnoit sa maison de peur de la réparer*; et de Pierre du Puis, et de plusieurs autres.

Que répondront à cela mes censeurs ? Pour peu qu'on les presse, ils chasseront de la république des lettres tous les poëtes satiriques, comme autant de perturbateurs du repos public. Mais que diront-ils de Virgile, le sage, le discret Virgile, qui, dans une

---

(1) Casaque de campagne.

églogue(1), où il n'est pas question de satire, tourne d'un seul vers deux poëtes de son tems en ridicule?

Qui Bavium non odit, amet tua carmina, Mævi,

dit un berger satirique dans cette églogue. Et qu'on ne me dise point que Bavius et Mævius en cet endroit sont des noms supposés, puisque ce seroit donner un trop cruel démenti au docte Servius, qui assure positivement le contraire. En un mot, qu'ordonneront mes censeurs de Catulle, de Martial, et de tous les poëtes de l'antiquité, qui n'en ont pas usé avec plus de discrétion que Virgile? Que penseront-ils de Voiture, qui n'a point fait conscience de rire aux dépens du célebre Neuf-Germain, quoiqu'également recommandable par l'antiquité de sa barbe et par la nouveauté de sa poësie? Le banniront-ils du Parnasse, lui et tous les poëtes de l'antiquité, pour établir la sûreté des sots et des ridicules? Si cela est, je me consolerai aisément de mon exil : il y aura du plaisir à être relégué en si bonne compagnie. Raillerie à part, ces messieurs veulent-ils être plus sages que Scipion et Lélius, plus délicats qu'Auguste, plus cruels que Néron? Mais eux qui sont si rigoureux envers les critiques, d'où vient cette clémence qu'ils affectent pour les méchans auteurs? Je vois bien ce qui les afflige; ils ne veulent pas être détrompés. Il leur fâche d'avoir admiré sérieusement des ouvrages que mes satires exposent à la risée de tout le monde, et de se voir condamnés à oublier dans leur vieillesse ces mêmes vers qu'ils ont autrefois appris par cœur comme des chefs-d'œuvre de l'art. Je les plains, sans doute : mais quel remede? Faudra-t-il, pour s'accommoder à leur goût particulier, renoncer au sens com-

---

(1) Eclog. III, v. 90.

nun? Faudra-t-il applaudir indifféremment à toutes les impertinences qu'un ridicule aura répandues sur le papier? Et au lieu qu'en certains pays [1] on condamnoit les méchans poëtes à effacer leurs écrits avec la langue, les livres deviendront-ils désormais un asile inviolable où toutes les sottises auront droit de bourgeoisie, où l'on n'osera toucher sans profanation?

J'aurois bien d'autres choses à dire sur ce sujet; mais comme j'ai déjà traité de cette matiere dans ma neuvieme satire, il est bon d'y renvoyer le lecteur.

---

(1) Dans le temple qui est aujourd'hui l'abbaye d'Ainay, à Lyon.

RÉPONSE à la Lettre que Son Excellence M. le Comte d'Ericeyra m'a écrite de Lisbonne, en m'envoyant la traduction de mon Art Poëtique, faite par lui en vers portugais.

MONSIEUR,

BIEN que mes ouvrages ayent fait de l'éclat dans le monde, je n'en ai point conçu une trop haute opinion de moi-même ; et, si les louanges qu'on m'a données m'ont flatté assez agréablement, elles ne m'ont pourtant point aveuglé. Mais j'avoue que la traduction que votre Excellence a bien daigné faire de mon Art Poëtique, et les éloges dont elle l'a accompagnée en me l'envoyant, m'ont donné un véritable orgueil. Il ne m'a plus été possible de me croire un homme ordinaire en me voyant si extraordinairement honoré, et il m'a paru que d'avoir un traducteur de votre capacité, et de votre élévation, étoit pour moi un titre de mérite qui me distinguoit de tous les écrivains de notre siecle. Je n'ai qu'une connaissance très-imparfaite de votre langue, et je n'en ai fait aucune étude particuliere. J'ai pourtant assez bien entendu votre traduction pour m'y admirer moi-même, et pour me trouver beaucoup plus habile écrivain en Portugais qu'en François. En effet vous enrichissez toutes mes pensées en les exprimant. Tout ce que vous maniez se change en or ; et les cailloux même, s'il faut ainsi parler, deviennent des pierres précieuses entre vos mains. Jugez après cela si vous devez exiger de moi que je vous marque les endroits où vous pouvez vous être un peu écarté de mon sens. Quand, à la place de mes pensées, vous m'auriez, sans y prendre garde, prêté quelques-unes des vôtres, bien loin de m'employer à les faire ôter, je songerois à profiter de votre méprise, et je les adopterois sur le champ pour me faire honneur. Mais vous ne me mettez nulle part à cette épreuve. Tout est également juste, exact, fidele dans votre traduction; et, bien que vous m'y ayez fort embelli, je ne laisse pas de m'y reconnoître par-tout. Ne dites donc plus, Monsieur, que vous craignez de ne m'avoir pas assez bien entendu. Dites-moi plutôt comment vous avez fait pour m'entendre si bien, et pour apercevoir dans mon ouvrage jusqu'à des finesses que je croyois ne pouvoir être senties que par des gens nés en France, et nourris à la cour de Louis-Le-Grand. Je vois bien que vous n'êtes étranger en aucun pays, et que par l'étendue de vos connoissances vous êtes de toutes les cours et de toutes les nations. La lettre et les vers françois que vous m'avez fait l'honneur de m'écrire, en sont un bon témoignage. On n'y voit rien d'étranger que votre nom, et il n'y a point en France d'homme de bon goût qui ne voulût les avoir faits. Je les ai montrés à plusieurs de nos meilleurs écrivains. Il n'y en a pas un qui n'en ait été extrêmement frappé, et qui ne m'ait fait comprendre que s'il avoit reçu de vous de pareilles louanges, il vous auroit déjà récrit des volumes de prose et de vers. Que penserez-vous donc de moi de me contenter d'y répondre par une simple lettre de compliment? Ne m'accuserez-vous point d'être ou méconnoissant ou grossier? Non, Monsieur, je ne suis ni l'un ni l'autre: mais franchement, je ne fais pas des vers ni même de la prose quand je veux. Apollon est pour moi un Dieu bizarre qui ne me donne pas comme à vous audience à toutes les heures. Il faut que j'attende les momens favorables. J'aurai soin d'en profiter dès que je les trouverai; et il y a bien du malheur si je ne meurs enfin quitte d'une partie de vos éloges. Ce que je puis vous dire par avance, c'est qu'à la premiere édition de mes ouvrages, je ne manquerai pas d'y insérer votre traduction (1), et que je ne perdrai aucune occasion de faire savoir à toute la terre que c'est des extrémités de notre continent, et d'aussi loin que les colonnes d'Hercule, que me sont venues les louanges dont je m'applaudis davantage, et l'ouvrage dont je me sens le plus honoré. Je suis avec un très-grand respect, *etc.*

---

(1) L'auteur ne s'est pas acquitté de cette promesse. La raison qu'il en donne dans sa préface de ses œuvres (édition de 1761) est que malheureusement un de ses amis, auquel il avoit prêté cette traduction, en avoit égaré le premier chant.

LETTRE A M. RACINE.

Je crois que vous serez bien aise d'être instruit de ce qui s'est passé dans la visite que nous avons, suivant votre conseil, rendue ce matin, mon frere le Docteur de Sorbonne et moi, au révérend Pere de La Chaise. Nous sommes arrivés chez lui sur les neuf heures, et, sitôt qu'on lui a dit notre nom, il nous a fait entrer. Il nous a reçus avec beaucoup d'agrément, m'a interrogé fort obligeamment sur l'état de ma santé, et m'a paru fort content de ce que je lui ai dit que mon incommodité (1) n'augmentoit point. Ensuite il a fait apporter des chaises, et s'est mis tout proche de moi, afin que je le pusse mieux entendre (2), et aussitôt entrant en matiere, m'a dit que vous lui aviez lu un ouvrage de ma façon, où il y avoit beaucoup de bonnes choses; mais que la matiere que j'y traitois étoit une matiere fort délicate, et qui demandoit beaucoup de savoir: qu'il avoit autrefois enseigné la Théologie, et qu'ainsi il devoit être instruit de cette matiere à fond: qu'il falloit faire une grande différence de l'amour affectif d'avec l'amour effectif; que ce dernier étoit absolument nécessaire et entroit dans l'attrition; au lieu que l'amour affectif venoit de la contrition parfaite, et qu'ainsi il justifioit par lui-même le pécheur: mais que l'amour effectif n'a-

---

(1) Un asthme ou une difficulté de respirer, à laquelle M. Despréaux a été sujet presque toute sa vie.

(2) Le pere de La Chaise étoit alors âgé de 73 ans, et avoit la voix foible. M. Despréaux avoit peine à entendre, surtout de l'oreille gauche. C'est, pour le dire en passant, ce qui l'obligeoit de prier ceux qui l'alloient voir, de se mettre à sa droite, quand même cette place n'étoit pas la plus honorable pour la situation où l'on se trouvoit.

voit d'effet qu'avec l'absolution du prêtre. Enfin il nous a débité en très-bons termes tout ce que beaucoup d'habiles auteurs scholastiques ont écrit sur ce sujet, sans pourtant dire, comme quelques-uns d'eux, que l'amour de Dieu, absolument parlant, n'est point nécessaire pour la justification du pécheur.

Mon frere applaudissoit à chaque mot qu'il disoit, paroissant être enchanté de sa doctrine, et encore plus de sa maniere de l'énoncer. Pour moi, je suis demeuré dans le silence. Enfin lorsqu'il a cessé de parler, je lui ai dit que j'avois été fort surpris qu'on m'eût prêté des charités auprès de lui, et qu'on lui eût donné à entendre que j'avois fait un ouvrage contre les Jésuites, ajoutant que ce seroit une chose bien étrange, si soutenir qu'on doit aimer Dieu, s'appeloit écrire contre les Jésuites; que mon frere avoit apporté avec lui vingt passages de dix ou douze de leurs plus fameux écrivains, qui soutenoient en termes beaucoup plus forts que ceux de mon Epître, que pour être justifié, il faut indispensablement aimer Dieu; qu'enfin j'avois si peu songé à écrire contre les Jésuites, que les premiers à qui j'avois lu mon ouvrage, c'étoient six Jésuites des plus célebres, qui m'avoient tous dit qu'un chrétien ne pouvoit pas avoir d'autres sentimens sur l'amour de Dieu, que ceux que j'énonçois dans mes vers. J'ai ajouté ensuite que, depuis peu, j'avois eu l'honneur de réciter mon ouvrage à Monseigneur l'Archevêque de Paris, et à Monseigneur l'Évêque de Meaux, qui en avoient tous deux paru, pour ainsi dire, transportés; qu'avec tout cela néanmoins, si Sa Révérence croyoit mon ouvrage périlleux, je venois présentement pour le lui lire, afin qu'il m'instruisît de mes fautes. Enfin je lui ai fait le même compliment que je fis à Monseigneur l'Archevêque, lorsque j'eus l'honneur de le lui réciter, qui étoit que je ne venois pas pour être loué, mais pour être jugé; que je le priois donc de me prêter une vive attention, et de trouver bon même que je lui répétasse beaucoup d'endroits. Il a fort approuvé ma proposition; et je lui ai lu mon Epître très-posément; jetant au reste dans ma lecture toute la force et tout l'agrément que j'ai pu. J'oubliois de vous avertir que je lui ai auparavant dit encore une particularité qui l'a assez agréablement surpris; c'est à savoir que je prétendois n'avoir proprement fait autre chose dans mon ouvrage, que mettre en vers la doctrine qu'il venoit de nous débiter, et l'ai assuré que j'étois persuadé que lui-même n'en disconviendroit pas. Mais pour revenir au récit de ma pièce, croiriez-vous, Monsieur, que la chose est arrivée comme je l'avois prophétisé, et qu'à la réserve des deux petits scrupules, qu'il vous a dits, et qu'il nous a répétés, qui lui étoient venus au sujet de ma hardiesse à traiter en vers une matiere si délicate, il n'a fait d'ailleurs que s'écrier : *Pulchrè, benè, rectè.* Cela est vrai. Cela est indubitable. Voilà qui est merveilleux. Il faut lire cela au Roi. Répétez-moi encore cet endroit. Est-ce là où que M. Racine m'a lu ? Il a été surtout extrêmement frappé de ces vers que vous lui aviez passés, et que je lui ai récités avec toute l'énergie dont je suis capable :

> Cependant on ne voit que Docteurs, même austères,
> Qui, les semant par-tout, s'en vont pieusement
> De toute piété saper le fondement, etc.

Il est vrai que je me suis heureusement avisé d'insérer dans mon Epître huit vers que vous n'avez point approuvés, et que mon frere juge très à propos de rétablir. Les voici. C'est ensuite de ce vers :

> Oui, dites-vous. Allez, vous l'aimez, croyez-moi.
> *Qui fait exactement ce que ma loi commande,*
> *A pour moi*, dit ce Dieu, *l'amour que je demande.*

Faites-le donc, et sûr qu'il nous veut sauver tous,
Ne vous alarmez point pour quelques vains dégoûts
Qu'en sa ferveur souvent la plus sainte ame éprouve.
Marchez, coûrez à lui. Qui le cherche, le trouve:
Et plus de votre cœur il paroît s'écarter,
Plus par vos actions songez à l'arrêter.

Il m'a fait redire trois fois ces huit vers. Mais je ne saurois vous exprimer avec quelle joie, quels éclats de rire il a entendu la prosopopée de la fin. En un mot, j'ai si bien échauffé le Révérend pere que, sans une visite que dans ce tems-là Monsieur son frere (1) lui est venu rendre, il ne nous laissoit pas partir que je ne lui eusse récité aussi les deux autres nouvelles épîtres de ma façon, que vous avez lues au Roi. Encore ne nous a-t-il laissé partir qu'à la charge que nous l'irions voir à sa maison de campagne (2): et il s'est chargé de nous faire avertir du jour où nous l'y pourrions trouver seul. Vous voyez donc, Monsieur, que si je ne suis pas bon poëte, il faut que je sois bon récitateur. Après avoir quitté le pere de La Chaise, nous avons été voir le pere Gaillard, à qui j'ai aussi, comme vous devez penser, récité l'épître. Je ne vous dirai point les loüanges excessives qu'il m'a données. Il m'a traité d'homme inspiré de Dieu, et m'a dit, qu'il n'y avoit que des coquins qui pussent contredire mon opinion. Je l'ai fait ressouvenir du petit Théologien (3) avec qui j'eus une prise devant lui chez M. de Lamoignon. Il m'a dit que ce Théologien étoit le dernier des hommes. Que si sa

---

(1) Le comte de La Chaise, capitaine de la porte du Roi.

(2) A Mont-Louis, maison à une demi-lieue de Paris, appartenant aux Jésuites de la rue Saint-Antoine. Le pere de La Chaise, qui l'avoit fort embellie, y passoit ordinairement toutes les semaines deux ou trois jours.

(3) Voyez Epître XII, vers 191.

société avoit à être fâchée, ce n'étoit pas de mon ouvrage, mais de ce que des gens osoient dire que cet ouvrage étoit fait contre les Jésuites. Je vous écris tout ceci à dix heures du soir, au courant de la plume. Je vous prie de retirer la copie que vous avez mise entre les mains de Madame de ...... afin que je lui en donne une autre, où l'ouvrage soit dans l'état où il doit demeurer. Je vous embrasse de tout mon cœur, et je suis tout à vous.

FIN.

www.ingramcontent.com/pod-product-compliance
Lightning Source LLC
Chambersburg PA
CBHW070527160426
43199CB00014B/2217